Religionen - Kirchen - Konfessionen
Glaubensgemeinschaften in Marburg

Hermann Ruttmann

Religionen - Kirchen - Konfessionen

Glaubengemeinschaften in Marburg

REMID e. V. Marburg 1993

Herausgegeben vom
Religionswissenschaftlichen Medien- und Informationsdienst e. V. REMID, Marburg

Die Deutsche Bibliothek - CIP-Einheitsaufnahme

Ruttmann, Hermann:
Religionen - Kirchen - Konfessionen : Glaubensgemeinschaften in Marburg ; [eine Studie des Religionswissenschaftlichen Medien- und Informationsdienstes e. V. REMID] / Hermann Ruttmann. - Marburg : REMID, 1993
ISBN 3-9802994-3-0

Satz: diagonal-Verlag Marburg
Druck: Difo-Druck, Bamberg

ISBN 3-9802944-3-0

Inhalt

Vorwort

Die vorliegende Studie "Glaubensgemeinschaften in Marburg" ist Bestandteil des vielfach gegliederten Projektes "Konfession: andere" des Religionswissenschaftlichen Medien- und Informationsdienstes e. V. *REMID.* Das seit vier Jahren laufende Projekt hat zum Ziel, einen Überblick über die religiöse Landschaft in der Bundesrepublik zu geben. In den einschlägigen Statistiken wird die Religions- und Konfessionszugehörigkeit häufig nur in drei Kategorien eingeteilt: "Ev." für Angehörige der evangelischen Landeskirchen, "rk" für Mitglieder der Römisch-Katholischen Kirche und "ohne" bzw. "keine" oder "andere" für die übrige Bevölkerung. In der Regel geht jedoch daraus nicht einmal hervor, ob eine Person, die nicht Mitglied der beiden christlichen Großkirchen ist, nun aus einer Kirche ausgetreten ist bzw. nie Mitglied einer solchen war oder ob sie einer anderen Religionsgemeinschaft zugehört. Dieses mangelhafte Differenzierungsvermögen der Statistiken und Behörden entspricht dem alltäglichen Umgang mit "Religion" und "Kirche". "Kirche" steht oft als Synonym für die beiden christlichen Großkirchen - alle übrigen werden meist als "Sekten" wahrgenommen. Zwar stellen die evangelischen Landeskirchen und die Römisch-Katholische Kirche - trotz Austrittssorgen - weiterhin die mit Abstand größten Religionsgemeinschaften in der Bundesrepublik dar, doch rechtfertigt dieses nicht, das breite Feld neben ihnen zu vernachlässigen. Leider sind die meisten Informationen über die kleineren Religionsgemeinschaften entweder konfessionell vorgefärbt bzw. aus apologetischer Sicht verfaßt oder sie sind einem Sensations- oder Skandaljournalismus entsprungen, der keinerlei Interesse an einer möglichst sachlichen Darstellung hat.

Im Rahmen des REMID-Projektes "Konfession: andere" werden nun einzelne Gruppen, Gemeinschaften und Religionsgemeinschaften in der Bundesrepublik untersucht und die Ergebnisse in der REMID-Schriftenreihe "Religionen vor Ort" dargestellt. Parallel zu diesen Einzeldarstellungen soll die vorliegende Studie zu Religionsgemeinschaften in Marburg den Auftakt zu lokalen Untersuchungen darstellen, die eine gewisse Übersicht über Gemeinschaften vor Ort darstellen könnten. Ähnliche Untersuchungen wurden bisher - allerdings nicht von REMID - in Bremen, Berlin, Essen, Nürnberg und Basel angestellt, mit unterschiedlichen Konzepten und Darstellungsdichten. In Hamburg bereitet die Arbeitsstelle "Kirche und Staat" am Fachbereich Evangelische Theologie eine ähnliche Studie vor, die jedoch zunächst nur die etablierten Religionsgemeinschaften erfassen soll. In Berlin hat die Ausländerbeauftragte des Senates die Studie "Einheit in der Vielheit. Weltreligionen in Berlin" von Gabriele Yonan herausgegeben, die jedoch wiederum die westeuropäischen und nordamerikanischen Gemeinschaften unberücksichtigt läßt. Die Darstellungen von Basel und Nürnberg sind ebenfalls nicht auf Vollständigkeit angelegt und nicht so breit ausgeführt wie die vorliegende Studie.

Mit Vertretern und Vertreterinnen der 22 Gemeinschaften, denen eine ausführliche Darstellung gewidmet ist, wurden in der Regel Interviews geführt, die weitgehend an einem einheitlichen Fragebogen orientiert waren. Die Informationen der Gespräche wurden ergänzt durch die verschiedenen Schriften der jeweiligen Gemeinschaften und zu einer in der Länge jeweils einheitlichen Darstellung verarbeitet (lediglich den Gemeinden der Evangelischen Kirche von Kurhessen-Waldeck und den Pfarrgemeinden der Katholischen Kirche wurden aufgrund der vielen Einzelaspekte längere Darstellungen eingeräumt). Die Manuskripte wiederum wurden den jeweiligen Gemeinschaften zur Einsicht vorgelegt, so daß fehlerhafte Ansichten oder Mißverständnisse korrigiert werden konnten. Durch dieses Verfahren kann die vorliegende Studie für sich in Anspruch nehmen, eine religionswissenschaftliche Beschreibung zu sein, in denen sich die Angehörigen der jeweiligen Glaubensgemeinschaften durchaus wiederfinden können. Gleichzeitig bleibt sie eine Außendarstellung, die sich jeglicher missionarischer Tendenz enthält und der größtmöglichen Objektivität verpflichtet ist.

Die Gesamtdarstellung der Marburger Religions- bzw. Glaubensgemeinschaften wurde alphabetisch gegliedert. Oberflächlich betrachtet wirkt die gewählte Reihenfolge dadurch etwas weniger geordnet, sie vermeidet jedoch kritische Einordnungen. So stellt es beispielsweise schon eine gewichtige Vorentscheidung dar, wenn man die "Kirche Jesu Christi der Heiligen der Letzten Tage (Mormonen)" unter den christlichen Kirchen einordnet oder außerhalb des Christentums verortet - für beide Kategorien gibt es gute Argumente. Hier jedoch bereits Vorentscheidungen durch den Aufbau des Inhaltsverzeichnisses zu treffen, wäre etwas unredlich, zumal noch zu klären wäre, ob nun die Auffassung des jeweiligen Autors, die Einordnung durch die öffentliche Meinung oder das Selbstverständnis der jeweiligen Religionsgemeinschaft das ausschlaggebende Kriterium für Einordnungen wäre.

Die Darstellungen selbst folgen keinem einheitlichen Schema. Meist wurden Teilaspekte des Fragenkatalogs während des jeweiligen Interviews vertieft, die von besonderem allgemeinen Interesse zu sein schienen. Ziel war es, Strukturen zu durchleuchten und Fragen zu beantworten, über die außerhalb der Gemeinschaften häufig falsche Vorstellungen bestehen. Diesen Aspekten wurde dann auch in der Darstellung mehr Platz eingeräumt. Ein einheitliches Darstellungsschema erschien auch deshalb wenig sinnvoll zu sein, weil beispielsweise Themenbereiche wie "Lehre" oder "kultische Praxis" bei einigen Gemeinschaften interessante Aspekte bieten, bei anderen vielleicht historische Gesichtspunkte erläutert werden sollten oder soziologische Komponenten der Gemeinschaft besonders charakteristisch sind. Gleichzeitig lag es nahe, zu unbekannteren Gemeinschaften etwas breitere Einführungen zu geben als bei den bekannten großen Religionen wie Judentum, Islam oder Christentum in seinen beiden großkirchlichen Gestalten. Zudem war es ein Ziel der Studie, zu den kleineren und der Öffentlichkeit nicht so geläufigen Gemeinschaften Darstellungen zu geben, die sich als Einführungen mit Nachschlagecharakter eignen. Gerade die historischen Darlegungen können als lexikalische Einleitung zu den jeweiligen Gemeinschaften dienen und somit den praktischen Gebrauch der Studie für den Universitäts-, Schul- und Dienstbereich erhöhen.

Die Literaturangaben unter den einzelnen Darstellungen der Gemeinschaften umfassen lediglich eine Auswahl an Sekundärquellen. Periodika, Bücher oder Faltblätter der jeweiligen Gemeinschaft wurden in der Regel nicht gesondert aufgeführt. Soweit Zitate nicht belegt wurden, entstammen sie öffentlich leicht zugänglichen Primärquellen, die jeweils detailliert anzuführen die Lesbarkeit erheblich eingeschränkt hätte. Aus diesen Gründen wurde auch auf Fußnoten verzichtet.

Ermöglicht wurde die Studie vom Vorstand des REMID, der dem Autor die Möglichkeit einräumte, während seiner Tätigkeit als Wissenschaftlicher Mitarbeiter des Vereins die notwendigen Kontakte aufzunehmen, die Interviews durchzuführen und Teile der Beiträge zu verfassen. Ebenso wurden die Recherchekosten vollständig übernommen. Gleichzeitig haben zahlreiche REMID-Kollegen, vor allem auch im Vorstand und in der Geschäftsstelle, durch Tips, sachkundige Hilfen und das Korrekturlesen die Studie auf den vorliegenden Stand gebracht. Besonders Ulrich Arnheiter, Steffen Rink und Michael Vogt haben sich um das Zustandekommen des Werkes verdient gemacht. Viele der Bilder von Gebäuden Marburger Religionsgemeinschaften gehen auf den fotografischen Sachverstand von Uwe Stenglein-Hektor zurück. Dem Marburger Kirchenhistoriker Prof. Dr. Hans Schneider sei besonders für die zahlreichen Tips zur Marburger Historie und Kirchengeschichte gedankt. Dem Magistrat der Stadt Marburg gebührt der Dank für die Finanzierung und Verlängerung der Mitarbeiterstelle, die letztendlich den Fortgang der Studie gewährleistete. Herr Wolfgang Liprecht vom Amt für Stadtentwicklung und Statistik hat den Verfasser durch zahlreiche Hinweise vor statistischen Fehlschlüssen bewahrt und durch die unbürokratische Übermittlung von Zahlenmaterial die Studie bereichert.

Den zahlreichen Interviewpartnern und -partnerinnen von Seiten der Religionsgemeinschaften bleibt der Dank für die geopferte Zeit, die zur Verfügung gestellten Materialien und Selbstdarstellungen sowie für die Geduld, das Anliegen des Verfassers zu unterstützen.

Schließlich ist dem Oberbürgermeister der Stadt Marburg, Herrn Dietrich Möller, für einen städtischen Zuschuß zu den Druckkosten zu danken, sowie dem diagonal-Verlag Marburg, der die Satzarbeiten kostenlos übernommen hat.

Hermann Ruttmann

Zum Begriff "Sekte"

Diese Studie vermeidet den Begriff "Sekte" als Bezeichnung für die einzelnen Gemeinschaften konsequent. Dies hat verschiedene Gründe. Ein wesentlicher wurde von Kurt Hutten, dem damaligen Leiter der Evangelischen Zentralstelle für Weltanschauungsfragen (EZW) in Stuttgart, bereits 1962 folgendermaßen formuliert: "Das Wort 'Sekte' ist ja kein sachlich-neutraler Begriff wie etwa 'Pferd' oder 'Stein', sondern es birgt geschichtliche Belastungen in sich - Belastungen, an denen nicht nur die Sekten, sondern auch die Kirchen ein gerütteltes Maß Schuld tragen. Diese haben auf die Frage, wie sie sich zu den dissentierenden Minderheiten in ihrer Umgebung verhalten sollen, sehr oft keine Antwort gefunden, die dem Evangelium gemäß war. Die Sektenverfolgungen, die mit Beginn der konstantinischen Ära einsetzten, gehören zu den düsteren Kapiteln der Kirchengeschichte. Und es ist eine Erbschaft jener anderthalb Jahrtausende, daß dem Wort 'Sekte' auch heute noch ein diffamierender Klang anhaftet. Es wäre das beste, man würde dieses Wort durch einen anderen Begriff ersetzen, der keine geschichtliche Hypothek mit sich schleppt" (Hutten, Kurt: *Seher, Grübler, Enthusiasten. Sekten und religiöse Sondergemeinschaften,* Stuttgart ^{10}1966, S. 5).

Der Sektenbegriff und das Sektenproblem ist untrennbar mit der Geschichte des Christentums und der Kirchen verbunden. Die Religionssoziologie hat mit ihrem Blick von außen (auf die christlichen Kirchen) zu Recht festgehalten, daß seit den ersten Jahrhunderten der "Alten Kirche" die christliche Religion verschiedene Sozialgestalten angenommen hat. "Es gab die relativ große, in Frieden mit der Gesellschaft lebende Gemeinde, die nichts Außergewöhnliches von ihren Mitgliedern erwartete, die das Martyrium nicht suchte, sondern versuchte, sich ihm durch Flucht zu entziehen. Daneben gab es die eher kleine, radikale Gruppe, die ihren Weg unbeirrt ging, Arrangements mit der Umwelt ablehnte und im Martyrium das Siegel des wahren Glaubens erblickte." (Kehrer, Günter: *Einführung in die Religionssoziologie,* Darmstadt 1988, S. 158).

Historisch hatte sich die erste Gruppe innerhalb der Kirche durchgesetzt, und so wurde die Minderheit mit abwertenden Begriffen wie "Häretiker", "Schismatiker", "Ketzer" oder "Sektierer" belegt. Von der Grundbedeutung waren diese Begriffe bis zu den Anfängen christlicher Apologetik, die man mit Tertullian Anfang des 3. Jahrhunderts ansetzen kann, neutral. Der heutige Begriff "Sekte" leitet sich nicht etwa vom lateinischen "sectare" (schneiden) ab, sondern vom lateinischen "sequi" (folgen). Somit ist die Grundbedeutung von Sekte auch nicht der "Abfall" von der rechtgläubigen Kirche, sondern die Übersetzung des griechischen "haireo" bzw. der "hairesis", also "Schule", "Lehre" oder "Partei" (vgl. ebd.).

Die heutige Theologie geht davon aus, daß nach biblischem Zeugnis sowohl die Sozialform der Großkirche als auch die der kleinen radikalen Gemeinschaft adäquate Verwirklichungen der christlichen Botschaft darstellen. Die Charakteristiken von "Sekte" und "Kirche" wurden in der religionssoziologischen Diskussion seit den Grundlagenarbeiten von Ernst Troeltsch (*Die Soziallehren der christlichen Kirchen und Gruppen,* 1912) und Max Weber (*Gesammelte Aufsätze zur Religionssoziolo-*

gie I, 1920) verfeinert. Kehrer faßt die wichtigsten Merkmale in folgendem Schema zusammen (a. a. O., S.159):

Merkmale	Kirche	Sekte
Universalität	angestrebt	nicht angestrebt
Mitglieder	potentiell alle Menschen	nur religiös qualifizierte
Herrschaft	hierokratisches Amtscharisma	Herrschaft der besonders Qualifizierten
Verhältnis zur Welt	bejahend, kompromißbereit	ablehnend, verneinend oder bekämpfend
Kirchenzucht	lax	streng
Organisation	bürokratisch	charismatisch

Bereits an dieser Übersicht wird deutlich, daß solche soziologische Idealtypen in der Realität nicht vorkommen. Weder treffen die Merkmale von "Kirche" die Gesamtheit der Landeskirchen mit ihren vielfältigen Ausprägungen, noch vereinigt beispielsweise eine Gruppe der vorliegenden Studie alle Merkmale einer "Sekte" auf sich. Zumal soziale Gruppen - auch religiöse - einem steten Wandel unterliegen und die zweite und dritte Generation von neugegründeten Gemeinschaften sowohl ihre eigene Organisation als auch ihr Verhältnis zu anderen Glaubensgemeinschaften und der Umwelt verändern. Uneinigkeit besteht in der Regel auch in chronologischen Einordnungen: Ab wann können ursprüngliche Häresien als eigenständige Organisationen gefaßt werden, ab wann werden sie zu "Konfessionen" einer Religion, ab wann zu eigenen Religionen? Noch schwieriger ist es, wenn eine Gruppe sich nicht von einer "Hauptkirche" abgespalten hat, sondern ein Impuls außerhalb der vorhandenen Religion(en) zu einer unabhängigen Neugründung führte. Mit ihren neueren "Sekten"-Definitionen müssen vor allem protestantische Kirchen und Wissenschaftler/ Wissenschaftlerinnen darauf achten, die Römisch-Katholische Kirche nicht auch noch in dieses Blickfeld zu rücken. So werden im "Handbuch Religiöse Gemeinschaften", das für die Vereinigung Evangelisch-Lutherischer Kirchen Deutschlands (VELKD) erarbeitet wurde, "Gemeinschaften, die mit christlichen Überlieferungen wesentliche außerbiblische Wahrheits- und Offenbarungsquellen verbinden und in der Regel ökumenische Beziehungen ablehnen" (Reller, Horst/Kießig, Manfred (Hg.): *Handbuch Religiöse Gemeinschaften.* Für den VELKD-Arbeitskreis Religiöse Gemeinschaften im Auftrag des Lutherischen Kirchenamtes herausgegeben, Gütersloh 1985, S. 219), als "Sekten" definiert.

Es gibt inzwischen zahlreiche Versuche auch gerade von evangelischen Theologen und Theologinnen, Ersatzbegriffe für die pauschalisierende "Sekten"-Bezeichnung zu finden. Der Marburger Kirchenhistoriker Hans Schneider unterscheidet beispielsweise zwischen freikirchlichen Gruppen, zu denen er die Baptisten, die Methodisten, die Freien evangelischen Gemeinden und die Pilgermission St. Chrischona zählt, und den "religiösen Sondergemeinschaften", denen er die Zeugen Jehovas, die Neuapostolische Kirche, die Christengemeinschaft, Christian Science und die Mormonen zurechnet (vgl. Schneider, Hans: Art. "Kurhessen-Waldeck", in: *Theologische Realenzyklopädie* XX, Berlin/New York 1990, S. 337-342, S. 341 f.). Seit Hutten dem Begriff "Sondergemeinschaften" weite Verbreitung verschaffte, ersetzt dieser zwar zunehmend die Begrifflichkeit "Sekte" - das Problem selbst ist allerdings immer noch nicht gelöst: Der Begriff beinhaltet nämlich im "Sonder" die Voraussetzung einer Norm organisierter Religion, was einen unvoreingenommenen Zugang erschwert. Stattdessen geht es nunmehr nach Einführung dieses neuen Begriffs darum, zwischen "religiösen Sondergemeinschaften" und "Freikirchen" oder Mitgliedskirchen der Arbeitsgemeinschaft christlicher Kirchen (AcK) zu unterscheiden - und damit reproduziert man die Abqualifizierung auf einem anderen Niveau. Nicht nur der Bevölkerung, sondern auch dem Kirchenpersonal und z. T. der Wissenschaft stellt sich dann folgendes Bild dar: Zunächst sind die Volkskirchen der Evangelischen Landeskirchen und der Römisch-Katholischen Kirche der "Normalfall" von Kirche und Religion, dann folgen die Freikirchen wie die Baptisten, Methodisten, die Freien evangelischen Gemeinden, die Selbständige Evangelisch-Lutherische Kirche oder neuerdings auch die Siebenten-Tags-Adventisten. Weiter unten in der Rangliste rangieren nunmehr die Gemeinschaften der Minderheitsreligionen in Deutschland (Juden, Moslems, Buddhisten, Bahá'í), die in den "Dialog der Religionen" eingebunden sind und die aus unterschiedlichen Gründen Akzeptanz genießen. Ganz unten stehen anschließend die "religiösen Sondergemeinschaften", die man noch in "christliche Sondergemeinschaften" (Jehovas Zeugen, Neuapostolische Kirche, Katholisch-apostolische Gemeinden) und "sonstige Sondergemeinschaften" einteilen kann. Letzteren wird das Attribut "christlich" meist aberkannt, obwohl sie sich selbst dazurechnen (z. B. Christengemeinschaft, Mormonen, Universelles Leben).

Diese Differenzierungen bedeuten zwar einen erheblichen Fortschritt, aber eine Begrifflichkeit, die allen religiösen Gemeinschaften gerecht wird, noch aussteht. Religionswissenschaftlich korrekt sind Bezeichnungen wie "Religionsgemeinschaft", "religiöse Gemeinschaft" oder einfach "Gemeinschaft"; der Begriff "Glaubensgemeinschaft", wie er als Untertitel dieser Studie gewählt wurde, versucht, als Verbindendes aller hier dargestellten Gemeinschaften den subjektiven "Glauben" der jeweiligen Mitglieder und Anhänger zu anzusprechen.

Literatur:

Dijk, Alfons van: "Religion oder Sekte. Schwierigkeiten der religionssoziologischen und -systematischen Kategoriebildung am Beispiel des Sikhismus", in: *Zeitschrift für Missionswissenschaft und Religionswissenschaft* 4, 1980, S. 268 ff.
Hutten, Kurt: *Seher, Grübler, Enthusiasten. Sekten und religiöse Sondergemeinschaften*, Stuttgart [10]1966.
Kehrer, Günter: *Einführung in die Religionssoziologie*, Darmstadt 1988.
Reimer, Hans-Diether (Hg.): *Stichwort "Sekten". Glaubensgemeinschaften außerhalb der Kirchen*, Stuttgart 1977.

Reller, Horst/Kießig, Manfred (Hg.): *Handbuch Religiöse Gemeinschaften.* Für den VELKD-Arbeitskreis Religiöse Gemeinschaften im Auftrag des Lutherischen Kirchenamtes herausgegeben, Gütersloh 1985.
Schneider, Hans: Art. "Kurhessen-Waldeck", in: *Theologische Realenzyklopädie* XX, Berlin/New York 1990, S. 337-342.
Usarski, Frank: *Die Stigmatisierung Neuer Spiritueller Bewegungen in der Bundesrepublik Deutschland,* Köln/Wien 1988.

Marburg: Ein Kurzprofil

Da in der folgenden Untersuchung immer wieder auf die Spezifika der Universitätsstadt Marburg verwiesen wird, sollen hier vorab einige strukturelle Merkmale der Stadt angesprochen werden, die nicht unerheblich für die Verbreitung der Glaubensgemeinschaften in Marburg und ihre Sozial-, Alters- und Geschlechtsstruktur sind. Genauere Erläuterungen und Tabellen sind im Kapitel "Statistisches zu Marburg" am Ende des Buches zu finden.

Nach den (allerdings unzureichenden) Zahlen der Volkszählung von 1987 hatte die Stadt im Mai 1987 68.624 Einwohner/Einwohnerinnen mit Hauptwohnsitz Marburg. Nach der Fortschreibung dieser Volkszählungsergebnisse wurden am 30. 6. 1993 75.533 Personen mit Hauptwohnsitz in Marburg gezählt. Damit hätte Marburg innerhalb der letzten sechs Jahre einen Bevölkerungszuwachs von rund 10 % erfahren.

Marburg ist zunächst Universitätsstadt - und das seit Einführung der Reformation im Jahre 1527, was das traditionelle Selbstbewußtsein der Universitätsangehörigen noch immer mitbestimmt. Die Studierendenzahlen haben sich seit Mitte der 80er Jahre von 15.908 (Wintersemester 1985/86) auf 17.082 (Wintersemester 1990/91) erhöht. Im Sommersemester 1993 waren 18.190 Studierende an den 21 Fachbereichen der Philipps-Universität immatrikuliert, nachdem es im Wintersemester 1992/93 mit 19.095 Eingeschriebenen den bisherigen Rekord gegeben hatte. Die Altersstruktur der Marburger Bevölkerung ist ebenfalls stark von den Studierenden geprägt: Knapp ein Drittel ist zwischen 20 und 30 Jahre alt, rund 40 % sind im Alter von 20 bis 35 Jahre und fast 60 % der Marburger Bevölkerung ist jünger als 35 Jahre. Vor allem durch die Studierenden erklärt sich auch die hohe Zahl von rund 6.000 Zuzügen und ebenso vielen Fortzügen pro Jahr. 1990 waren es 7.182 Zuwanderungen und 6.085 Abwanderungen, die die hohe Fluktuation der Bevölkerung bestimmten. Rund 18 Prozent der Marburger Bevölkerung kommt so pro Jahr neu in die Stadt oder verläßt sie.

Unter den Studierenden befanden sich 1990/91 rund 1.200 Studierende nichtdeutscher Staatsangehörigkeit, im Sommersemester 1993 waren es 1.297. Die meisten ausländischen Studierenden waren ebenfalls im Wintersemester 1992/93 an der Philipps-Universität eingeschrieben: 1.422. Ende 1992 hatten 4.852 Ausländer und

Ausländerinnen ihren ersten Wohnsitz in Marburg, wovon zwischen 1.500 und 1.600 Personen moslemischen Glaubens sein dürften.

Auch die Wirtschaftsstruktur ist von dem Charakter der Universitätsstadt geprägt: Von den 73.799 Marburgern 1990 waren im selben Jahr 38.475 Personen sozialversicherungspflichtig beschäftigt. 40,7 % oder 15.646 waren davon im Bereich Verkehr, Kredit- und Versicherungswesen und Dienstleistungen beschäftigt, 27,9 % bzw. 10.721 im Produzierenden Gewerbe, 11,0 % oder 4.246 Personen im Handel und nur 0,7 % bzw. 256 Personen in Land- und Forstwirtschaft. 19,8 % oder 7.606 Personen waren keinem dieser Sektoren zuzuordnen. Die prozentuale Verteilung der Beschäftigungsbereiche ist in den 80er Jahren weitgehend konstant geblieben. Das Übergewicht der nicht-produzierenden Sektoren bestimmt über 70 Prozent der Arbeitsverhältnisse. Größte Arbeitgeberin ist hierbei die Philipps-Universität mit rund 6.500 Mitarbeitern und 500 Professoren/Professorinnen. Im Universitätsklinikum waren 1990 481 Ärzte/Ärztinnen angestellt (hinzu kommen nach Zahlen von 1990 weitere 188 Ärzte/Ärztinnen, die zumeist freie Praxen unterhalten). Größter privater Arbeitgeber sind die Behringwerke mit 3.125 Beschäftigten 1992 (bei rückläufiger Tendenz). Die Behringwerke sind ein Chemieunternehmen, das Diagnostika bzw. pharmazeutische Produkte herstellt und seit 1925 (über die IG Farben) dem Frankfurter Chemiekonzern Hoechst zugehört. Der Umsatz betrug 1992 1,365 Mrd. DM. Die Stadt Marburg weist im Haushaltsplan 1993 einschließlich Schulen und Kindergärten 944,5 Stellen auf; hiervon sind 113 Beamten-, 432 Angestellten- und 399,5 Arbeiterstellen. Tatsächlich beschäftigt waren am 30.6.1992 853 Personen: Beamte auf 97,5 Stellen, Angestellte auf 383,5 Stellen und Arbeiter auf 372 Stellen. Das städtische Haushaltvolumen beträgt im Haushaltsjahr 1993 knapp 600 Millionen DM; ein knappes Drittel (31,4 %) der Ausgaben des Verwaltungshaushaltes, rund 67 Millionen DM, werden für Personalausgaben veranschlagt.

1990 erhielten 1.357 Haushalte bzw. 2.696 Personen in Marburg "Hilfe zum Lebensunterhalt" (HzL) und 967 Haushalte bzw. 1.107 Personen "Hilfe in besonderen Lebenslagen" (HbL) vom Sozialamt. Diese Zahlen sind relativ konstant geblieben (1985: 1.372 Haushalte bzw. 2.503 Personen HzL und 1.015 Haushalte und 1.107 Personen HbL), dürften sich jedoch seitdem aufgrund der allgemeinen Gesellschaftslage eher erhöht haben.

Politisch ist Marburg durch eine "linke" Tradition gekennzeichnet, deren Spektrum sich breit auffächert. Seit Anfang der 50er Jahre bis 1993 besetzte die SPD den Oberbürgermeisterposten, der jedoch im Juni 1993 an den CDU-Kandidaten fiel, da sich lediglich 36,9 % der Wahlberechtigten an der Wahl beteiligten. Von 1972 bis 1993 war die DKP mit z. T. über 10 % in der Stadtverordnetenversammlung vertreten, während seit Anfang der 80er Jahre die Grünen zunehmend mehr Stimmenanteile bekamen. Das Ergebnis der Kommunalwahlen vom März 1993 erbrachte für das grün-alternative, linke Spektrum 26,22 % der Stimmen (Grüne 18,17 %, Grüne und Alternative Linke GAL 4,58 %, Marburger Linke ML 3,47 %), die SPD erreichte 29,78 % und das konservativere bürgerliche Lager erreichte zusammen 43,99 % (CDU 26,21 %, Bürger für Marburg BfM 13,82 %, FDP 3,96 %). Von 1981 bis 1985 wurde Marburg durch eine große Koalition regiert, von 1985 bis 1991 durch eine

SPD/Grünen - Koalition, von 1992 bis 1993 durch eine Koalition von SPD und BfM. Bei Redaktionsschluß der Studie existierte gar keine Koalition.

Die sich im politischen Spektrum widerspiegelnde weit gestreute Alternativkultur wird beispielsweise durch den Kulturladen KFZ charakterisiert, wo 1990 rund 35.000 Personen die 211 Veranstaltungen besuchten (1985: 10.000 bei 133 Veranstaltungen). Das Nordhessische Landestheater Marburger Schauspiel konnte in der Spielsaison 1989/90 bei 166 Aufführungen 34.671 Besucher/Besucherinnen zählen (1984/85 36.523 bei 88 Aufführungen). Diese beiden Zahlen spiegeln eine gewisse Bipolarität Marburgs wieder: Eine starke, mehr konservativ geprägte bürgerliche Kultur und eine ebenfalls starke, eher als links sich verstehende alternative (Sub-) Kultur. Diese zwei nebeneinander existierenden "kulturellen Welten" sind bei vielen Sachverhalten feststellbar. Auf dem religiösen Sektor spiegelt sich diese Bipolarität Marburgs wiederfinden in der organisierten Religion zahlreicher Freikirchen und "etablierten" Gemeinschaften und der unorganisierten Religion des New-Age- und Esoterik-Spektrums sowie der Yoga- und Meditationsszene wiederfinden.

Die Fortschreibungen der Kirchenzugehörigkeiten nehmen als Basis die Erkenntnisse der Volkszählung und zählen Mitte 1993 rund 42.000 Mitglieder der Evangelischen Kirche von Kurhessen-Waldeck und rund 15.000 Mitglieder der Römisch-Katholischen Kirche. Demnach wären rund 18.500 Personen in Marburg nicht Mitglied einer der beiden christlichen Großkirchen - rund ein Viertel der Bevölkerung.

Dieses Kurzprofil soll mit einer kurzen Übersicht (siehe nächste Seite) geschlossen werden, in der die Chronologie der Glaubensgemeinschaften in Marburg deutlich wird: Im wesentlichen sind zwei starke Schübe zu erkennen: In der zweiten Hälfte des 19. Jahrhunderts etablierten sich in Marburg die wichtigsten christlichen Freikirchen, die fast durchgängig mit der konservativen Erweckungsbewegung in Zusammenhang standen. Seit den 70er Jahren des 20. Jahrhunderts ist ein zweiter großer Andrang festzustellen, in dem z. T. sehr junge religiöse Bewegungen in Marburg Fuß faßten. Zu dieser Zeit muß man wohl auch den Beginn der New-Age- bzw. Esoterik-Szene in Marburg ansetzen. Dieser zweite Schub, der im wesentlichen Mitte der 80er Jahre abgeschlossen zu sein scheint, brachte eine Auffächerung des religiösen Spektrums mit sich, unter dem alle sozialen Schichten in Marburg eine ihnen angemessene Verwirklichung religiöser Vorstellungen auswählen können.

Literatur:

Der Magistrat der Universitätsstadt Marburg. Amt für Stadtentwicklung und Statistik (Hg.): *Marburger Zahlen 1985-1990* (Schriften zur Marburger Stadtentwicklung 30), Marburg 1992.

Tabelle: *Chronologie der Religionsgemeinschaften in Marburg*

Glaubensgemeinschaft	Mitglieder in MR	Eigenständige Gemeinschaft in MR
Katholische Kirche	seit Gründung von MR	seit Gründung von MR (mit Unterbrechungen)
Jüdische Gemeinde	seit dem 14. Jahrhundert	seit dem 14. Jahrhundert (mit Unterbrechungen)
Evangelische Landeskirche	seit 1527	seit 1527
Evangelisch-Freikirchliche Gemeinde (Baptisten)	seit 1840	seit 1840
Katholisch-apostolische Gemeinde	seit 1847	seit 1850
Evangelisch-methodistische Kirche	seit Ende 1860er Jahre	seit 1889
Selbständige Evangelisch-Lutherische Kirche	seit 1876	seit 1876
Kirche Jesu Christi der Heiligen der Letzten Tage (Mormonen)	seit 1890er Jahre	bis 1985
Evangelische Stadtmission (Pilgermission St. Chrischona)	seit 1896	seit 1896
Neuapostolische Kirche	seit 1906	seit 1906
Gemeinschaft der Siebenten-Tags-Adventisten	seit 1920	seit 1920
Christengemeinschaft	seit 1922	seit 1924
Jehovas Zeugen	seit 1932	seit 1949
Deutsche Unitarier Religionsgemeinschaft	seit 1950	bis 1970er Jahre
Freie evangelische Gemeinde	seit 1952	seit 1952
Islamische Gemeinschaft	seit Anfang 1960er Jahre	seit Anfang 1960er Jahre
Bahá'í	seit 1971	seit 1971
Ananda Marga	seit Ende 1970er Jahre	---
Sikhs	seit ?	---
Vajradhatu Shambhala Europe	seit 1979/80	seit 1979/80
Osho (Bhagwan)	seit Anfang 1980er Jahre	---
Lectorium Rosicrucianum	seit Anfang 1980er Jahre	---
Ahmadiyya Muslim Jamaat	seit 1984	---
Universelles Leben	seit 1984	seit 1984
Wicca-/Hexen-Gemeinschaften	seit 1984	seit Mitte 1980er Jahre
Bund Deutscher Unitarier - Religionsgemeinschaft Europäischen Geistes	seit 1989	---

Religiosität in Marburg: Einige Streiflichter

Bevor die Darstellung der Religionsgemeinschaften Marburgs einsetzt, sollen im folgenden Kapitel diejenigen Gemeinschaften und Organisationen kurz angesprochen werden, die keine ausführliche Darstellung in dieser Studie erfahren haben. Dies hat unterschiedliche Gründe - einige der Gemeinschaften hätten unter etwas anderen Umständen durchaus ausführlicher behandelt werden können. Gleichwohl werden hier Religionsgemeinschaften in aller Kürze vorgestellt, die in Marburg - in der einen oder anderen Form - vertreten sind, da auch sie das religiöse Leben Marburgs mitprägen. Zugleich wurde versucht, das weite Feld der unorganisierten Religion zumindest anzudeuten, wenngleich die hier vorgestellte Auswahl den Zufalls-Charakter nicht verbergen kann. In einer Darstellung des religiösen Profils Marburgs darf die Vielzahl von Meditations-, Yoga- und Esoterikangeboten nicht fehlen, auch unter der Einschränkung, daß die hier vorgestellten Aktivitäten manchmal Grenzbereiche des Religiösen zum Profanen überschreiten.

Zentrum der unorganisierten Religion: Der Sirius-Buchladen

Der von Dagmar Altroggen und Friedhelm Schöck geführte Sirius-Buchladen in der Marburger Oberstadt ist weit mehr als eine kommerziell geführte Buchhandlung: Er ist Kommunikationszentrum der Esoterik-Szene. Der Eingangsbereich des Ladens hat sich entsprechend durch Aushänge und Angebote aller Art zu einer Art "Schwarzem Brett der unorganisierten Religion" in Marburg entwickelt. Das Angebot des Buchladens selbst umfaßt sowohl Bücher als auch Accessoires, wie z. B. CD's, Musikkassetten, "Edle Steine", "Düfte" oder auch Musikinstrumente. Die Bereiche, die im Angebot abgedeckt werden, gehen von religionswissenschaftlichen Darstellungen östlicher Religionen oder esoterischer Gemeinschaften über Materialien zu Tao, Tantra oder Zen bis zu Astrologie, Tarot oder Symbolik und beinhalten auch die Problematiken von "Heilung", Therapie und "Transformation". Als der Sirius-Buchladen 1981 gegründet wurde, war er einer der ersten esoterischen Buchläden in der Bundesrepublik - inzwischen dürfte es knapp 100 davon geben. Die Grundintention war und ist es, die esoterischen Instrumentarien zur Entwicklung persönlicher Freiheit zu präsentieren, außerhalb einer bestimmten Gruppe. Ins Programm wurden jedoch von Anfang an nur Materialien von esoterischen Gruppen und Organisationen genommen, die sich als "offen" verstanden und keine Heilsexklusivität (ihrer Lehren) vertraten. Unter *Esoterik* kann hierbei eine Vielzahl von Theorien zur inneren Entwicklung des Menschen verstanden werden, die sich quer durch alle Religionen finden und häufig in den mystischen Strömungen der organisierten Religionen beheimatet sind. Esoterik beinhaltet dabei sowohl Weltabgewandtheit als auch Weltbejahung, wobei der Schlüssel zur Weltveränderung immer in der Veränderung des Individuums liegt.

SIRIUS

Der Schriftzug des Sirius-Buchladens - 12 Jahre Esoterik in Marburg.

Das zunehmende Interesse an Esoterik liegt auch in der heute vorherschenden Geisteshaltung einer Verinnerlichung begründet. Gerade das weitgehende Scheitern von Weltveränderungskonzepten hat dazu geführt, daß der "neue Mensch" zunehmend in einer individuellen Bewußtseinsänderung und der fortlaufenden Entwicklung des Einzelnen gesucht wird. Der Sirius-Buchladen jedenfalls hat sich in den letzten 4 Jahren zu einem existenzsichernden Geschäft entwickelt, was sich nicht nur auf die neuen Ladenflächen zurückzuführen ist, sondern auch auf eine Programmausweitung: Gerade die neu aufgenommenen Geschenkartikel haben zu einem Anwachsen des Kundenkreises geführt. Dieser besteht zu einem sehr hohen Anteil, rund 75 %, aus Frauen; die soziale Schichtung wird keineswegs überwiegend von Studierenden oder Intellektuellen repräsentiert, sondern auch zum großen Teil von Angehörigen der Mittelschicht. Ein Schwerpunkt im Alter der Kunden und Kundinnen des Sirius-Buchladens liegt zwischen 30 und 40 Jahren. Wenngleich das Publikum, dem Charakter der Universitätsstadt entsprechend, eine hohe Fluktuation aufweist, ist doch die hohe Anziehungskraft für Auswärtige bemerkenswert: Zwischen 40 % und 60 % kommen von außerhalb Marburgs oder sind Touristen bzw. Touristinnen, die nach Angaben von "Sirius" teilweise gerade wegen des gutsortierten Esoterik-Buchladens in Marburg Station machen. Es fällt schwer, das Feld der unorganisierten Religion in Marburg quantitativ festzumachen: Um die 500 Personen nennen konservative Schätzungen; will man jedoch alle Personen in Marburg hinzurechnen, die Erfahrungen mit Yoga, Meditationen oder esoterischen Praktiken gesammelt haben und diese Techniken unter Umständen - wenn auch wahrscheinlich nicht aus vorwiegend religiösen Gründen - weiterhin praktizieren, wird man wohl mit Annahmen zwischen 2.000 und 3.000 Personen nicht allzu weit von der Realität entfernt liegen. Tarot-Karten mit Anleitungen beispielsweise werden im Sirius-Buchladen pro Jahr rund 50 mal verkauft, d. h. daß seit der Eröffnung des Ladens sich rund 600 Personen mit dieser esoterischen Technik näher beschäftigten.

Marburger Freimaurerloge: Keine religiöse Gemeinschaft

Seit Mitte 1993 hat Marburg wieder eine eigenständige Freimaurerloge mit dem Namen *Zu den drey Löwen*. Bereits 1988 war sie als Deputationsloge der Wetzlarer Freimaurerloge "Wilhelm zu den drei Helmen" wiedergegründet worden, nachdem sich bereits 1743 eine Loge gleichen Namens in Marburg zusammengefunden hatte.

Die Marburger Freimaurerloge legt jedoch Wert darauf, nicht als "religiöse Gemeinschaft" eingeordnet zu werden: Sie sei rein humanitär orientiert.

Die Geschichte der Freimaurer reicht bis ins Mittelalter zurück, als ab dem 13. Jahrhundert die zahlreichen kirchlichen Gebäude von Steinmetzen und Bauhandwerkern gefertigt wurden. Die Begriffe "Freimaurer" und "Loge" leiten sich von den englischen Bezeichnungen "freemason" und "lodge" ab. Unter den "feemasons" versteht man die Bearbeiter der Kalk- und Sandsteine für die anspruchsvollsten Bestandteile der Gebäude - "lodge" waren die Bauhütten, wo die Planungen der Arbeiten erstellt wurden. Das große Wissen der Baumeister schuf zusammen mit der Tatsache, daß sie durch ganz Europa reisten, eine gewisse "Geheimgesellschaft" quer durch alle europäischen Nationen, die in den Zusammenkünften der Bauhütten zahlreiche wissenschaftliche Diskussionen führten. Im Laufe der Jahrhunderte verloren die Bauhütten ihre exklusive Bedeutung für das Bauhandwerk, die Gemeinschaften blieben jedoch bestehen, öffneten sich bürgerlichen Intellektuellen, Schriftstellern und Künstlern und widmeten sich den Idealen der Toleranz und Humanität.

1717 wurde von vier Londoner Logen die Großloge von England gegründet, die zur weltweiten Dachorganisation aller Freimaurer avancierte. 1737 wurde in Hamburg die erste deutsche Freimaurerloge ins Leben gerufen, 1743 dann auch in Marburg die Loge "Zu den drey Löwen", die 1767 ihr Konstitutionspatent von der Londoner Großloge erhielt. 1766 hatte sich eine weitere Loge in Marburg "Zu den drey Rosen" gegründet, jedoch wurden die Logen 1794 reichsweit verboten. Nach kurzzeitigen Wiedergründungen als Loge "Marc Aurel zum flammenden Stern" während der napoleonischen Befreiungskriege konnte die Loge gleichen Namens erst 1871 wieder die Arbeit in Marburg aufnehmen. Von 1876 bis 1911 befand sich das "Hochzeitshaus" in der Nicolaistraße (heute im Eigentum der Christengemeinschaft) im Besitz der Logenbrüder.

Nach dem Verbot durch die Nationalsozialisten konnte das Freimaurertum erst wieder 1988 Fuß in Marburg fassen. Die Freimaurerloge "Zu den drey Löwen" gehört der "Vereinigten Großloge der Alten Freien und Angenommenen Maurer" (AFuAM) mit Sitz in Frankfurt/Main an, die 1949 als Zusammenschluß der humanitär orientierten Logen gegründet worden war. In den Folgejahren wurde von der "Vereinigten Großloge AFuAM" und den beiden eher christlich orientierten Freimaurerlogen "Großloge zu den drei Weltkugeln" und "Große Landesloge der Freimaurer in Deutschland" die gemeinsame Dachorganisation "Vereinigte Großlogen in Deutschland" gebildet. Bundesweit zählten die Freimaurerlogen 1989 rund 14.500 Mitglieder, mit steigender Tendenz.

Die Freimaurerlogen haben in der Regel eine hochentwickelte Symbolik, führen sich auf die Zeit des Baus des Salomonischen Tempels zurück und haben als inneren Aufbau mindestens das dreigliedrige Gradsystem Lehrling, Geselle und Meister. In der Vergangenheit hatten die Logen oftmals den Charakter von Mysterienschulen und z. T. ein Hochgradsystem mit 33 Einweihungsgraden entwickelt. Die 15 Mitglieder der Marburger Freimaurerloge wählen einen Vorstand mit einem "Meister vom Stuhl" (Dr. Axel Friehoff, Weidenhäuser Str. 70, 35037 Marburg, 06421/22712). Die Loge steht allen demokratisch und humanitär orientierten Männern offen, die Sitzungen sind jedoch nicht öffentlich. Das einzige Aufnahmekriterium (neben dem männlichen Geschlecht) ist es, nicht die Existenz eines höheren Wesens zu leugnen, da man sich nach der Konstitutionsschrift der Großloge von England, den "Alten Pflichten", dem "Baumeister der Welten" unterstellen muß. Trotzdem verstehe sich die Loge "Zu den drey Löwen" nicht als religiös orientierte Gemeinschaft, da weder Aussagen über die genaueren Eigenschaften dieses "höheren Wesens" gemacht würden, noch ein gemeinsamer Kult betrieben werde. Die Mitgliedschaft in anderen Religionsgemeinschaften ist ebenfalls kein Hindernis: Sogar ein evangelischer Pfarrer zähle zur Loge.

Sikhs: Gottesdienst im Frankfurter Tempel

Nach Auskunft eines hier ansässigen Sikh gibt es in Marburg zwischen 10 und 15 Angehörige der *Sikh-Religion.* Diese im 16. Jahrhundert gegründete Religion stellt eine eigenständige Synthese von Elementen aus dem Islam, aus Reformbewegungen des Hinduismus und aus den Sant-Traditionen, mystischen Frömmigkeitsbewegungen im mittelalterlichen Indien, dar. Zentrum der Religion, die weltweit über 18 Millionen Gläubige zählt, ist der indische Bundesstaat Pandschab, wo in Amritsar der Goldene Tempel der Sikhs steht. Aufgrund der grausamen Verfolgungen durch die Mogulherrscher in Indien konstituierte sich die Religionsgemeinschaft als spirituelle Kampfesbruderschaft zur Selbstverteidigung. Sikhs sind äußerlich an fünf Kennzeichen erkennbar: 1. Langes Kopf- und Barthaar sowie einen Turban als Kopfbedeckung. 2. Der Besitz eines kleinen Haarkamms aus Holz zur Haarpflege. 3. Ein Armreif aus Stahl als Zeichen der Brüderlichkeit. 4. Ein Dolch oder Schwert zur Selbstverteidigung. 5. Eine knielange Unterhose.

Um die indische Kastenzugehörigkeit im Namen zu eleminieren, tragen alle Sikh-Männer den Nachnamen "Singh" (Löwe) und alle Sikh-Frauen den Nachnamen "Kaur" (Prinzessin). Der Umkehrschluß, eine Person mit Namen "Singh" oder "Kaur" gehöre der Sikh-Religion an, ist hingegen nicht erlaubt. In Deutschland gibt es nach Auskunft des Vorsitzenden der Frankfurter Gemeinde der Sikhs zwischen 10.000 und 15.000 Angehörige der Sikh-Religion. Die Frankfurter Gemeinde der Sikhs verfügt im Gallusviertel über einen eigenen Tempel (Kleyerstr. 42-44, 60326 Frankfurt, Tel. 069/7381243), in dem sich die hessischen Gemeindeglieder - auch die Marburger, die über keine eigenen Gemeindestrukturen verfügen - regelmäßig versammeln. In die Schlagzeilen geriet die Sikh-Gemeinde in Frankfurt, als die Polizei im März 1993 den Tempel erfolglos nach Waffen durchsuchte und sich dabei über alle religiösen Vorschriften hinwegsetzte (Eintritt nur mit Kopfbedeckung und ohne Schuhe, Rauchverbot) und darüber hinaus auch noch in den Heiligen Büchern der Sikhs blätterte und diese beschädigte.

Markante "Neue Religiöse Bewegungen" fehlen

Für das religiöse Profil einer Stadt sind nicht nur diejenigen Religionsgemeinschaften signifikant, die in einer Stadt vertreten sind, sondern auch diejenigen, die keine Mitglieder oder Anhänger besitzen. Vor allem das Fehlen einiger wesentlicher sog. *Neuer Religiöser Bewegungen* ist auffällig.

Die *Scientology Kirche* ist nach Angaben von Scientology Hamburg in Marburg nicht vertreten. Weder würden hier Werbeveranstaltungen durchgeführt noch seien in Marburg Mitglieder von Scientology verzeichnet. Die Church of Scientology wurde 1954 von Ron Lafayette Hubbard (1911-1986) in den USA gegründet und vertritt die seit 1950 ebenfalls von Hubbard entwickelte Technik der "Dianetik", mit der der Mensch alle seine geistigen Potentiale aktivieren kann. Durch die Absolvierung zahlreicher Kurse sollen die Menschen die verschiedenen Stufen bis zum "Clear" erreichen. Der Clear ist ein Mensch, frei von negativen Einflüssen, der sein Leben selbstbestimmt in der Hand hat. Daran anschließend kann man zum Status des "Operierenden Thetan" (OT) gelangen, wobei 15 Gradstufen vorgesehen sind, von denen die Scientology-Zentrale in den USA zur Zeit acht freigegeben hat. Als OT kann man sich über materielle Begrenzungen der Umwelt hinwegsetzen und wird zum Schöpfer, zur Ursache seiner selbst. Hubbard entwickelte seine Dianetik als "moderne Wissenschaft der geistigen Gesundheit" und die Lehre Scientology als "Lehre vom Wissen", worunter Scientologen das religiöse Weltbild ihrer Bewegung verstehen, zu einem umfangreichen System, das alle Bereiche menschlicher Existenz umfaßt. Hubbards Techniken seien sowohl auf geistiger wie auf materieller Ebene, z. B. im Bereich der Wirtschaft, einsetzbar. Durch aggressive Werbemethoden und ein hierarchisches, stark reglementiertes Organisationsgefüge ist Scientology sehr umstritten. 1970 wurde die erste Scientology-Kirche in München gegründet, momentan werden rund 30.000 Mitglieder gezählt. Für den Marburger Raum ist die Kirche in Frankfurt zuständig. Das hiesige Fehlen der Scientology Kirche kann ein Resultat der Marburger Sozialstruktur sein, die stark studentisch und universitär geprägt ist, während Selbständige und leitende Angestellte - ein wesentliches Klientel der Scientology Kirche - vergleichsweise wenig vertreten sind.

Die *Vereinigungskirche* ist in Marburg nach Angaben der Frankfurter Zentrale ebenfalls nicht vertreten. Ende der 80er Jahre war hier zwar die Studierendenorganisation *CARP* (Collegiate Association for the Research of Principles) aktiv und auch in der Öffentlichkeit durch Plakate aufgetreten, jedoch gibt es inzwischen in Marburg kein Mitglied der Vereinigungskirche mehr. Diese neureligiöse Bewegung war 1954 durch den Koreaner Sun Myung Mun (Moon, *1920) als "Holy Spirit Unification Church of World Christianity" gegründet wurden und hatte einen stark antikommunistischen Zug, was sich inzwischen durch den weitgehenden Zusammenbruch der sozialistischen Staaten erübrigt hat. Die Vereinigungskirche hat sich die Vereinigung aller Religionen unter Führung des durch Mun erneuerten Christentums zum Ziel gemacht und in der Vergangenheit v. a. durch spektakuläre "Massenhochzeiten"

Aufsehen erregt. Dem Ziel, die Trennung von Völkern und Religionen zu überwinden, dient die Betonung der Familiengründung durch Ehepaare unterschiedlicher Nationalitäten. Ebenso ist die Familie das Zentrum der durch Mun neu in Gang gekommenen Heilsgeschichte. Grundlage der Lehre der Vereinigungskirche sind die Mun offenbarten "Göttlichen Prinzipien", die zwar christliches Gedankengut beinhalten, doch ebenso stark asiatisch geprägt sind. Es ist in der Vereinigungskirche durchaus umstritten, ob man sich dem christlichen Spektrum zurechnet. In der Bundesrepublik zählen nach einem starken Aufschwung in den 70er Jahren nur noch rund 2.400 Personen zum Umfeld dieser Religion.

Die *Hare-Krishna-Bewegung*, organisiert als *Internationale Gesellschaft für Krishna-Bewußtsein"* (ISKCON) hat in Marburg ebenfalls keine Mitglieder, was nicht weiter verwunderlich ist, da sich bundesweit nur rund 200 Personen der Organisation zurechnen. 1966 war dieser asketische hinduistische Mönchsorden von A. C. Bhaktivedanta Swami Pruphapada gegründet worden, um hinduistische Traditionen mit westlichem Gedankengut zu verbinden. Die asketische Lebensführung mit vegetarischer Ernährung, Verzicht auf Rauschmittel, Glücksspiel und unerlaubte sexuelle Beziehungen wird auf die klassisch hinduistische Tradition zurückgeführt und im bewußten Kontrast zur westlichen Konsumgesellschaft gelebt.

Die *Transzendentale Meditation* (TM) wurde 1970 von Maharishi Mahesh Yogi (Mahaesh Prasad Warma) gegründet und zählt weltweit zu den erfolgreichsten "Neuen Religiösen Bewegungen": rund zwei Millionen sollen schon einmal TM praktiziert haben. Bereits die Vorläuferorganisation von TM, die *Spiritual Regeneration Movement*, vertrat eine leicht erlernbare Meditationstechnik, die für die Bedürfnisse der Menschen im Westen ausgelegt war. Die Zentrale der "Gesellschaft für Transzendentale Meditation" in Bissendorf (Kreis Osnabrück) hatte keine Informationen, daß es in Marburg einen Lehrer ihrer Organisation gibt, was auch dem Ergebnis von REMID-Umfragen entspricht. Gleichwohl unterhält TM noch ein Schaufenster am Rudolphsplatz, ohne jedoch dort eine Kontaktadresse anzugeben. In den 80er Jahren soll TM in Zwischenhausen eigene Räume für Meditationen angemietet gehabt haben, was heute jedoch nicht mehr der Fall ist. Die rund 1.000 von TM ausgebildeten Meditationslehrer in der Bundesrepublik entsprechen am ehesten dem, was andere Organisationen als "Mitglieder" bezeichnen. TM hat sich im übrigen immer dagegen gewandt, als "religiöse Gemeinschaft" oder "Religionsgemeinschaft" bezeichnet zu werden.

Die Osho-Mitglieder in Marburg

Die *Osho-Bewegung* wurde 1974 von Bhagwan Shree Rajneesh (1931-1991) gegründet. In "Osho" benannte sich Shree Rajneesh erst 1989 um. Ihre Anhänger sind auch als *Sannyasins* (wörtl. der Welt "Entsagende") bekannt, deren Aktivitäten jedoch nach dem Tod ihres Gründers 1991 zumindest in der Bundesrepublik kaum noch von der Öffentlichkeit beachtet werden. Dies mag natürlich auch daran liegen, daß

Shree Rajneesh oder Osho, der Gründer der nach ihm benannten Bewegung, die ihren Hauptsitz wieder im indischen Poona unterhält.

die vormals so auffälligen äußeren Kennzeichen inzwischen selten zu sehen sind: In ihren Anfangsjahren trugen die Sannyasins orangene Kleidung, die später durch Kleidungsstücke unterschiedlicher Rottöne abgelöst wurden. Noch vor seinem Tod hatte Shree Rajneesh 1990 allerdings angeordnet, daß dieses Erkennungszeichen unter den Sannyasins abgeschafft werden solle. Auch das andere äußere Merkmal der Sannyasins, die "Mala", eine Halskette mit einem Anhänger, in dem sich das Bild Shree Rajneeshs befindet, wird nicht mehr öffentlich getragen, sondern nur noch zu Meditationszwecken umgelegt.

Zwar werden weltweit noch rund 180.000 Personen zur Osho-Bewegung gezählt, in Deutschland ist die Zahl jedoch auf rund 900 zurückgegangen, wenngleich inzwischen wieder mit steigender Tendenz. Es existierten Anfang 1993 in der Bundesrepublik rund 30 Osho-Meditationszentren, die jedoch unterschiedliche Größen aufweisen. Die bedeutendsten sind das *Osho Tao Zentrum* in München, das *Osho Uta Institut* in Köln, das *Dharmadeep OMC* in Hamburg und das "Osho Dörfchen" in Berlin. Ein Pressebüro mit einer Öffentlichkeitsreferentin, das auch der Koordination der verschiedenen Zentren dient, wird in Köln unterhalten (Yachana Schön, Osho Pressebüro, Venloer Str. 5-7, 50672 Köln, Tel. 0221/5740719). Hier befindet sich auch der Osho Verlag, der die deutsche Ausgabe der "Osho Times International" herausgibt. Die verschiedenen Osho-Zentren stellen eine Rückkehr zu den anfänglichen Ideen der Bewegung dar: Gerade die Gründung von Kommunen, in denen gemeinsam gelebt und gearbeitet wird, war ehemals das Charakteristikum der sog. Bhagwan-Bewegung. Zwar befand sich von 1974 - 1981 das internationale Zentrum im Ashram von Poona/Indien, jedoch bildeten sich überall kleinere Zentren. Mit dem Umzug Shree Rajneeshs nach Oregon/ USA Anfang der 80er Jahre und der Auflösung des Ashrams "Poona eins" begann eine Phase der Bewegung, die das Bild bis heute bestimmt, das sich die Öffentlichkeit von der Bhagwan-Bewegung gemacht hat: Auflösung der kleinen Zentren und Konzentration auf den Ashram in Oregon, freie Liebe als Gruppenzwang, harte körperliche Arbeit, die als "Andacht" proklamiert wurde, Shree Rajneesh mit seinen 99 Rolls Royce und seine Sekretärin Sheela. Mit der Auflösung des Ashrams in Oregon Mitte der 80er Jahre und der erneuten Niederlassung in Poona war eine gewisse

Rückkehr zu den ursprünglichen Ideen verbunden: In der "Osho International Commune" in Poona befindet sich zwar die Zentrale der Bewegung, die auch für die Aufnahmeanträge zur Organisation und die Vergabe von Sanskrit-Namen an die neuen Mitglieder zuständig ist (man kann auch den bürgerlichen Namen behalten), jedoch haben sich nunmehr wieder verschiedene kleinere Zentren gegründet.

Das Marburg am nächsten gelegene Zentrum befindet sich in Roßbach zwischen Gießen, Herborn und Marburg (Kamala Zentrum, Amselweg 3, 35649 Bischoffen-Roßbach, 06444/6014). In diesem "Kamala Center", in dem ständig 5 Personen wohnen, werden zahlreiche offene Kurse, Gruppen und Therapieübungen veranstaltet. In Witzenhausen existiert ein weiteres Center der Osho-Bewegung, "Parimal" genannt. In Marburg finden sich etwa zehn Osho-Mitglieder - seit Anfang der 80er Jahre sind hier Mitglieder der Bewegung nachweisbar -, die jedoch kaum gemeinschaftliche Aktivitäten entfalten: Die Mitglieder kennen sich zwar untereinander, sind jedoch sehr individualistisch orientiert. Daß die Bezeichnung "Jugendreligion" auch für die Osho-Bewegung unangebracht ist und besser aus der Literatur gestrichen werden sollte, zeigt ein Blick auf die Altersstruktur: Man kann davon ausgehen, daß Osho-Mitglieder in der Regel älter als 25 Jahre sind - die Marburger sind durchschnittlich sogar über 30 Jahre alt. Waren es früher überwiegend Personen aus der Akademikerschicht oder aus dem therapeutisch-sozialen Berufsfeld, die Osho beitraten, so ist die Mitgliedschaft heute weniger eindeutig eingrenzbar. Auffallend ist jedoch, daß sich kaum Studierende unter ihnen befinden. Die fehlende Gruppenbildung in Marburg zeigt eine organisatorische Schwäche der Organisation: Neben dem Zentrum in Poona, das die Aufnahme vollzieht, gibt es keine nationalen Organisationen oder Mitgliederlisten, die dann zu lokalen Gemeinschaften führen würden. Weder gibt es Aufnahmegebühren noch Mitgliedsbeiträge. Auch ein Austritt wird somit nicht registiert - bei der Aufnahme wird lediglich darum gebeten, im Falle eines solchen die Mala zurückzusenden. Eine "Lehre" der Sannyasins darzustellen, scheitert meist an dem "Anything goes"-Prinzip dieser Gemeinschaft: Es ist nahezu alles erlaubt, was zur bewußten ganzheitlichen Lebensbejahung führt. Als gemeinsames Ziel der Bewegung kann man jedoch sicherlich formulieren, den "neuen Menschen" authentisch hier in der Gegenwart zu schaffen. Hierbei dienen die Meditationen und Therapien der Sannyasins zur Reinigung des Einzelnen und damit zur Hinführung auf dieses Ziel. Die Osho-Bewegung sieht sich ansonsten in der tantrischen Tradition stehend: Während die Yoga-Tradition bemüht ist, die augenblickliche Dualität im Leben zur Einheit hin zu verändern, kennt die Tantra-Tradition eine solche Dualität nicht und sieht die Einheit bereits im Einzelnen verwirklicht.

Literatur: Karow, Yvonne: *Bhagwan-Bewegung und Vereinigungskirche: Religions- und Selbstverständnis der Sannyasins und Munies*, Stuttgart 1990).

Die Meditationsszene

Verbreiteter als die organisierte Religion der "Neuen Religiösen Bewegungen" oder die organisierten Meditationsschulen ist in Marburg das freie Angebot von Meditationen aller Art. Am weitesten scheint hierbei das Angebot der *Sonnenstrahl. Initiative für ganzheitliche Gesundheit e. V.* aufgefächert zu sein. Dieser gemeinnützige Verein besteht seit 1985 und bietet unter der Leitung von Dr. Thomas Brandt (Tel.: 06421/23898) diverse Meditationen an: Die Kundalini-Meditation von Shree Rajneesh (Osho) ist dabei eine einstündige Meditation, die aus vier Stadien besteht, die von musikbegleitetem Tanz bis zu stillem Liegen auf dem Boden reichen. Neben wöchentlichen Einführungen in die Meditation bietet die Sonnenstrahl-Initiative, die sich als weltanschaulich und religiös ungebunden versteht und alle Aspekte ganzheitlicher Gesundheit fördern will, noch Meditationen "in der Art des Za Zen" an, die im Gegensatz zu den anderen Meditationen morgens zwischen 6.30 und 8.30 Uhr bzw. 6.00 und 7.00 Uhr stattfinden. "Zen" ist der japanische Name des "Ch'an-Buddhismus", einer der rund 10 Schulen, die der chinesische Buddhismus hervorgebracht hat und die sich im 8. Jahrhundert konstituierte. Za Zen wiederum ist die Übung, täglich stundenlang vollkommen ruhig zu sitzen, wobei in der Regel über "Koans" des Meisters nachgedacht wird ("Koans" sind paradoxe Fragen, auf die es scheinbar keine Antwort gibt - z. B. "Wie ist der Ton einer klatschenden Hand?"). Ziel der Übungen im Za Zen ist es, die Dinge so wahrzunehmen, wie sie eigentlich sind, und dabei zu entdecken, daß hinter ihnen keine metaphysischen Geheimnisse ruhen.

Schätzungen gehen davon aus, daß in Marburg momentan zwischen 10 und 15 Meditationslehrer und -lehrerinnen aktiv sind, die zum Teil öffentlich inserieren, zum Teil privat Meditationskreise leiten. Die Meditationen werden offensichtlich selten aus finanziellen Interessen angeboten, denn sie stehen meist auf Spendenbasis, die die Raummiete abdecken soll.

Literatur: Schweer, Thomas: *Stichwort Buddhismus*, München 1992.

Die Yogaszene

Die Marburger *Yogaszene* ist der Meditationsszene vergleichbar. Gleichwohl drängt sich hierbei der Eindruck auf, daß Yoga inzwischen etablierter und durchorganisierter ist. Die AOK Marburg-Biedenkopf bietet in ihrem Gesundheitsprogramm einen Kurs "Yoga für Anfänger" an, der aus 10 Abenden besteht und für den Nicht-AOK-Mitglieder 160,- DM bezahlen müssen. Die Anerkennung des Yoga als Gesundheitsvorsorge durch Entspannung und Streßbewältigung hat somit bereits Eingang ins etablierte Gesundheitssystem gefunden: im Rahmen der ganzheitlichen Medizin. Auch das Zentrum für Hochschulsport bietet seit Jahren kontinuierlich Yoga-Kurse an. Yoga ist eines der vielen indischen religionsphilosophischen Systeme. Die wichtigste Schrift der Yogalehre ist das Yogasutra des Patanjali, das im dem 4./5. nachchristlichen, nach einigen Interpreten im im 2. vorchristlichen Jahrhundert entstanden ist. Das Ziel dieses "klassischen" Yoga ist die Befreiung des Personkerns (indisch:

Atman). Der Yogin erreicht durch verschiedene Atemtechniken und Körperhaltungen, durch Fasten und die Rezitation von Mantras (religiöse Formeln, Sprüche, Gebete und Worte, denen eine besondere geistige Kraft zugeschrieben wird) verschiedene Stufen der Versenkung. Yogatechniken werden allerdings auch in den buddhistischen Schulrichtungen gelehrt, vor allem in der Schule des Kargyü. Die in Deutschland praktizierenden Yoga-Lehrer und -Lehrerinnen sind häufig im "Berufsverband Deutscher Yogalehrer e.V." (BDY) organisiert oder auch in der "Europäischen Yoga-Union" (EYU). Auch die Yogalehrerin Cornelia Galland (Buchenweg 6, 35085 Leidenhofen, 06424/2982), die in Marburg Yoga-Kurse anbietet, ist vom BDY anerkannt und Mitglied in der EYU. Ebenso wie sie bietet Alena Hofmeier (Tel.: 06421/81189) Kurse in "Hatha-Yoga" an, bei dem es in erster Linie um körperliche Übungen geht. Der Schwerpunkt liegt bei den Kursen auf den Entspannungsübungen, seltener werden auch die Yoga-Philosophien tiefer erläutert. Meist besuchen Yoga-Anfänger bzw. -Anfängerinnen einige Zeit die fortlaufenden Yoga-Kurse und praktizieren die Entspannungsübungen später für sich allein, was es schwierig macht, die Zahl der Yoga-Praktizierenden einzugrenzen. Deutlich ist auch, daß Yoga meist nicht aus religiös-philosophischen Gründen betrieben wird, sondern daß bei den Teilnehmern und Teilnehmerinnen der Yoga-Kurse die gesundheitlichen Entspannungseffekte und die streßmildernden Faktoren im Vordergrund stehen.

Literatur: Usarski, Frank (Hg.): *Yoga und Indien* (Volkshochschulen und der Themenbereich Afrika, Asien und Lateinamerika, Materialien 33), Bonn 1992; Fuchs, Christian: *Yoga in Deutschland. Rezeption, Organisation, Typologie,* Stuttgart 1990.

Die Gemeinschaft Ananda Marga

Ein Spezifikum in der bundesweiten Yoga-Szene ist die Schule *Ananda Marga* ("Weg zur Glückseligkeit"). Sie wurde 1954 als "Brahma Ista Marga" gegründet, zählt weltweit rund zwei Millionen Aktive und hat ihre Zentrale im indischen Kalkutta. Der Gründer Shrii Shrii Anandamurti - mit bürgerlichem Namen Prabahat Ranjan Sarkar - hatte im Laufe der Jahre eine spezielle Lehre der Yoga-Schule Ananda Marga entwickelt. Diese "Lehre" stellt einen Rückbezug auf den klassischen Yoga dar, den Patanjali in seinen Yogasutren in acht Stufen unterteilt hat. Ananda Marga legt Wert darauf, daß Yoga die Gesamtheit des achtstufigen Pfades verkörpere: Die ersten beiden Stufen der "allgemeinen" und "besonderen" Ordnung - Yama und Niyama - stellen dabei Elemente der Ethik und Lebensgestaltung dar, wie "Gewaltlosigkeit" (ahimsa), "Wahrhaftigkeit" (satya), "Zufriedenheit" (samtosa) oder "Selbststudium" (svadhyaya). Dann folgen zwei Stufen, die sich auf den Körper beziehen und im Westen häufig mit "Yoga" identifiziert werden: Asana (die richtige Sitzhaltung) und Pranayama (die rechte Atemtechnik). Danach folgen drei Stufen der Meditation: Pratyahara (das Zurückziehen der Sinne von der äußeren Welt), dharana (Sammlung) und dhyana (reine Beobachtung). Die achte Stufe, das samadhi (Einssein von Individuum und höchstem Prinzip) kann im Prinzip von allen Yogis erreicht werden, ein Guru befindet sich normalerweise jedoch ständig in diesem Zustand.

Dieses gleichzeitige Erleben von persönlicher und unpersönlicher Wirklichkeit ist so zu verstehen, daß bereits der Weg zu diesem Einssein als Ziel angesehen wird. Die Yoga-Schule Ananda Marga unterscheidet sich von der westlichen Yoga-Szene dadurch, daß eine Verbindung der jeweiligen Yoga-Lehrer mit dem Guru Shrii Shrii Anandamurti (auch nach dessen physischem Tod) besteht und eine gemeinsame Lebensphilosophie und -führung (z. B. Laktovegetarismus) praktiziert wird. Der Unterschied zu anderen Yoga-Schulen besteht in der spezifischen Yoga-Tradition des Guru, die sich explizit auf die erste schriftliche Fixierung des klassischen Yoga des Patanjali zurückbezieht. Sowohl die Elemente des Yama und Niyama werden dabei eigenständig interpretiert (das Prinzip der Gewaltlosigkeit ist beispielsweise zur Selbstverteidigung aufhebbar) und die Praxis der Meditationen, des Hatha-Yoga und der spirituellen Tänze sind weitgehend eigene Weiterentwicklungen. Der wesentliche Unterschied zu anderen - eher rein spirituellen - Yoga-Schulen ist sicherlich das soziale und politische Engagement von Ananda Marga. So wurden in Indien, in Afrika und in Lateinamerika zahlreiche Schulen und Krankenhäuser aufgebaut und für die Sozialarbeit und medizinische Betreuung eine eigene Unterorganisation gegründet: AMURT (Ananda Marga Universal Relief Team). Zur politischen Umsetzung der Ziele von Ananda Marga wurde von Shrii Shrii Anandamurti eine eigene Partei gegründet (PROUT - Progressive Utilization Theory), die sich in Indien gegen Korruption und für die Aufhebung des Kastenwesens sowie die Gleichberechtigung der Frau engagiert. Ein wichtiges Projekt der Entwicklungshilfe hat Ananda Marga in Nord-Ost-Indien gestartet: Ananda Nagar. Auf dem 300 Hektar großen Gelände wurde unter dem Grundsatz der "Hilfe zur Selbsthilfe" ein umfassendes Alphabetisierungsprogramm, ein ökologisches Agrarkonzept, eine Teilindustrialisierung und ein umfangreiches Sozialwesen für die Bevölkerung aufgebaut.

Unterhalb des Guru als Leiter der Gemeinschaft gibt es Acaryas (= geistige Lehrer), die zur Verbreitung der Lehre in die verschiedenen Länder ausgesandt werden. Von den momentan rund 90 Acaryas in Europa, die im übrigen mit einer orangenen Robe gekleidet sind, sind ca. ein Drittel Frauen. Der erste Acarya in Deutschland be-

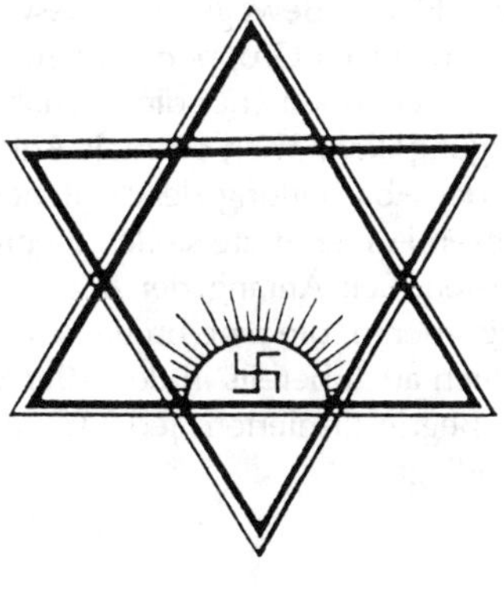

Das Zeichen von Ananda Marga, das häufig als Amulett getragen wird: Das aufwärts zeigende Dreieck soll "Energie", das abwärts gerichtete "Weisheit" oder "Wissen" symbolisieren. Die aufgehende Sonne steht als Ausgleich zwischen den beiden Dreiecken für spirituellen Fortschritt und Hingabe. Der Svastika, das Sonnenrad in der Form des Hakenkreuzes, symbolisiert in der waagrechten Speiche Shiva als in sich ruhende Kraft und in der senkrechten Shakti als verändernde Kraft. Indem Shakti auf Shiva wirkt, entsteht nach Vorstellung von Ananda Marga die Schöpfung. Die Haken in Sonnenrichtung deuten demnach die ständige Veränderung an.

gann seine Tätigkeit 1971 in Berlin; in Mainz unterhält Ananda Marga eine Zentrale (Kontakt: Ananda Marga, Weisenauer Weg 4, 55129 Mainz, 06131/832995) mit einigen Hauptamtlichen und einem eigenen Verlag, in dem die Publikationen herausgegeben werden. Nach dem Tod des 1990 gestorbenen Guru Anandamurti wurde zur Verwaltung seines Erbes ein Acarya als Leiter der Gemeinschaft gewählt. Da Ananda Marga keine Mitgliedslisten führt, ist es schwierig, für Marburg eine Verankerung der Schule greifbar zu machen. Bereits in den 70er Jahren gab es hier Personen, die in die Meditationspraktiken von Ananda Marga eingeführt worden waren, ohne daß es jedoch Kontinuitäten zu heute aktiven Yogis gibt. Einführungen bzw. Einweihungen von einem Acarya der Schule bekamen seit 1985 rund 40 Personen pro Jahr erteilt, was jedoch keine weiteren Identifikationen mit den Vorstellungen der Organisation zur Folge haben muß. Von diesen Eingeführten praktizieren schätzungsweise zehn Personen regelmäßig die Meditationen. Fünf davon haben eine persönliche Beziehung zum Guru Shrii Shrii Anandamurti und reisen auch gelegentlich nach Indien. Dem engeren Kreis der Aktiven, von denen es in der Bundesrepublik nach eigenen Angaben rund 150 Personen gibt, ist in Marburg jedoch höchstens ein Yoga-Lehrer zuzurechnen. In Marburg selbst sind es ausschließlich Studierende, die die Verbindung zu Ananda Marga halten, wobei die Geschlechtsverteilung ausgewogen ist. Die meisten sind dabei in der zweiten Hälfte der Zwanziger, bundesweit liegt der Altersdurchschnitt um die 32 Jahre. Feststellbar war bundesweit ein Mitgliederschub Mitte der 70er Jahre, der sich in den letzten Jahren wiederholte, so daß sich viele bei Ananda Marga im Alter von Ende Dreißig befinden und viele in der zweiten Hälfte der Zwanziger. Das Einstiegsalter liegt frühestens um 24 Jahre, sehr selten darunter. Die Aktiven von Ananda Marga haben überwiegend eine akademische Ausbildung, häufig im medizinischen oder sozial-therapeutischen Bereich.

Wicca-Gruppen bzw. Hexenszene in Marburg

Der Begriff "Wicca" leitet sich vom altenglischen Begriff "wiccian" für "witch" ab, der im Deutschen mit "Hexe" nur unzureichend wiedergegeben wird, bzw. "wicce", das mit "weise" übersetzt werden kann. Der Unterschied von *Wicca-* und *Hexen*-Bewegung ergibt sich vornehmlich aus der inhaltlichen Tatsache, daß die Wiccas ein ausgewogenes Gottesbild haben und im Gegensatz zur Hexen-Bewegung keineswegs einseitig eine weibliche Gottheit im Vordergrund steht. Wicca-Gruppen sind zudem meist gemischtgeschlechtlich, während dies bei Hexen-Gruppen eher die Ausnahme darstellen würde. Von einer breiteren "Wicca-Bewegung" kann man erstmals Anfang der 50er Jahre in England sprechen, als sich nach der Abschaffung des "Witchcraft Act" von 1735, des Gesetzes, das Zauberei bzw. Hexerei unter Strafe stellte, mehrere Gruppen unter dem Sammelbegriff "Wicca" gründeten. Seit Anfang der 80er Jahre kann man auch in Deutschland Wicca-Gruppen registrieren, die eine breite Basis an Mitgliedern aufweisen können. Zwar gab es vermutlich auch bereits in den 70er Jahren Personen und Gruppen, die unter dem Wicca-Begriff firmierten, jedoch waren dies eher Einzelphänomene ohne gemeinsame Grundlage.

Über die zahlenmäßige Verbreitung sind schwerlich haltbare Aussagen zu machen, man kann lediglich Rückschlüsse aus Beobachtungen wagen: Bei internationalen Zusammenkünften der Wicca-Bewegung versammeln sich rund 2.000 Aktive, darunter in der Regel zwischen 100 und 200 Deutsche. Schätzungen gehen von rund 2.000 aktiven Wiccas in Deutschland aus, wobei jedoch maximal 100 "Covens" existieren dürften. Als "Coven" (wörtlich: Hexensabbat) werden die Wicca-Gruppen bezeichnet, die maximal 13 Mitglieder aufweisen dürfen. Diese autonomen Gruppen schließen sich gelegentlich zu Netzwerken zusammen, die den gegenseitigen Austausch befördern und sich in Deutschland gerade im Aufbau befinden. Daneben können jedoch auch Einzelpersonen der Wicca-Bewegung angehören, eine Gruppenmitgliedschaft ist nicht zwingend. In Marburg finden sich momentan mindestens drei Gruppen, die sich im weitesten Sinne der Wicca-Bewegung zugehörig fühlen und von denen eine eine reine Frauengruppe darstellt. Neben den rund 20 Mitgliedern dieser drei Gruppen, die in der Regel zwischen fünf und sieben Personen aufweisen, gibt es jedoch noch etwa ein Dutzend Einzelpersonen, die sich momentan keinem Coven angeschlossen haben. Die Marburger Wiccas gehören überwiegend der Alternativszene an bzw. dem Studierenden-Milieu. Gleichwohl ist auch hier das politische Spektrum von links über feministisch bis rechts durchgängig vertreten. Dies ist auch kaum verwunderlich, da die Wiccas kein einheitliches System aufweisen - und dies auch nicht intendiert ist. Mindestens drei Motivationen und Zielrichtungen sind im Wicca-Spektrum feststellbar: Einmal ist eine allgemeine esoterische Suche mit okkultistischer Tendenz zu beobachten. Andere Wicca-Angehörige interessieren sich überwiegend für die Forschungen an alten mythischen Stätten der frühen Menschheitsgeschichte. Die dritte Richtung besteht aus Frauen, die auf frauenspezifisches Erleben von Spiritualität - verbunden mit Matriarchatsforschung - Wert legen. Vorherrschend ist jedoch sicherlich ein dezentraler, antihierarchischer Aspekt, der gelegentlich anarchistische Züge aufweist. Es ist auch unübersehbar, daß sich zunehmend Rechtsradikale in der Wicca-Bewegung etablieren, die versuchen, eine indogermanisch-völkische Orientierung mit straffer Organisation in immer mehr Wicca-Gruppen durchzusetzen. Da die Wicca-Bewegung sich selbst als "neuheidnisch" bezeichnet und sich die "Kette alten Wissens" der Megalith-Kulturen, der Druiden und Germanen aneignen will, hat die indogermanisch-völkische Strömung unter den Rechtsradikalen viele Anknüpfungspunkte zur Wicca-Bewegung. In den Wicca-Gruppen werden in der Regel die 8 Jahreskreisfeste gefeiert, darunter die alten keltischen Feste, beispielsweise die Sonnenwenden und das Walpurgis-Fest. Wichtig an diesen Festen ist die angestrebte Rückbindung zur Natur, die sich auch in Ritualen niederschlägt, die das Erleben der 5 Elemente (Wasser, Erde, Feuer, Luft, Geist - häufig symbolisiert durch die 5 Ecken des Pentagramms) ermöglichen sollen. Gekennzeichnet ist die Wicca-Bewegung durch einen Pantheismus, wobei im Bewußtsein einer Gemeinschaft die mystische Welt sinnlich erlebt wird. "Ahnenreisen", die in Form von "Trance-Reisen" veranstaltet werden, sollen beispielsweise beim Einzelnen das Bewußtsein der eigenen Vorfahren wecken.

Marburger Wiccas führen unter Ausschluß der Öffentlichkeit ein Ritual vor einem Altar mit Kerzen und magischen Gerätschaften durch. Das Ritual soll die Vereinigung der Gegensätze ausdrücken, indem die Person, die als Hohepriesterin fungiert den (männlichen) Dolch in den (weiblichen) mit Rotwein gefüllten Kelch eintaucht, der von der Person, die als Hohepriester tätig ist, gehalten wird. Dieser Kelch wird anschließend herumgereicht und ausgetrunken.

Intern gibt es bei der Wicca-Bewegung bis zu drei Initationsriten, bei denen verschiedene Grade erreichbar sind - bis zur Hohenpriesterin bzw. dem Hohenpriester. Besonders bei den magischen Ritualen der Covens wird häufig eine Parallele zum Phänomen des "Satanismus" gezogen, zumal bei der Wicca-Bewegung neben der "Großen Göttin" auch der "Gehörnte" verehrt wird. Dieser "Gehörnte Gott" als Fruchtbarkeitsgott ist jedoch nicht identisch mit dem Wesen, das mit der Bezeichnung "Satan" oder "Teufel" verbunden ist. Es ist daher ratsam, die beide religiösen Bewegungen getrennt zu betrachten, die Wicca-Bewegung nicht mit einer "Satansverehrung" in Verbindung zu bringen und gewisse Santansorden nicht mit Vorstellungen von germanisch-völkischen Wicca-Covens zu belasten. Hohe Wertschätzung genießen bei den Covens der Wicca-Bewegung die Werke von Gerald Gardner (1884 - 1964), der nach dem Zweiten Weltkrieg in Großbritannien diverse Bücher wie "High Magic's Aid" (1949), "Witchcraft Today" (1954) oder "The Meaning of Witchcraft" (1959) veröffentlichte, die z. T. zu Vorlagen für Rituale und Coven-Gründungen wurden. Ein eigenständiges Profil erreichte die Wicca-Bewegung in den USA, wo seit den 60er Jahren Wicca-Coven gegründet wurden und Frauen bzw. Hexen wie Starhawk oder Szuszanna Budapest internationale Berühmtheit erlangten.

Kontakt: Wicca-/Hexen-Gemeinschaft, c/o Hofmann, Postfach 1345, 35003 Marburg

Reiki - Religion, Medizin oder Dienstleistung?

Ein Grenzfall für diese Studie stellt das *Agapi-Institut für holistische Seminare, Gesundheitserziehung und Fortbildung* (Elisabethstr. 9, 35037 Marburg, Tel.: 06421/62980) dar. Regelmäßige Inserate in einem Marburger Anzeigen-Magazin versprechen hierbei "Reiki-Revitalisierungen für jedermann(-frau)". Im selben Bereich wird in Marburg von Henriette Heiberger eine "Reiki-Einzelbehandlung nach dem USUI-System" angeboten. Inwieweit stellt Reiki nun ein Grenzgebiet zur "Religion" dar? Die traditionelle Reiki-Lehre wurde gegen Ende des 19. Jahrhunderts vom Leiter einer christlichen Universität in Kyoto (Japan), Dr. Mikao Usui, begründet. Der Begriff "Reiki" bezeichnet im Japanischen in etwa "kosmische Energie" oder "universelle Lebenskraft". Das "-ki" kann man hierbei mit dem indischen "prana" und dem chinesischen "Qi" bzw. "Chi" als Begriffe für "Lebenskraft" gleichsetzen.

Dr. Mikao Usui soll die Grundlagen für Reiki in alten Sanskrit-Texten wiederentdeckt haben, die er in einem japanischen Zen-Kloster fand. Während einer längeren Meditationsphase soll Usui Sanskritsymbole gesehen haben, die ihm, in leuchtenden Energieblasen eingehüllt, den Zugang zur universellen Lebensenergie geöffnet haben sollen. Nach diesem Ereignis war er Berichten zufolge in der Lage, mittels dieser Lebenskraft Menschen von Krankheiten zu heilen. Er übte in der Folgezeit das Amt eines "Großmeisters" aus, das nach seinem Tode Ende der 20er Jahre an Dr. Chujiro Hayashi überging. Inzwischen gibt es rund 300 deutsche Meister des Reiki. Die Schätzungen, wieviele Deutsche Reiki praktizieren, gehen bis zu 300.000 Personen. Zumindest 100.000 davon sollen den ersten Reiki-Grad besitzen, der die jeweilige Person dazu befähige, universelle Lebensenergie aufzunehmen und mittels seiner Hände weiterzuleiten. Dies ermögliche es, sich selbst und andere zu heilen bzw. Heilungsprozesse zu unterstützen. Dieser erste Grad kann während eines Wochenendkurses erworben werden. Die Reiki-Lehrer und -Lehrerinnen betonen, daß Reiki keine Art des Geistheilens sei, denn Reiki wirke allein durch Energieübertragungen ohne materielle Hilfsmittel. Außerdem wirke bei Reiki im Unterschied zum Geistheilen nicht die an eine bestimmte Person gebundene Energie, sondern der jeweilige Reiki-Heiler stelle lediglich einen Kanal dar für eine göttliche, apersonale Energie, die durch ihn fließen könne, weil er durch die richtige Lebenshaltung, die Ausbildung und die Einweihung befähigt sei.

In den deutschen Esoterik-Kreisen scheint in letzter Zeit Reiki zur breiten Diskussion eines ansonsten eher als Tabu betrachteten Sachverhaltes geführt zu haben: Preis-Dumping auf dem Markt. International gibt es zwei Meisterorganisationen, die "Reiki Alliance" und die "American International Reiki Association" (AIRA - inzwischen: "The Radiance Technique Association International"), die sich jedoch beide in der Preisgestaltung einig sind: Der erste Grad, also die Befähigung Reiki anzuwenden, liegt bei durchschnittlich 360 DM. Der zweite Reiki-Grad, der die Berechtigung zum Lehren beinhaltet, kostet rund 1.300 DM. Für den dritten Grad, gleichzeitig der Meistergrad, der die Befähigung verleiht, andere einzuweihen, muß man rund 20.000 DM einkalkulieren. Nunmehr hat sich 1991 eine *Reiki Association International* (R.A.I.) gegründet, die mit Dumping-Preisen Bewegung in den Markt gebracht hat: Die ersten beiden Grade kosten 280 DM bzw. 680 DM. Dann folgt ein neueingeführter Grad, für den 2.500 DM zu bezahlen sind. Der Meistergrad ist jedoch bereits für 10.000 DM zu erwerben. Dies ist zwar immer noch ein stattlicher Preis für die wenigen Wochenenden, die die Ausbildung insgesamt dauert. Der hohe Preis wird jedoch von den Meistern der Technik damit begründet, daß nur mit einem solch teuren Programm gewährleistet sei, daß die Energie auch heilend wirke - sozusagen eine physische Manifestation von Energie. Im übrigen dürfte hier auch der größte Unterschied zu den Geistheilern bestehen: Deren Tätigkeit darf in der Bundesrepublik aufgrund gesetzlicher Vorschriften nicht gewerblich ausgeübt werden.

Aufgrund der dargelegten Zusammenhänge dürfte man nicht fehlgehen, wenn man die Reiki-Behandlungen in Marburg kaum unter "Religion" subsumiert und damit beispielsweise das Agapi-Reikizentrum bzw. das Agapi-Institut für holistische Seminare, Gesundheitserziehung und Fortbildung und den angeschlossenen Verlag für ganzheitliche Gesundheitserziehung weniger als Religionsgemeinschaft interpretiert denn eher als esoterisches Dienstleistungsunternehmen.

Das Feld der Astropsychologie

Unter "religiöse Gemeinschaft" oder "Religionsgemeinschaft" kann man das Angebot der *Astropsychologie* nicht subsumieren. Gleichwohl gibt es im Bereich unorganisierter Religion in Marburg das Angebot einer "Astrotherapie" bzw. astrologisch-psychologischer Kurse. Die Astropsychologin Brigitte Sieber (Geschwister-Scholl-Str. 23, 35039 Marburg, 06421/67176) hat eine abgeschlossene Ausbildung in der "Astrologieschule Ernst Ott" in Karlsruhe, wurde durch den "Deutschen Astrologen-Verband" (DAV) geprüft und ist inzwischen hauptberuflich als beratende Astropsychologin, Astrotherapeutin und Kursleiterin astrologisch-psychologischer Kurse tätig. Von ihr werden individuelle Geburtshoroskope erstellt, Persönlichkeitsanalysen bzw. Lebensberatungen durchgeführt, Kinderhoroskope verfaßt und Partnerschaftsanalysen bzw. eine Erziehungsberatung erteilt. Die Preise orientieren sich dabei an denen psychotherapeutischer Beratungen und liegen für ein zweistündiges Gespräch bei 160,- DM. Zusätzlich kann man sich jedoch auch "Schwerpunkte und Tendenzen eines Jahres" erstellen lassen, wobei nicht die Vorhersage der Zukunft versprochen wird, sondern individuelle Problemstellungen erörtert werden. Eine zehnstündige Astrotherapie (520,- DM) zur Selbsterkenntnis der eigenen Psyche rundet das Angebot ab. Die Astrologin bildet jedoch Personen als astrologisch-psychologische Berater bzw. Beraterinnen aus, indem in einem zweijährigen Kursprogramm u. a. Übungswochenenden in "Tierkreiszeichen-Meditation und Selbsterfahrung" oder Übungsnachmittage zu "Psychologisch-spiritueller Horoskop-Deutung" durchgeführt werden. Dieses Ausbildungsprogramm ist für rund 1.100,- DM pro Jahr erhältlich. Bei der psychologisch-spirituellen Horoskop-Deutung wird sich u. a. "mit der Wirkungsweise der geistigen Planeten, bzw. deren Aspekten, den 'Schattenthemen' im Horoskop und der Deutung der Mondknoten" befaßt. Die Ausbildung führt zu einem Abschluß "Geprüfte Astrologen DAV" hin, wobei der Astrologenverband auf "hohes Verantwortungsbewußtsein" und "absolute Seriosität" ausgerichtet ist.

Marburg: Hochburg der evangelikalen Bewegung

Der Begriff "evangelikal" hat sich im deutschen Sprachgebrauch seit Mitte der 60er Jahre zur Bezeichnung eines vielschichtigen und uneinheitlichen Phänomens eingebürgert, das eine Reihe von Parallelbegriffen und Abgrenzungen assoziiert: "So wird pietistisch, orthodox, erwecklich, bekennend, biblisch-reformatorisch, fundamentalistisch und konservativ gern als Synonym für evangelikal verwendet, liberal, ökumenisch, progressiv, historisch-kritisch denkend hingegen als Antinym zu evangelikal." (Geldbach 1984, S. 53). "Evangelikal" bezeichnet zum einen eine kirchenpolitische Fraktion innerhalb der evangelischen Landeskirchen, zum anderen die Gesamtheit einer erwecklichen Frömmigkeitshaltung, die die Kirchengrenzen überschreitet. Dieser Frömmigkeitstyp ist stark bibelgläubig orientiert, bei einem gleichzeitig hohen Missions- und Evangelisationsstreben. Die angloamerikanischen Wurzeln einzelner evangelikaler Organisationen werden bei den Einzeldarstellungen dieser Studie deutlich werden; die Wurzeln - vor allem landeskirchlicher evangelikaler Gruppen - in der deutschen Erweckungs- und Gemeinschaftsbewegung des 19. Jahrhunderts ebenso. Inhaltlich bestimmt ist die evanglikale Bewegung durch die Verkündigung der Gnade Gottes, die den Einzelnen als Sünder erwecken, bekehren und mit Gott versöhnen will. Autorität ist die Heilige Schrift, deren Verständnis jedoch innerhalb der evangelikalen Bewegung von Verbalinspiration bis zu historisch-kritischen Ansätzen reicht. Die Umsetzung des persönlichen Glaubens im Alltagsleben eint die Evangelikalen sicherlich genauso wie die Auffassung, daß der Glaube in eine feste Gemeinde bzw. Gemeinschaft eingebettet sein muß.

Daß Marburg ein Zentrum der evangelikalen Bewegung ist, ist nicht erst seit der vorliegenden Studie bekannt, wenngleich sie dies erneut belegt. Da bisher eine Bestandsaufnahme der evangelikalen Bewegung in Marburg fehlte, sind Tendenzen kaum ablesbar. Es scheint jedoch nichts darauf hinzuweisen, daß die Evangelikalen in den letzten Jahren besonders stark gewachsen sind oder abgenommen haben. Diese hochmotivierte Bewegung, die sich sowohl innerhalb der Evangelischen Kirche von Kurhessen-Waldeck - nämlich in den Freien Werken des Deutschen Gemeinschaftsdiakonieverbandes - organisiert als auch in diversen Freikirchen, hat ihr eigenes Koordinationsgremium in der *Evangelischen Allianz.*

Die Evangelischen Allianzen vor Ort haben ihre Dachorganisation in der *Deutschen Evangelischen Allianz,* die keine eigenen Gemeinden bildet, sondern sich als Dienstleistung über die protestantischen Konfessionen hinweg versteht. "Die Deutsche Evangelische Allianz versteht sich als ein Bund von Christusgläubigen aus Landeskirchen, Freikirchen, innerkirchlichen Gemeinschaften und freien Werken. Sie steht unverkürzt zu den Heilstatsachen der Bibel und hält die ganze Bibel für Gottes Wort, ohne sich an eine bestimmte Inspirationslehre zu binden" (aus einer Selbstdarstellung). Theologische Basis der Evangelischen Allianz ist u. a. das Bekenntnis zur "göttlichen Inspiration der Heiligen Schrift, ihrer völligen Zuverlässigkeit und höchsten Autorität in allen Fragen des Glaubens und der Lebensführung", zur "völligen Sündhaftigkeit und Schuld des gefallenen Menschen, die ihn Gottes Zorn und Verdammnis aussetzen", zum "Werk des Heiligen Geistes, welcher Bekehrung und Widergeburt des Menschen bewirkt, im Gläubigen wohnt und ihn zur Heiligung befähigt" sowie zur "Erwartung der persönlichen, sichtbaren Wiederkunft des Herrn Jesus Christus in Macht und Herrlichkeit" (zitiert nach einer Selbstdarstellung). Die örtlichen Allianzkreise führen dabei u. a. die jährliche *Allianzgebetswoche* und *Allianzevangelisationen* durch.

Vorsitzender der Evangelischen Allianz in Marburg ist momentan Prediger Erhard Weide von der Landeskirchlichen Gemeinschaft Süd; die Marburger Allianz trifft sich ca. dreimal jährlich und besteht aus rund 30 Personen. Hier versammeln sich Vertreter (meist die Pfarrer und Pastoren) verschiedener Gemeinden: Der Evangelisch-Freikirchlichen Gemeinde (Baptisten), der Evangelischen Stadtmission Marburg in der Pilgermission St. Chrischona, der Freien Evangelischen Gemeinde, der vier Landeskirchlichen Gemeinschaften, des Brüderhauses Tabor, des Diakonissen-Mutterhauses Hebron und der Evangelisch-methodistischen Gemeinde. Welche personellen Ressourcen hinter diesen Gemeinden stecken, mag die Tabelle "Gemeinden, die in der Evangelischen Allianz mitarbeiten" (auf der nebenstehenden Seite oben) verdeutlichen, die allerdings in bezug auf die Mitglieder recht konservativ gehalten ist.

Ergänzen kann man die Gemeinden noch durch die Selbständige Evangelisch-Lutherische Kirche (SELK), die zur evangelikalen Bewegung zu rechnen ist, jedoch nicht Mitglied der Evangelischen Allianz ist. Der Trend, die Siebenten-Tags-Adventisten in die verschiedenen ökumenischen Arbeitskreise aufzunehmen, wird eventuell auch eine künftige Mitarbeit dieser Gemeinschaft in der Evangelischen Allianz Marburg zur Folge haben. Die *Jesus-Gemeinschaft*, die die Trägerin des Christus-Treffs darstellt, muß man mit ihren 22 erwachsenen Mitgliedern ebenso der evangelikalen Bewegung zurechnen wie die 250-350 Gottesdienstbesucher des Christus-Treffs in der Pfarrkirche. Es wird allerdings geschätzt, daß etwa die Hälfte der wöchentlichen Gottesdienstbesucher einen weiteren Gottesdienst (von den oben aufgeführten) besucht, so daß man zwischen 120 und 170 Personen zur obigen Statistik zählen kann. Somit kommt man zu einem Gesamtbild, wie es die Tabelle "Die Evangelikale Bewegung in Marburg" (auf der nebenstehenden Seite unten) wiedergibt.

Dieser vergleichsweise hohe Grad der evangelikalen Organisierung hängt sicherlich auch damit zusammen, daß Marburg ein bundesweites Zentrum verschiedener evangelikaler Einrichtungen ist. Die Ausbildungsstätten des Deutschen Gemeinschafts-Diakonieverbandes tragen beispielsweise zu den starken Aktivitäten der Landeskirchlichen Gemeinschaften und freien Werken innerhalb der Kirche von Kurhessen-Waldeck bei - und stellen mit ihrer Infrastruktur hervorragende Ausgangspositionen dar. Zusammen mit den verschiedenen Freikirchen, mit denen die Zusammenarbeit wohl recht gut funktioniert, stellt die evangelikale Bewegung ein insgesamt hohes Mobilisierungspotential dar.

Tabelle: *Gemeinden, die in der Evangelischen Allianz Marburg mitarbeiten*

Gemeinde	Mitglieder	Wöchentlicher Gottesdienstbesuch
Evangelisch-Freikirchliche Gemeinde (Baptisten)	300 (600 mit Angehörigen)	300
Evangelisch-methodistische Gemeinde	30 (45 mit Angehörigen)	15
Evangelische Stadtmission (Pilgermission St. Chrischona)	80 (160 mit Freundeskreis)	70-100
Freie Evangelische Gemeinde	160	250
Landeskirchliche Gemeinschaften (mit Brüderhaus Tabor und Diakonissen-Mutterhaus Hebron) und EC*	360-370	440-500
Gesamt	930 (1.335 mit Angehörigen/Freundeskreis)	1.075-1.165

* Von den 47 EC-Mitgliedern sind höchstens ein Drittel gleichzeitig Mitglied in den Landeskirchlichen Gemeinschaften, so daß 31 EC-Mitglieder hinzuzufügen sind. Rund zwei Drittel besuchen jedoch die Gottesdienste der Landeskirchlichen Gemeinschaften.

Tabelle: *Die Evangelikale Bewegung in Marburg*

Gemeinde	Mitglieder	Wöchentlicher Gottesdienstbesuch
Mitgliedsgemeinden der Evangelischen Allianz (s. o.)	930 (1.335 mit Angehörigen/Freundeskreis)	1.075-1.165
Selbständige Evangelisch-Lutherische Kirche (SELK)	50	10-20
Siebenten-Tags-Adventisten	70	50
Jesus-Gemeinschaft/ Christus-Treff	22	120-170 (Hälfte von 250-350)
Gesamt	1.072 (1.477 mit Angehörigen/Freundeskreis)	1.255-1.405

Wenn man nun davon ausgeht, daß die Quote des Sonntagsgottesdienstbesuchs in der Evangelischen Kirche von Kurhessen-Waldeck (EKKW) von 5 % der Kirchenmitgliedern (vgl. Schneider, Hans: Art. "Kurhessen-Waldeck", in: *Theologische Realenzyklopädie* XX, Berlin/New York 1990, S. 337-342, S. 341) auch auf Marburg übertragbar ist, ergäbe das bei rund 42.000 Mitgliedern (1993) rund 2.100 protestantische Kirchgänger, die der Landeskirche angehören. Zieht man davon die mindestens 600 evangelikalen Gottesdienstbesucher ab (die die Gottesdienste evangelikaler Gruppierungen innerhalb der Landeskirche bzw. nur denjenigen des Christus-Treffs besuchen), kann man (mit Einschränkungen) von etwa 1.500 nicht-evangelikalen Kirchgängern der Landeskirche ausgehen. Diesen stehen zwischen 1.250 und 1.400 evangelikale Gottesdienstbesucher gegenüber, die in Freikirchen und Freien Werken ihren Glauben praktizieren. Da die beiden Dekanaten Marburg-Stadt und Marburg-Land für diese Studie keine Zahlen vorgelegt haben, wurden im August 1993 vom Verfasser nahezu alle Gottesdienstorte der Evangelischen Kirchengemeinden im Marburger Stadtgebiet besucht. Selbst wenn man die ungünstige Jahreszeit (Urlaub, Semesterferien, Ferien) berücksichtigt, ist das Ergebnis eher ernüchternd. Es wird in nebenstehender Tabelle aufgeführt.

Literatur:
Geldbach, Erich: "Evangelikalismus. Versuch einer historischen Typologie", in: Frieling, Reinhard (Hg.): *Die Kirchen und ihre Konservativen* (Bensheimer Hefte 62), Göttingen 1984, S. 52-83.
Marquardt, Manfred: "Strukturen evangelikal-fundamentalistischer und traditionalistischer Theorie und Frömmigkeit", in: Frieling, Reinhard (Hg.): *Die Kirchen und ihre Konservativen* (Bensheimer Hefte 62), Göttingen 1984, S. 84-118.

Tabelle: *Gottesdienstbesuch in den Evangelischen Gemeinden der EKKW im Stadtgebiet Marburg*

Gemeinde	wann	Anzahl
Martinskirche (Wehrda)	1.8.93 - 10.00 Uhr	24
Trinitatiskirche (Wehrda)	1.8.93 - 10.00 Uhr	52
Universitätskirche (Oberstadt)	1.8.93 - 10.00 Uhr	51
Pfarrkirche (Oberstadt)	1.8.93 - 10.00 Uhr	67
Matthäuskirche (Ockershausen)	1.8.93 - 10.00 Uhr	47
Elisabethkirche (Nordviertel)	1.8.93 - 18.00 Uhr	36
Lukaskirche (Zeppelinstr.)	8.8.93 - 10.00 Uhr	44
Pauluskirche (Fontanestr.)	8.8.93 - 10.00 Uhr	34
Emmauskirche (Richtsberg)	8.8.93 - 10.00 Uhr	46 (mit Kindern: rund 70)
Thomaskapelle (Richtsberg)	8.8.93 - 10.00 Uhr	36
Ronhausen*	15.8.93 - 8.30 Uhr	14
Cappel	15.8.93 - 10.00 Uhr	34
St. Jost/Koreanische Gemeinde	15.8.93 - 10.00 Uhr	18
Ortenbergkapelle	15.8.93 - 10.00 Uhr	20
Markuskirche (Marbach)	15.8.93 - 10.00 Uhr	26
Bortshausen*	22.8.93 - 8.30 Uhr	10
Elnhausen	22.8.93 - 9.30 Uhr	18
Haddamshausen**	22.8.93 - 9.30 Uhr	17
Michelbach	22.8.93 - 10.00 Uhr	22
Hermershausen**	22.8.93 - 10.30 Uhr	19
Cyriaxweimar*	22.8.93 - 10.45 Uhr	8
Moischt	22.8.93 - 10.45 Uhr	17
Bauerbach	22.8.93 - 11.00 Uhr	10
Missionshaus (Waldtal)	22.8.93 - 19.00 Uhr	15
24 Gottesdienste/Kirchen	4 Sonntage im August	685 (709) : 24 = 28,5

* 14tägiger Gottesdienst

** 3wöchiger Gottesdienst die Regel

(Hinzuzuzählen wären noch die Gottesdienste in Wehrshausen und Dilschhausen, die jedoch meist 14tägig stattfinden.)

Ahmadiyya Muslim Jamaat

Die *Ahmadiyya-Bewegung* hat in Marburg selbst keine eigenständige Gemeinde, jedoch gibt es seit 1984 Ahmadiyya-Mitglieder in Marburg, die der Ahmadiyya-Muslim-Gemeinde in Wetter angehören. Aufgrund ihrer aktiven Mission ist die Religionsgemeinschaft jedoch in der Marburger Öffentlichkeit seit geraumer Zeit präsent: Ein großer Teil der Marburger und Marburgerinnen wird die Gemeinschaft von ihrem samstäglichen Büchertisch an der Augustinertreppe kennen, den es seit 1985 regelmäßig gibt. Was ist nun unter der *Ahamadiyya Muslim Jamaat* zu verstehen?

Die Entstehung der Ahmadiyya-Bewegung

Im 19. Jahrhundert erlebte nicht nur das Christentum, sondern auch der Islam das Aufkommen von Reformbewegungen, die die Erfüllung der historischen Verheißungen und den Beginn eines neuen Zeitalters verkündeten. Eine dieser Bewegungen war die "Ahmadiyya-Bewegung des Islam", die 1889 in Qadian im indischen Pandschab von Hazrat Mirza Ghulam Ahmad (1835-1908) gegründet wurde, der sich aufgrund von Offenbarungen durch Allah als der verheißene Messias und Mahdi

Hazrat Mirza Ghulam Ahmad, 1838-1908, Begründer der Ahmadiyya Muslim Jamaat.

bezeichnete. Hazrat Ahmad hatte sich zuvor mit dem Studium der Bibel, mit dem Gedankengut hinduistischer Reformgruppen und der Sikhs im Pandschab beschäftigt. Mehrere Schriften verfaßte er zur Verteidigung des Islam gegen die aggressive Mission und die Angriffe der anderen Religionen, vor allem des Christentums. Bereits in seiner Jugendzeit hatte er Erfahrungen mit Visionen und Prophezeiungen gesammelt, seit 1882 lebte er aufgrund einer Offenbarung Allahs im Bewußtsein, der Mujaddid, der Reformer des 14. Jahrhunderts islamischer Zeitrechnung, zu sein.

Die Konflikte mit den moslemischen Repräsentanten intensivierten sich, als er behauptete, Jesus sei dem Koran zufolge eines natürlichen Todes gestorben - und zwar in Kaschmir, wo sich in Srinagar sein Grab befinde. Durch monatelanges Fasten und Meditieren erreichte er weitere mystische Erlebnisse und Visionen. Nach der Gründung einer eigenen islamischen Reformgemeinde, eben der Ahmadiyya-Muslim-Gemeinde, verkündete er 1890, in seiner Gestalt sei die Wiederkunft Jesu erfüllt, er sei der "Verheißene Messias" und der erwartete Mahdi der Moslems. Später erklärte er, auch zur Wiederkunft Krishnas berufen worden zu sein, um die hinduistischen Gläubigen ebenfalls unter seiner Führung zu vereinen. Ebenso teilte er den Gläubigen mit, daß ihm Gott geoffenbart habe, "daß das von Buddhisten erwartete zweite Erscheinen Buddhas durch ihn Wirklichkeit geworden" sei. Als der verheißene Mahdi, als Imam der Moslems in der Endzeit, an den die verschiedenen Gruppen der schiitischen Richtung des Islam glauben, sei es seine Aufgabe, alle Schulen und Richtungen des Islam auf der Grundlage der ursprünglichen Lehre wieder zu vereinigen. Gerade sein Anspruch, ein Nachfolgeprophet von Mohammed zu sein, der weitere göttliche Offenbarungen verkünde, führte zu einer radikalen Gegnerschaft moslemischer Autoritäten. Die Ahmadiyya-Gemeinschaft erwartet aufgrund der Verheißungen von Hazrat Mirza Ghulam Ahmad, daß sie innerhalb von 300 Jahren nach ihrer Gründung "nahezu die ganze Welt" umfasse, "so daß die Erde in die Brüderschaft des Islams eingetreten sein wird".

Weltweite Mission

Als Hazrat Ahmad 1908 starb, leitete als erster Kalifa (= Nachfolger) Hazrat Alhaj Maulvi Nuruddin (1841-1914) die Bewegung. Indem er 1909 den Koran ins Englische übersetzen ließ und 1913 den ersten Missionar nach England entsandte, begannen bereits die Missionsbestrebungen im englischsprachigen Teil der Erde. Nach seinem Nuruddins Tod 1914 übernahm ein Sohn des Gründers, Hazrat Mirza Bashiruddin Mahmud Ahmad (1889-1965), das Kalifat und leitete die Organisation bis zu seinem Tod 1965. 1914 war es auch zur Spaltung der Ahmadiyya-Bewegung gekommen, als sich die Ahmadiyya Anjuman Ishaat-I Islam Lahore von der Organisation trennte und ihren Sitz im heute pakistanischen Lahore aufbaute. Diese Gruppe vertritt nach wie vor die Auffassung, daß Mirza Ghulam Ahmad zwar als Messias, aber nicht als Prophet zu bezeichnen sei. Indessen weitete der zweite Kalif der Ahmadiyya-Muslim-Bewegung in Quadian die Mission 1915 nach Sri Lanka aus. Er verbesserte den innerorganisatorischen Aufbau, indem er 1920 einen Ausbildungsgang für Missionare gründete, 1922 die Frauenorganisation Lajna Imaullah ins Leben rief und später spezifische Organisationen für Mädchen, Jungen, junge und alte Männer aufbaute. Auf ihn geht auch die Einrichtung des Waqf-e-Jadid-Planes zurück, der eine zeitlich begrenzte Verpflichtung von Mitgliedern zum Einsatz der ganzen Arbeitskraft für den Islam (d. h. für die Ahmadiyya Muslim Jamaat) beinhaltete. Ihm folgte sein Sohn, Hazrat Mirza Nasir Ahmad (1909-1982) als 3. Kalif, der u. a. die Gründung diverser Sozialeinrichtungen in Afrika - und die Intensivierung der Mission auf diesem Kontinent - vorantrieb. Dem Oxford-Absolventen und Erziehungswissenschaftler gelang es, durch den Aufbau von Schulen und kulturellen Einrichtungen der Ahmadiyya-Mission, vor allem auf dem Schwarzen Kontinent, ihr spezifisches Gepräge zu geben. Ihm war es im übrigen auch vergönnt, 1980 den Grundstein zur ersten Moschee in Spanien seit dem Abschluß der Reconquista 1492 und der Vertreibung der Mauren zu legen. Weltweit zählt die Ahmadiyya Muslim Jamaat nach eigenen Angaben zwischen zehn und zwölf Millionen Mitglieder in 132 Ländern. Neben der Region Pakistan/Indien/Bangladesch sind Westafrika und Indonesien die Regionen, in denen die meisten Ahmadiyya-Mitglieder leben - ein Resultat der weitgespannten Missionsbemühungen und des Flüchtlingsstromes aus Pakistan.

Das Exil der Ahmadiyya

Als 1947 der Staat Pakistan gegründet wurde, verlegte auch die Ahmadiyya-Bewegung ihr Zentrum vom indischen Qadian in den westlichen pakistanischen Teil des Pandschabs nach Rabwah. Die Auseinandersetzungen mit der islamischen Orthodoxie gipfelten 1974 im Beschluß des Islamischen Weltkongresses, in dem rund 50 islamische Staaten zusammengeschlossen sind, die Ahmadiyya-Bewegung als "verabscheuungswürdige Häresie" auszuschließen. Dies führte dazu, daß die Ahmadiyya-Bewegung in den meisten islamischen Staaten im Nahen und Mittleren Osten verboten wurde und in der Regel Verfolgungen ausgesetzt ist. 1974 erklärte denn auch der pakistanische Ministerpräsident Zulfikar Bhutto die Ahmadiyya-Muslim-Gemeinde zur "nicht-islamischen Minderheit" in Pakistan. Aufgrund der damit offiziell gebilligten Verfolgung in Pakistan mußte das Internationale Zentrum der Ahmadiyya-Bewegung nach London verlegt werden, wo sich der momentane Führer der Organisation, der 4. Kalif Hazrat Mirza Tahir Ahmad (*1928), im Exil befindet. 1984 verschärfte sich die Situation in Pakistan unter dem Diktator Zia-ul-Haq für die Ahmadiyya Muslim Jamaat derart, daß es den Ahmadis verboten wurde zu beten und ihre Moscheen zum Abriß freigegeben wurden. Auch nach der Beendigung der Diktatur kam es weder unter der als liberaler eingeschätzten Benazir Bhutto noch unter deren Nachfolgern zu einer Verbesserung der Situation.

Was lehrt die Ahmadiyya Muslim Jamaat?

Die Ahmadiyya-Muslim-Gemeinde befolgt die traditionellen islamischen Gebote. So betont sie in der Darlegung ihres Glaubens, daß Ahmadis das islamische Glaubensbekenntnis (Schahada bzw. Kalema) in der deutschen Übersetzung "Ich bezeuge, daß es keinen Gott außer Allah gibt, und ich bezeuge, daß Mohammad der Gesandte Gottes ist" teilen, die täglichen fünf Gebete (Salat) verrichten, die Armensteuer (Zakaat) bezahlen, im Monat Ramadhan fasten (Saum) und die Pilgerfahrt (Hadsch) zu den heiligen Stätten des Islam durchführen sollen. Damit werden alle fünf Grundpfeiler des Islam von der Ahmadiyya Muslim Jamaat anerkannt.

Auffallend und kennzeichnend ist der missionierende Charakter, der sich in öffentlichen Diskussionsveranstaltungen ausdrückt. Die Ablehnung jeglichen gewaltsamen Weges der Missionierung durch den Gründer Hazrat Mirza Ghulam Ahmad hat zu einer weitgefächerten Missionsbereitschaft geführt, die sich in zahlreichen Informationsschriften in den jeweiligen Landesprachen niederschlägt. Explizit wird von Ahmadiyya festgehalten, daß zwar der "Dschihad" (im Deutschen häufig verkürzt mit "Heiliger Krieg" wiedergegeben, besser: "kämpferische Anstrengung"), vorgeschrieben sei, er aber "vorwiegend auf intellektueller Ebene ausgefochten werden muß".

Ausschlaggebend für die Lehre der Ahmadiyya-Muslim-Gemeinde ist der Text des Koran in der Erläuterung des Gemeinschaftsgründers. Ergänzt wird diese Quelle durch die Traditionen des Propheten Mohammed, den "Hadith", sofern diese mit dem Koran übereinstimmen. Wesentlicher Unterschied zum traditionellen Islam ist die Lehre der Ahmadis, daß Mohammed zwar der letzte *gesetzesbringende* Prophet war, aber laut Koran durchaus Nachfolgepropheten möglich seien und weiterhin göttliche Offenbarungen an die Menschheit ergingen. "Ahmadiyya" stehe somit für die friedliche Erneuerung des Islam in der tausendjährigen Endzeit, die mit der Ankunft des wiedergekehrten Jesus und des Mahdis, Hazrat Mirza Ghulam Ahmad, begonnen habe. Jedoch wird von der Ahmadiyya-Gemeinschaft die Trennung von Religion und Politik gefordert, Glaubensfreiheit und die friedliche Koexistenz der Nationen vertreten. So unterschiedlich die Auffassungen von Teilen der moslemischen Orthodoxie und der Ahmadiyyat über die Weiterverbreitung des Islam sind, so übereinstimmend sind sie bei den individuellen ethischen Verhaltensmaßregeln. So hat die deutsche Muslima Rabia Yalniz eine Schrift "Über den Schleier" verfaßt, worin das Schleiertragen für Frauen als Gebot dargelegt wird. Zweck des öffentlichen Schleiertragens sei demnach, daß die Frau als Muslima erkannt werde - eine Demonstration des Glaubens. Gleichzeitig sei der Schleier das Bekenntnis zur Keuschheit durch den Verzicht auf "das leichte, prickelnde Spiel des Flirts". Zugleich bewahre eine Frau, die den Schleier trage, ihre männliche Umwelt davor, vom rechten Weg abzukommen, da sie signalisiere, daß sie an weltlichen Affären nicht interessiert sei: "Wir sehen, der Schleier als Bestandteil des islamischen Moralsystems schützt die Reinheit seiner Trägerin und die des (un-)gewollten Betrachters und dient somit dem Schutze der Familie". Zugleich gebe der Schleier einer Frau auch Gelegenheit zur Mission: "Durch den Schleier werden wir muslimische Frauen als Muslima in der Öffentlichkeit erkennbar, wir geben so auch anderen Frauen ein Vorbild und außerdem die Möglichkeit, uns anzusprechen und Informationen über den Islam, wie er in Wirklichkeit ist und durch die Ahmadiyya-Muslim-Bewegung verkörpert wird, zu erhalten." Von der Ahmadiyya-Gemeinschaft wird jedoch gleichzeitig betont, daß Frauen keineswegs einen Schleier tragen müssen - wenngleich sie es die Regel täten -, da dem Gebot immer noch die Glaubensfreiheit im Islam übergeordnet sei.

Ahmadiyya in Deutschland

Bereits 1913 mündeten die Missions-Bestrebungen der Ahmadiyya-Gemeinschaft in der ersten Missionsgründung in England, 1920 folgten die USA und 1923 fand die erste Missionsgründung in Berlin statt. In Berlin-Wilmersdorf weihte übrigens 1928 die Abspaltung der Ahmadiyya-Muslim-Bewegung, die anfangs erwähnte *Ahmadiyya Anjuman Ishaat-I Islam Lahore* eine Moschee ein, die bis heute besteht. Diese Gemeinschaft, die ansonsten in Deutschland weniger aktiv ist, unterhält in Berlin noch einen kleinen Verlag, in dem eine Koran-Übersetzung und eine Zeitschrift erscheinen. 1949 gründete die Ahmadiyya Muslim Jamaat in Hamburg die erste Mission in Westdeutschland, wo 1957 mit der *Fazle Omar Moschee* auch die erste Moschee der Ahmadiyya Muslim Jamaat in Deutschland eingeweiht wurde; 1959 folgte die *Nuur Moschee* in Frankfurt und inzwischen gibt es in Köln und München weitere Ahmadiyya-Moscheen. Im Moment organisieren sich in der Bundesrepublik rund 25.000 Ahmadiyya-Mitglieder in etwa 260 lokalen Gemeinden, mit ständig steigender Tendenz. Diese liegt vor allem darin begründet, daß die Verfolgungen der Ahmadiyya-Bewegung in Pakistan zu einem Flüchtlingsstrom ins Ausland geführt haben. Entsprechend sind von den Mitgliedern in der Bundesrepublik rund 24.000 Pakistani. Ungefähr ein Viertel von ihnen sind aufgrund ihrer religiösen Verfolgungssituation in Pakistan als Asylberechtigte anerkannt und haben die deutsche Staatsbürgerschaft angenommen. Der Leiter der Ahmadiyya Muslim Jamaat in der Bundesrepublik ist Abdullah Uwe Wagishauser, ein Deutscher, der 1976 zur Bewe-

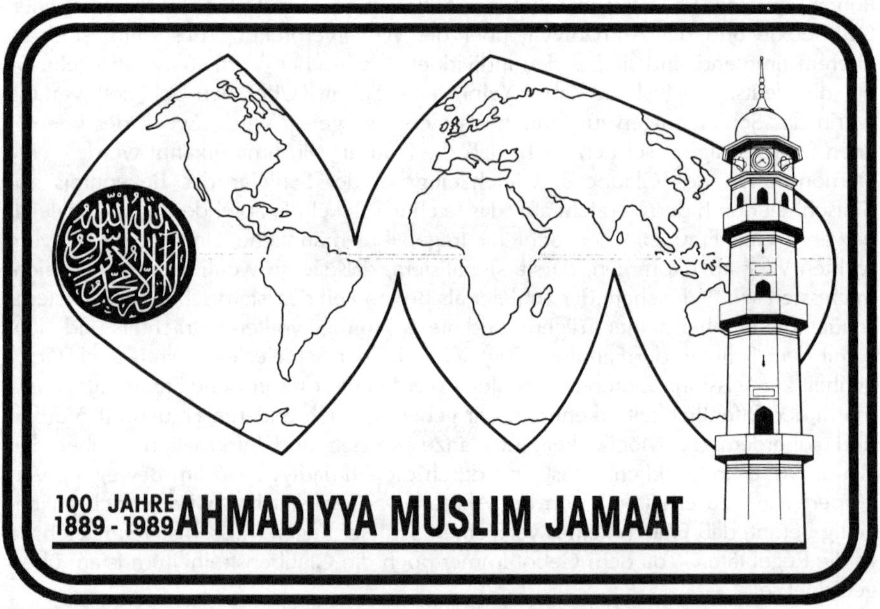

Titelbild der Sonderausgabe des "Weissen Minaretts", einer kostenlosen halbjährlichen Publikation des Ahmadiyya-Verlags "Der Islam", zum 100jährigen Bestehen der Gemeinschaft.

gung übertrat. 1984 wurde er vom Kalifen zum Amir (Leiter) der Ahmadiyya Muslim Jamaat in der BRD ernannt. Die Jahresversammlung der Ahmadiyya Muslim Jamaat in Deutschland findet in Frankfurt/Main statt, häufig unter Teilnahme des Kalifen, der in diesem Rahmen besonderen Fragestunden veranstaltet, an denen Mitglieder und Nicht-Mitglieder gleichermaßen teilnehmen können. Zur Herausgabe der eigenen Schriften besteht in der Bundesrepublik ein Verlag "Der Islam", der in seinem aktuellen Verzeichnis rund 60 Publikationen anbietet, davon zwei Drittel kostenlos. Zur Intensivierung der Missionsaktivitäten sind momentan rund 25 weitere Schriften in Vorbereitung.

Ahmadiyya in und um Marburg

Im Marburger Umland finden sich zwei Gemeinden der Ahmadiyya-Bewegung: Die Gemeinde in Wetter zählt rund 120 Mitglieder, einschließlich Familienangehöriger; ihr gehören die Mitglieder aus Marburg, Sterzhausen und Goßfelden an. Die zweite Gemeinde befindet sich in Kirchhain, wo sich etwa 90 Mitglieder aus Kirchhain, Stadtallendorf, Neustadt und Alsfeld versammeln. Jede Gemeinde (Jamaat) hat einen Präsidenten und 10 weitere Vorstandsmitglieder, die sich jeweils um eigenständige Ressorts (Finanzen, Mission, Jugendliche etc.) kümmern. Der Präsident fungiert normalerweise als Vorbeter für die Freitagsgebete, lediglich große Gemeinden mit Moscheen - wie z. B. Frankfurt - verfügen über einen Imam.

Die Ahmadiyya-Muslim-Gemeinde in Wetter besteht überwiegend aus Pakistani, die bereits in Pakistan Mitglied der Gemeinschaft waren; lediglich eine Familie aus Somalia, die nunmehr ebenfalls im Exil ist, zeugt von der Verankerung der Ahmadiyyat auf dem afrikanischen Kontinent. Seit August 1984 gibt es in Marburg Ahmadiyya-Mitglieder - im Moment sind dies fünf Erwachsene und vier Kinder. Kinder von Ahmadiyya-Mitgliedern werden automatisch zur Gemeinde gezählt. Während Frauen nur Ahmadiyya-Mitglieder heiraten dürfen (um die Erziehung der Kinder im Sinne der Ahmadiyya zu gewährleisten), können Männer mit Erlaubnis des Kalifen auch Frauen heiraten, die Mitglied in einer der anderen Buchreligionen bleiben wollen. Im übrigen gilt die Mitgliedschaft zur Ahmadiyya Muslim Jamaat nur bis zum Tode des Kalifen. Nach der Wahl des neuen Kalifen verpflichten sich alle Mitglieder direkt dem neugewählten Oberhaupt gegenüber. Dieses Treueverhältnis zum geistigen Oberhaupt - nicht zur Organisation - führt auch dazu, daß Ahmadiyya-Muslim-Jamaat-Mitglieder kaum als "Karteileichen" gelten können, da durch die Neuverpflichtung quasi eine Revision der Mitgliedschaft stattfindet.

Etwa die Hälfte der Mitglieder der Ahmadiyya-Gemeinde in Wetter kommt zu den wöchentlichen Freitagsgebeten. Ansonsten sind die Mitglieder in den jeweiligen Alters- und Geschlechtsorganisationen erfaßt: Im Alter von 15 bis 40 Jahren ist man automatisch Mitglied in der Jugendorganisation *Khuddamul-Ahmadiyya,* Männer über 40 Jahre in der Männerorganisation *Ansarullah.* Frauen sind im Frauenverband *Lajna Imaullah* organisiert. In die Öffentlichkeit tritt die Ahmadiyya-Muslim-Gemeinde Wetter immer wieder mit Diskussionsveranstaltung zu Themen wie "Grundsätze der Islamischen Kultur" auf, bei der sich die örtliche Gemeinde und Repräsentanten der Frankfurter Zentrale den Fragen der oft zahlreichen Besucher und Besucherinnen stellen.

Kontakt:	Ijaz Bajwa, Gebrüder-Plitt-Str. 46, 35083 Wetter, 06423/2487. Fiaz Ahmed, Am Biegen 1a, 35094 Goßfelden, 06423/4369 (Pressesekretär).
Zentrale:	Ahmadiyya Muslim Jamaat, Zentrale für Deutschland, Nuur-Moschee, Babenhäuser Landstr. 25, 60599 Frankfurt, Tel.: 069/681485, Fax: 069/686504.
Publikationen:	Verlag Der Islam, Babenhäuser Landstr. 25, 60599 Frankfurt, 069/681062.
Periodika:	*Der Islam* (vierteljährlich); *Weisses Minarett* (halbjährlich) - beide über Verlag Der Islam.

Literatur:

Hübsch, Hadayatullah: *Der Weg Mohammeds. Islam - Religion der Zukunft?*, Reinbek bei Hamburg 1989.
Hübsch, Hadayatullah: *Prophezeiungen des Islam*, München 1993.
Yonan, Gabriele: *Einheit in der Vielheit. Weltreligionen in Berlin*, Berlin 1992.

Bahá'í-Gemeinde Marburg

Mit der *Marburger Gemeinde der Bahá'í* hat sich eine der jüngeren "Weltreligionen" - also eine Religion mit eigenständigem Gepräge bei weltweiter Verbreitung und einer für alle offenstehenden Beitrittsmöglichkeit - organisatorische Strukturen in Marburg aufgebaut. Begegnungspunkte mit den Bahá'í in Marburg könnten der inzwischen aufgegebene Schaukasten am Rudolphsplatz - nicht zu verwechseln mit dem heute noch ausgestatteten Kasten der "Transzendentalen Meditation" - gewesen sein oder auch die Vorträge der "Bahá'í-Studentengruppe" an der Universität, die regelmäßig Veranstaltungen durchführt. Lange Jahre organisierte die Marburger Bahá'í-Gemeinde auch Folk-Festivals, da zahlreiche Musiker und Musikerinnen zu ihrem Freundeskreis zählten.

Woher kommt die Bahá'í-Religion?

Die Entstehungsgeschichte der Bahá'í liegt in den neuzeitlichen Strömungen des Islam begründet: Vor allem im schiitischen Islam des 18. Jahrhunderts gab es eine Strömung, die eine nahe Wiederkehr des 12. Imam als Mahdi erwartete. Der Mahdi gilt in den verschiedenen schiitischen Gruppen als der verborgene geistige Führer, der das Werk Mohammeds in der Endzeit vollenden wird. Die Shaiki (auch: Sheikhi) - benannt nach dem Gründer Shaykh Ahmad ibn Zain ud-Din (arabisch: Ahmad al-Ahsá'í; persisch: Ahmad-i Ahsá'í; 1752-1826) - entstanden um 1800 im Gebiet des heutigen Irak aus dieser Naherwartung. Sie betrachteten ihren Gründer und dessen Nachfolger, den Perser Sayyid Kazim i-Rasht (auch: Sayyid Kazim-i Raschti), als "Báb", als "Tür" zum kommenden Mahdi, also als dessen Vorläufer. Nachdem Sayyid Kazim i-Rasht 1843 gestorben war, erklärte sich 1844 Sayyid Ali Muhammad (auch:

Sayyid Mirza Ali Mohammed), ein Kaufmann aus Shíráz, zum von Gott berufenen "Báb". Mit seinem Auftreten kann man den Beginn des Bábismus ansetzen, aus dem sich die Bahá'í-Religion entwickelte. Sayyid Ali Muhammad verfaßte ein Werk mit dem Titel "Bayan", das ein modifiziertes islamisches Religionsgesetz enthält. Hierin wurden europäische Grundsätze des Sozial- und Familienrechtes aufgenommen, alte Gebote des Islam außer Kraft gesetzt und beispielsweise die Toleranz gegenüber anderen Religionen und das Verbot des Religionskrieges gefordert. Der *Bábismus* vergrößerte vor allem im damaligen Persien schnell seine Anhängerzahl und wurde von der schiitischen Orthodoxie bald als Gefahr betrachtet. Der Báb wurde 1847 festgenommen und 1850 in Tabríz hingerichtet. 1848 erklärte eine Konferenz von Báb-Anhängern die islamische Rechtsordnung, die Schari'a, für hinfällig und beschloß damit die Trennung vom Islam. Auch die schiitischen Geistlichen schlossen den Bábismus aus dem weiten Kreis islamischer Gemeinschaften aus und erklärten ihn zur Sonderlehre. Entsprechend wurden die Báb-Anhänger als Ketzer verfolgt - allein bis 1850 sollen in drei Provinzen Persiens rund 20.000 Bábi getötet worden sein. Als seinen Nachfolger hatte der Báb noch vor seiner Hinrichtung den 19jährigen Mírzá Yahyá bestimmt. Führend in der Bewegung, die nach den Verfolgungen in Persien ins Exil nach Bagdad gegangen war, wurde jedoch dessen 13 Jahre älterer Bruder Mírza Husayn Ali (1817-1892), dem der Báb alle Dokumente, seine Ringe und seine Siegel (also die eigentlichen Insignien der Führerschaft) hatte überbringen lassen. Dieser offenbarte 1863 den Bábi, daß er der verkündete Erlöser, die "universelle Manifestation Gottes" sei und nannte sich seitdem Bahá'u'lláh, "Herrlichkeit/Glanz Gottes".

Das Symbol des "Größten Namens", das von Bahá'í-Mitgliedern häufig als Schmuck verwendet wird. Mit den arabischen Grundbuchstaben "B" und "H" werden die drei Seinsebenen der Welten Gottes, der Offenbarung und der Schöpfung dargestellt, wobei die mittlere Ebene der Offenbarung in Kreuzform vertikal wiederholt wird, weil sie die Welten Gottes und der Schöpfung verbindet. Die beiden Manifestationen Gottes für dieses Zeitalter, der Báb und Bahá'u'lláh, werden durch die beiden Pentagramme links und rechts symbolisiert.

1863 gilt infolgedessen als offizieller Beginn der Bahá'í-Religion, was sich in einer Spaltung der Bábí-Bewegung niederschlug: Während die Anhänger Bahá'u'lláhs die Bahá'í bildeten, nannten sich die Anhänger seines Bruders, des offiziellen Báb-Nachfolgers Mírzá Yahyá, "Azálí". Die Bahá'í gewannen zunehmend Anhänger und verbreiteten sich rasch, die Azálí hingegen verschwanden mit der Zeit. Bahá'u'lláh wurde in der osmanischen Strafkolonie 'Akká in Syrien (heute: in Israel) mit Gefangenschaft bzw. Hausarrest belegt, was ihm jedoch immerhin eine literarische Arbeit ermöglichte. Hier entstand auch das heiligste Buch der Bahá'í, das "Kitáb-al-Aqdas",

das "Buch der Gesetze". Testamentarisch bestimmte er, daß nach seinem Tod (1892) sein ältester Sohn 'Abdu'l-Bahá (arabisch: Diener Bahá'u'lláhs; 1844-1921) der Leiter der Gemeinschaft werden sollte. Dieser überführte die sterblichen Überreste des Báb nach Haifa, wo das neue Zentrum der Bahá'í entstand. Sein Nachfolger wiederum wurde Shoghi Effendi (1896-1957), sein ältester Enkel, der die interne Verwaltung der Gemeinschaft effektivierte und die Organisation ausbaute. Da er bis zu seinem Tod keinen Nachfolger bestimmt hatte und über keine Nachkommen oder autorisierte Verwandte verfügte, ging die Leitung der Bahá'í auf die 31 "Hände der Sache Gottes" über, ehe 1963 eine Delegiertenversammlung aller Nationalen Geistigen Räte das "Universale Haus der Gerechtigkeit" in Haifa wählte. Die Entscheidungen dieses Leitungsgremiums sind bindend für die Mitglieder, können jedoch durchaus auch wieder aufgehoben werden. In einem Turnus von fünf Jahren wählen die Delegierten der Nationalen Geistigen Räte das Leitungsgremium von Neuem.

Die Verbreitung der Bahá'í heute

Seit 1947 ist die Gemeinschaft der Bahá'í bei den Vereinten Nationen als NGO, als nichtstaatliche Organisation akkreditiert, was die allgemeine Wertschätzung ihres Einsatzes für den Weltfrieden verdeutlicht. Weltweit leben heute rund fünf Millionen Bahá'í, die mehr als 18.000 lokale Gemeinden mit Geistigen Räten bilden. In 165 Staaten gab es 1992 (Stand: April) Nationale Geistige Räte, die die Arbeit der lokalen Geistigen Räte in einem Land koordinieren. Hohe Schätzungen gehen davon aus, daß im Iran, wo die Bahá'í-Religion seit der Islamischen Revolution von 1979 verboten ist, noch ca. eine Million Bahá'í leben - nach Bahá'í-Angaben sind es jedoch nur 300.000 Personen, die sich im Iran zur Bahá'í-Religion zählen. Ein markantes Wachstum können die Bahá'í vor allem in Indien, Thailand, den USA und Kanada aufweisen. In Neu Delhi selbst hat sich ein Missionszentrum der Religion herausgebildet, da der dort existierende Tempel sowohl von Touristen als auch von Gläubigen und Sympathisanten bzw. Sympathisantinnen häufig besucht wird. Man wird die Bahá'í wohl als die Weltreligion mit dem größten Wachstum in den letzten 40 Jahren bezeichnen können, was vor allem auf eine starke regionale Verschiebung der Mitgliederstruktur zurückzuführen ist, wie folgende Tabelle verdeutlicht. Dabei muß jedoch auf statistische Mängel hingewiesen werden, die die wiedergegebenen Zahlen etwas relativieren: In den 50er Jahren wurden meist die Kinder von Bahá'í-Eltern nicht mitgezählt, was jedoch 1979 vom Universalen Haus der Gerechtigkeit, dem internationalen Leitungsgremium der Bahá'í angeordnet wurde, um eine Vergleichbarkeit mit anderen Religionen zu gewährleisten. Früher wurden zudem in Indien lediglich Männer als Mitglieder geführt, was inzwischen ebenfalls aufgehoben wurde. Insofern relativiert sich der Sprung von 1968 bis 1988 etwas.

Tabelle: *Geschätzte Bahá'í-Mitglieder*

	Region	1954	1968	1988
(1)	Mittlerer Osten und Nordafrika	200.000	250.000	300.000
(2)	Nordamerika, Europa, Anglo-Pazifik	10.000	30.000	200.000
(3)	Südasien	1.000	300.000	1.900.000
(4)	Südostasien	(4) bis (8) zusammen: 2.000	200.000	300.000
(5)	Ostasien		10.000	20.000
(6)	Lateinamerika und Karibik		100.000	700.000
(7)	Afrika (Sub-Sahara)		200.000	1.000.000
(8)	Ozeanien (ohne Anglo-Pazifik)		5.000	70.000
	Gesamt	213.000	1.095.000	4.490.000
	Bahá'í im Iran in % der Gesamtzahl	94	22	6
	Bahá'í in Indien in % der Gesamtzahl	unter 1	26	40

Quelle: Smith, Peter/Momen, Moojan: "The Baha'i Faith 1957-1988: A Survey of Contemporary Developments", in: *Religion* 19, 1989, S. 72.

Die Bahá'í in Deutschland

In Deutschland gibt es seit 1904 Bahá'í, 1907 wurde in Stuttgart die erste Gemeinde gegründet. In das Jahr 1923 fällt die Gründung eines *Nationalen Geistigen Rates* für Deutschland und Österreich, durch das Verbot 1937 durch die Nationalsozialisten wurden jedoch die Gemeindestrukturen weitgehend zerstört. Die erneute Aufbauarbeit nach dem Zweiten Weltkrieg war nur bedingt erfolgreich: Heute gehören zwischen 4.000 und 5.000 Personen den Bahá'í an. Die Bahá'í unterteilen Deutschland in 60 Wahlbezirke, deren Delegierten alljährlich den Nationalen Geistigen Rat wählen. Insgesamt gibt es rund 100 Gemeinden in Deutschland, die die Mindestzahl von neun Mitgliedern erfüllen und somit einen lokalen *Geistigen Rat* wählen. Ein großer Teil der deutschen Bahá'í ist sicherlich der gebildeten Mittelschicht bzw. der Intellektuellenschicht zuzurechnen; nach Nationalitäten sind Iraner und Iranerinnen, die aufgrund der Verfolgungen in ihrer Heimat hier im Exil leben, besonders stark vertreten. Damit unterscheidet sich die Sozialstruktur der Bahá'í in Deutschland erheblich von beispielsweise der in den USA: Dort stellen zwar auch die "Alternativen" und "Aussteiger" einen erheblichen Anteil an den Gemeinden, jedoch machen Angehörige von Minderheiten - vor allem Schwarze - einen hohen Anteil aus.

Zahlen und Kalender der Bahá'í

Wichtig für das Verständnis diverser Bahá'í-Gepflogenheiten sind die Zahlen neun und 19: Beides sind Zahlen, die für die Bahá'í Orientierungspunkte für Zeiteinteilung und Gruppenbildung darstellen. Die 9 ist hierbei vom numerischen Wert des arabischen Namens des Religionsgründers Bahá'u'lláh abgeleitet. Die 19 wiederum stammt aus dem Bábismus und steht für den Báb und seine 18 Anhänger, die dieser 1844 als "18 Buchstaben des Lebendigen" zur Verkündung seiner Botschaft aussandte. Entsprechend ist der Kalender der Bahá'í in 19 Monate mit jeweils 19 Tagen eingeteilt - die Übereinstimmung mit dem geläufigen Kalender wird durch 4 bzw. 5 Schalttage vom 26. Februar bis zum 1. März hergestellt. Das Jahr wird durch 9 (!) Heilige Tage strukturiert, an denen Arbeitsruhe geboten ist: 21. März (Naw-Rúz/Neujahr), 21. April (1. Tag der Ridván-Zeit), 29. April (9. Tag der Ridván-Zeit), 2. Mai (12. Tag der Ridván-Zeit), 23. Mai (Erklärung des Báb - 1844), 29. Mai (Todestag Bahá'u'lláhs - 1892), 9. Juli (Märtyrertod des Báb - 1850), 20. Oktober (Geburt des Báb - 1819), 12. November (Geburt Bahá'u'lláhs - 1817). Die Heiligen Tage der Ridván-Zeit sollen hierbei an die Tage im Jahre 1863 erinnern, als Bahá'u'lláh seinen Anhängern offenbarte, daß er der Angekündigte sei. Neben den 9 Heiligen Tagen sind noch der 26. November als Gedenktag zur Einsetzung 'Abdu'l-Bahás zum "Mittelpunkt des Bundes" und der 28. November als Gedenktag zum Tode 'Abdu'l-Bahás 1921 von Bedeutung. Die eingeschobenen Schalttage vom 26. Februar bis zum 1. März gelten den Bahá'í als der Freude, Gastfreundschaft und tätigen Nächstenliebe gewidmet. Die Fastenzeit, die den Bahá'í-Monat 'Alá' umfaßt und vom 2. März bis zum 20. März andauert, unterscheidet sich vom moslemischen Ramadan - abgesehen von der Dauer - lediglich darin, daß die sexuellen Beschränkungen des Islam für diese Zeit von den Bahá'í nicht übernommen wurden. Zu ergänzen bliebe, daß die Zeitrechnung der Bahá'í im Jahr 1844 - dem Jahr der Erklärung eines neuen Zeitalters durch den Báb - beginnt. Entsprechend brach am 21. März 1993 das Jahr 150 der Bahá'í-Religion an. Insgesamt ist zum Kultus der Bahá'í festzuhalten, daß weder ein Priestertum existiert noch ausgeprägte Rituale ausgeübt werden. Stattdessen ist jeder einzelne Gläubige innerhalb der Bahá'í-Gemeinschaft zur Mitwirkung bei den jeweiligen Festen und Feiertagen angehalten.

Was vertreten die Bahá'í?

Als wesentliches Ziel der Bahá'í kann man den Aufbau einer Weltdemokratie betrachten: Die demokratisch gewählten Geistigen Räte der Einzelgemeinden sind in diesem Sinne als Vorbild und Modell für diese Weltdemokratie anzusehen. Durch diesen demokratischen Aufbau von unten nach oben soll weltweiter Frieden zwischen den Völkern und Nationen der Erde geschaffen werden. Entsprechend wird die Einheit Gottes betont, von dem auch alle Religionen und deren Offenbarer ihren Ausgang nahmen. Die sog. Religionsstifter Moses, Buddha, Christus und Mohammed werden gleichermaßen als Glieder einer Kette von Offenbarungen an die Menschheit akzeptiert. "Früher waren die Bahá'í Buddhisten, Juden, Moslems, Christen oder Atheisten." (aus einem Faltblatt des Bahá'í-Verlags). Somit gibt es auch keine sich gegenseitig ausschließenden Religionen, sondern eine sich intensivierende Gottesoffenbarung in einer unteilbaren Religion. Mit dem Auftreten von Bahá'u'lláh sei allerdings eine neue Weltzeit angebrochen, in der die Einheit der Menschheit vollendet werde. Bahá'u'lláh hat sich dementsprechend als Herr der Heerscharen, Vater, wiedergekehrter Christus, die islamische Große Verkündigung, zehnter Avatar des

Das Bahá'í-Haus der Andacht im hessischen Hofheim-Langenhain, wo sich auch die Zentrale des Nationalen Geistigen Rates der Bahá'í in Deutschland befindet.

Hinduismus, Buddha Maitreya und Sháh Bahrám des Zoroastrismus verstanden. Es ist das Ziel der Bahá'í, eine weltweite gemeinsame Sprache sowie eine einheitliche Schrift durchzusetzen, um die Einheit der Vöker in diesem neuen Zeitalter konkret werden zu lassen. Über eventuell auftretende Uneinigkeiten soll ein Weltschiedsgerichtshof wachen. Grundsätzlich ist die vollständige Gleichstellung von Männern und Frauen sowie die bestmögliche Bildung für alle anzustreben, um beispielsweise Vorurteile aus bisherigen Strukturen abbauen zu helfen. Im Universalen Haus der Gerechtigkeit der Bahá'í dürfen gleichwohl noch keine Frauen Mitglied sein.

Die Bahá'í-Gemeinde kennt auch verschiedene ethische Verhaltensregeln oder -empfehlungen: Der Konsum von Drogen ist beispielsweise nicht erlaubt, wobei jedoch das Rauchen nicht verboten ist - wenn auch nicht gern gesehen. Besondere Speisevorschriften gibt es nicht, wenngleich ein vegetarischer Lebensstil empfohlen wird. Vor- und außerehelicher Geschlechtsverkehr wird bei den Bahá'í als Verstoß gewertet - nichteheliches Zusammenleben ist demnach nicht erlaubt. Zu einer Bahá'í-Trauung wiederum wird die Zustimmung der Eltern - um die Einheit der Familie nicht zu gefährden - gefordert. Der jeweilige Ehepartner muß zwar kein Bahá'í-Mitglied sein, jedoch muß neben den anderen Trauungen auch eine Bahá'í-Trauung durchgeführt werden. Eine solche Trauung mit dem Sprechen der Trauformel "Wahrlich, wir wollen uns alle an Gottes Willen halten" durch die Eheleute steht im übrigen auch Brautpaaren offen, bei denen keiner der Partner Bahá'í ist.

Die Marburger Gemeinde

Seit 1971 gibt es in Marburg Bahá'ís; 1973 waren erstmals neun Bahá'í in Marburg versammelt, so daß die Voraussetzung zur Wahl eines örtlichen Geistigen Rates erfüllt war. Es besteht ein enger Kontakt zur Gießener Bahá'í-Gemeinde, manche Veranstaltungen werden gemeinsam durchgeführt. Seit Jahren setzt sich die Gemeinde ziemlich konstant aus 10 Marburger Mitgliedern und fünf Personen aus dem Umland zusammen, die die Veranstaltungen der Marburger Bahá'í-Gemeinde besuchen. Hinzu kommen noch drei Kinder Marburger Bahá'ís. Mitglied der Bahá'í dürfen nur Personen werden, die mindestens 15 Jahre alt sind - mit 21 Jahren bestätigen sie dann ihre Mitgliedschaft. Dem Charakter einer Universitätsstadt entspricht die Struktur der Marburger Gemeinde: Neben den Studierenden überwiegen Personen aus dem akademischen oder sozialen Arbeitsfeld. Interessant hierbei, daß ca. die Hälfte der Bahá'í-Mitglieder ausländischer Herkunft (vor allem aus dem Iran) ist und insgesamt überwiegend aus Frauen besteht. Zum Teil setzt sich die Marburger Gemeinde - nicht zuletzt aufgrund der Exil-Iraner und -Iranerinnen - aus Bahá'í zusammen, die nach Marburg zugezogen sind, zum anderen Teil jedoch aus Personen, die sich hier durch eine "Erklärung" der Marburger Gemeinde angeschlossen haben. Über die Aufnahme entscheidet der Nationale Geistige Rat unter Mitwirkung des örtlichen Geistigen Rates. Einzige Beitrittsvoraussetzung ist, den Glauben der Bahá'í verstanden zu haben.

Kontakt:	Kelly Herndon, Ernst-Lemmer-Str. 14, 35041 Marburg, 06421/84782. Aki Kazak, In der Wann 56, 35037 Marburg, 06421/34966.
Zentrale:	Der Nationale Geistige Rat der Bahá'í in Deutschland e.V., Eppsteiner Str. 89, 65719 Hofheim-Langenhain, 06192/8079 - Fax: 06192/26395.
Publikationen:	Bahá'í-Verlag GmbH, Eppsteiner Str. 89, 65719 Hofheim-Langenhain, 06192/22921.
Periodika:	*Bahá'í-Briefe; Bahá'í-Nachrichten* (letzteres nur für Mitglieder).

Literatur:

Smith, Peter/Momen, Moojan: "The Baha'i Faith 1957-1988: A Survey of Contemporary Developments", in: Religion (1989) 19, S. 63-91.

Townshend, George: *Christus und Bahá'u'lláh*, Frankfurt/Main 1981.

Vahman, Fereydun: Art. "Baha'ismus", in: *Theologische Realenzyklopädie* V, Berlin/New York 1980, S. 115-132.

Yonan, Gabriele: *Einheit in der Vielheit. Weltreligionen in Berlin*, Berlin 1992.

Bund Deutscher Unitarier - Religionsgemeinschaft Europäischen Geistes

Die jüngste Gründung einer Religionsgemeinschaft in Marburg dürfte der *Bund Deutscher Unitarier - Religionsgemeinschaft Europäischen Geistes* darstellen. Der Bund hat zwar in Marburg keine eigenständige Gruppe - die Marburger Mitglieder werden vom Bereich Gießen aus betreut -, jedoch hat er hier bereits eine längere Vorgeschichte. Nach dem Zweiten Weltkrieg wurde in Marburg eine Gemeinde der Deutschen Unitarier Religionsgemeinschaft gegründet, die jedoch in den 70er Jahren mit der Gießener Gemeinde zusammengelegt wurde. Diese Gießener Gemeinde war jedoch eines der Zentren, die sich 1989 von den *Deutschen Unitariern Religionsgemeinschaft* abspalteten und dem Bund Deutscher Unitarier - Religionsgemeinschaft Europäischen Geistes, gegründet 1987, anschlossen. Entsprechend traten ca. 10 Marburger Mitglieder gemeinsam mit ihrer Gießener Gemeinde in den neuen "Bund" über.

"Unitarische" Gruppen

Es gibt momentan vier Gruppierungen in Deutschland, die die Bezeichnung "unitarisch" für sich in Anspruch nehmen:

1. Die Unitarische Kirche in Berlin
2. Die Unitarische Freie Religionsgemeinde in Frankfurt und Hessen
3. Die Deutsche Unitarier Religionsgemeinschaft
4. Der Bund Deutscher Unitarier - Religionsgemeinschaft Europäischen Geistes.

Nur die beiden letzteren haben eine bundesweite Ausbreitung - sind jedoch keineswegs zu verwechseln, wie die beiden Beiträge in dieser Studie zeigen wollen. Mitte der 80er Jahre hatte sich in der "Deutschen Unitarier Religionsgemeinschaft" eine Gruppe "Arbeitsgemeinschaft Europas Eigene Religion" gegründet, aus der sich 1987 unter Führung von Bernhard Bühler und Herbert Rau bei der Hauptversammlung der Religionsgemeinschaft in Kassel der "Bund Deutscher Unitarier - Religionsgemeinschaft Europäischen Geistes" konstituierte. Diese Spaltung wurde beispielsweise von Weißmann als "Generationswechsel" durch "das Ausscheiden bestimmter, eher völkisch-religiös orientierter Kreise" interpretiert (Weißmann 1991, S. 133).

Sigrid Hunkes "Religion Europas" als geistige Grundlage

Eine herausragende Position nimmt im Bund Deutscher Unitarier - Religionsgemeinschaft Europäischen Geistes die inzwischen 80jährige Religionsphilosophin und Schriftstellerin Sigrid Hunke ein, die auch die Abspaltung von den Deutschen Unitariern Religionsgemeinschaft mit vollzog. Vor allem aufgrund der Darstellungen von Sigrid Hunke bezieht sich der Bund Deutscher Unitarier explizit auf eine eigenständige "Religion Europas". Seit den Zwangsmissionierungen des Christentums hätten sich durch die Jahrhunderte hindurch gegen die "paulinisch-christliche" Religion zahlreiche Ketzer - Einzelpersonen und Gemeinschaften - zu Worte gemeldet, die zusammengenommen die europäische Religion ausmachten. "Diese 'europäische Religion', die keineswegs allein die der europäischen 'Ketzer' ist, vielmehr schon mit der europäischen Sicht der indoeuropäischen, ionischen 'Vorsokratiker' übereinstimmte wie vor allem mit der vorchristlichen der 'Germanen', sie beruht im Gegensatz zur Struktur des Dualismus - jenem christlichen und griechisch-platonischen Spaltungsdenken - auf der Struktur der 'Unitas': des *Einsseins* des göttlichen *Seins* mit der *Ganzheit* alles *Seienden* als den Entfaltungen des schöpferischen Seinsgrundes im Universum, als den Gestaltwerdungen des Göttlichen in der Gesamtheit aller Wesen, aller Menschen, Tiere, Pflanzen, aller Gestirne, aller Gesetze der Natur, als seine Verwirklichung in der Ganzheit der göttlich durchwirkten Wirklichkeit." (Hunke, Sigrid: "Was bedeutet 'Europas eigene Religion'?", in: *Glauben und Wirken* Mai/Juni 1993, S. 5 f. - Hervorhebungen im Original). Diese Struktur des Einsseins durchziehe "alle Nationen des Kontinents" seit rund 3.000 Jahren und zeige sich in Geistesgrößen wie Pelagius, Eckhart, Fichte, Pestalozzi, Giordano Bruno, Cusanus, Goethe oder Teilhard de Chardin. Das dichte Netz durchziehe alle Länder Europas, einschließlich Rußland, wenn es auch in Deutschland die meisten Zeugen dieser Europäischen Religon gebe. Der Begriff Hunkes, "Europas eigene Religion", auf den sich der Bund Deutscher Unitarier - Religionsgemeinschaft Europäischen Geistes bezieht, bezeichnet demnach "die auf gemeinsamer indogermanischer Herkunft und Denkweise beruhende innere Einheit der religiösen Sicht aller europäischen Völker" (ebd., S. 7).

Bund Deutscher Unitarier
Religionsgemeinschaft europäischen Geistes

Symbol und Schriftzug des 1987 gegründeten Bundes Deutscher Unitarier. Die Ähnlichkeit des Symbols mit dem der Deutschen Unitarier Religionsgemeinschaft ist unverkennbar, wobei in der Abwandlung des Bundes Deutscher Unitarier der Anklang an die beiden germanischen Runen für "Tod" bzw. "Leben" noch deutlicher hervortritt.

Die Volksvarianten der "Religion Europas"

Ein weiterer Vordenker des "Bundes" neben Sigrid Hunke ist Peter Bahn, der bei der Herbsttagung des Bundes Deutscher Unitarier 1992 *Europas eigene Religion* keineswegs als "europäische Einheitsreligion" interpretierte. Es habe zwar vor Jahrtausenden eine "gemeinsame religiöse Glaubens- und Formenwelt der Indoeuropäer" gegeben, aber inzwischen hätten sich verschiedene "volkliche" Varianten ausdifferenziert. Die Grundstruktur des religösen und weltanschaulichen Denkens und Empfindens sei jedoch den europäischen Völkern gemeinsam und grenze sie gegen das "außereuropäische Religionssystem des Christentums" ab. "Europas eigene Religion" habe - da volksgebunden - keine universalistischen Ansprüche (wie das Christentum, der Liberalismus und der Marxismus), besser sei jedoch noch von "Europas eigenen Religionen" zu sprechen. Hierunter seien neben dem deutschen "Unitarismus" noch die "neu-druidischen Gemeinschaften" in den keltischen Ländern, die isländische "Astru-Gemeinschaft" und die polnische "Zadruga" zu subsumieren. "Erst sie, als nationale und volklich geprägte Gemeinschaften können, jede für sich und zugleich doch respektvoll-freundschaftlich miteinander verbunden, Grundlagen schaffen für die religiöse und ethische Gesundung und Erneuerung der einzelnen europäischen Völker, für eine geistige Neuformierung, die dem von universalistischer Tyrannei geschändeten Kontinent wieder den geistigen Raum zum freien Atmen gibt." (Bahn, Peter: "Wege Deutschen Glaubens - Europas Eigene Religion in ihrer deutschen Form - Vortrag zur Herbsttagung 1992", in: *Glauben und Wirken* Januar/Februar 1993, S. 23-27, S. 24). Entschieden wehren sich die Mitglieder des Bundes Deutscher Unitarier jedoch gegen die Übernahme alter germanischer Gebräuche durch neuheidnische Bewegungen. "Uns deutschen Unitariern genügt das nicht und es ist nicht das, was unser Volk, um dessen innere Wiederaufrichtung es uns letztlich geht, heute braucht." (ebd., S. 25) Es gehe dem Bund Deutscher Unitarier stattdessen um eine Rückkehr "zu den Grundwerten und dem Wesen der alteuropäischen, nichtchristlichen Religiosität" (ebd.), jedoch unter drei Voraussetzungen: 1. Der Anerkennung der kulturspezifischen Bedingtheit jeder Religion und damit der Ausschluß eines universellen Anspruches. 2. Der Pflicht zur Akzeptanz naturwissenschaftlicher Erkenntnisse und damit die Ablehnung von Okkultismus, Spiritismus und Dogmatismus. 3. Der Toleranz nach innen und außen. Gleichwohl ist ein Rückbezug vor allem auf germanische Gottheiten beim Bund Deutscher Unitarier keineswegs unüblich: Die Besinnungen zum Frühlingsanfang sind häufig gekoppelt mit Betrachtungen des germanischen Lichtgottes Baldur und des Mythos um dessen Tod. Die Distanzierung von anderen neuheidnischen Bewegungen bezieht sich folglich nicht auf eine Wiederaufwertung nordischer Gottheiten allgemein, sondern vielmehr auf die neuheidnische Praxis, die sich in alten Kultriten niederschlägt.

In europäischem Kontakt steht der Bund Deutscher Unitarier - Religionsgemeinschaft Europäischen Geistes beispielsweise mit der *Zadruga-Bewegung* ("Zadruga" = "Gemeinschaft") in Polen. Diese neuheidnische Bewegung wurde von Jan Stachniuk-Stoigniew (1905-1965) gegründet, mit dem Ziel der vollständigen Befreiung Polens vom Christentum. Die Bewegung entfaltete sich zwischen 1933 und 1945, ehe sie während des Stalinismus verfolgt wurde. Die Zadruga-Bewegung vertritt aus einem polnisch-völkischen Ansatz heraus die Wiedervereinigung der "Europäer" und in einem späteren Stadium der "Arier".

Völkisch-Religiöse Orientierung?

Für die ethischen Wertmaßstäbe des Bundes Deutscher Unitarier ist das Eingebundensein des einzelnen in die Naturabläufe bestimmend: "Gebunden an die Gesetze des Kosmos, gebunden an sein biologisches Erbe, eingebunden in die vielfältige Ganzheit des Lebens, auch in die Gemeinschaft von Sippe und Volk, in den jeweiligen Kulturkreis, in den Raum, der ihn prägte." (ebd., S. 26 f.) Eine Religionsgemeinschaft, die sich letztlich so intensiv an das deutsche Volk bindet, hat natürlich kritische Anfragen zu bestehen - zumal in Deutschland, wo dieses Vorgehen bereits zu katastrophalen historischen Prozessen führte. Gerade auf diesem Hintergrund wird man Sätze über den Menschen und die Natur, über die "oft grausam vernichtende und zugleich Neues schaffende Gewalt" (Selbstdarstellung) sehr aufmerksam interpretieren: "Damit erkennen wir die nur im menschlichen Bewußtsein erlebte Tragik vom Tötenmüssen, um leben zu können, an" (Selbstdarstellung). Bedauerlich ist es, daß bei einer Gemeinschaft, die gerade die "volkliche Identität" in den Mittelpunkt stellt, die Vergangenheit der "Deutschen Glaubensbewegung", des deutschen Neuheidentums im Kaiserrreich, in der Weimarer Republik und im Dritten Reich nicht thematisiert wird. Einzig Peter Bahn erwähnt die Zeit des Nationalsozialismus in einem eher bedauernden Satz: "Unter Jakob Wilhelm Hauer gelang 1933/34 die Zusammenfassung eines Teils dieses Spektrums in der 'Deutschen Glaubensbewegung', der nicht zuletzt wegen der distanzierten bis ablehnenden Haltung der damaligen Staatsführung ein längerfristiger Erfolg versagt blieb." (Bahn, Peter: "Unitarismus oder säkularisiertes Christentum", in: *Deutsch-Unitarische Bausteine* 1, S. 2-8, S. 7). Konfrontiert wird der Bund Deutscher Unitarier - Religionsgemeinschaft Europäischen Geistes gelegentlich mit dem Vorwurf des Antisemitismus oder Neonazismus. Formulierungen wie: "Wir wenden uns gegen jede Einebnung und Überfremdung gewachsener Lebensformen" (Selbstdarstellung) oder "europäisch-germanische Menschenart" (Augustin, Alarich: "Ad Fontes - Hin zu den Quellen", in: *Deutsch-Unitarische Bausteine* 1, S. 9-14, S. 11) erscheinen zunächst wenig geeignet, diese Befürchtungen zu zerstreuen. Von Seiten des Bundes wird jedoch klar Stellung genommen: "Antisemitismus ist bei uns und von uns nie vertreten worden. Der unitarische Glaube steht jenseits des Gegensatzes der zwischen der mosaischen und muslimischen Verehrung des einen Gottes und dem trinitarischen Christentum besteht. Gegensätze im Religiösen können nur durch wahre Toleranz innerlich überwunden werden, die die Treue zum inneren Eigenen mit der Ehrfurcht vor dem Unfaßlichen verbindet, das menschliches Denken übersteigt" (aus einem Briefwechsel mit dem Verfasser). Auch die Formulierung "europäisch-germanische Menschenart" sei keinesfalls als agressiv oder rassistisch zu verstehen, sondern historisch: "Durch die verschiedenen germanischen Völkerwanderungen wurde die Bevölkerung Europas germanisch durchmischt, was sich u. a. auf die religiöse Bewußtseinsstruktur der Europäer auswirkte."

Gemeinschaftsleben und -organisation

Die Praxis der Gemeinschaften des *Bundes Deutscher Unitarier - Religionsgemeinschaft Europäischen Geistes* unterscheiden sich kaum von denen der Deutschen Unitarier Religionsgemeinschaft: So wird beispielsweise auch hier die Jugendleite gefeiert, die als Abschluß einer mehrmonatigen Einweisung in die "unitarische Welt- und Gottschau" gilt und die Religionsmündigkeit ausdrücken soll. Lieder, Gedichte, Ansprachen, Gelöbnisse und Instrumentalmusik durchziehen eine solche Feier, die gleichzeitig die Mitgliedschaft in der Gemeinschaft besiegelt. Dem Lebensrhythmus angepaßt sind auch die weiteren Feste der Lebensleite, der Eheleite und der Totenleite. Bei letzterer ist jedoch hinzuzufügen, daß der Bund Deutscher Unitarier Vorstellungen eines individuellen Weiterlebens nach dem Tod, einer Auferstehung oder einer Seelenwanderung ablehnt. Als Ausdruck der Alleinheit wird die Sonnenwende aus "innerer Satzung" heraus gefeiert, mit positivem Bezug auf skandinavisches Brauchtum, das Mittsommerfest um den Sonnwendbaum der Yggdrasil als Feier des Lichtes zu begehen. Auch Weihnachten als altes Lichtwendefest wird beim Bund Deutscher Unitarier festlich gestaltet und mit besinnlichen Ansprachen begleitet. Ostern wird als Frühlingsfeier und das Herbstfest als Erntedank begangen. Der Bereich in Gießen veranstaltet gelegentlich Lesungen zu herausragenden Dichtern, so im Mai 1993 zum österreichischen Dichter Peter Rosegger (1843-1918).

Der Bund Deutscher Unitarier hat geographisch seine beste Verankerung im Norden Deutschlands. Die einzelne Gemeinschaft wird beim Bund "Bereich" genannt - im Unterschied zu "Gemeinde", wie dies bei den Deutschen Unitariern Religionsgemeinschaft üblich ist. Der Bereich in Gießen scheint schon eine der südlichsten Gruppen darzustellen. Neben dem "Bereich Mittelhessen e.V." gibt es noch vier weitere Bereiche, die als Vereine organisiert sind: Büsum, Uelzen-Bad Bevensen, Mittelholstein und Hannover. Insgesamt soll es in Deutschland acht Gruppen geben, die dem Bund Deutscher Unitarier angeschlossen sind. Mitgliederzahlen werden nicht bekanntgegeben, klar ist jedoch, daß der Bund Deutscher Unitarier - Religionsgemeinschaft Europäischen Geistes wesentlich kleiner ist als die Deutschen Unitarier Religionsgemeinschaft: Man schätzt ihre Mitgliederzahl auf rund 300. Entsprechend werden keine Zahlen für die Gießener Gemeinschaft bekanntgegeben. Zur durchschnittlich einmal im Monat stattfindenden Veranstaltung wird nur persönlich eingeladen, sie findet als geschlossene Gesellschaft statt. Bei den Mitgliedern - aufgenommen wird man nur nach dem Austritt aus einer anderen Religionsgemeinschaft - überwiegen die Frauen, Jugendliche sind eher unterrepräsentiert.

Abgrenzung zu den anderen unitarischen Organisationen

In sehr deutlicher Abgrenzung steht der Bund Deutscher Unitarier zur ehemaligen Stammorganisation Deutsche Unitarier Religionsgemeinschaft. So wirft der bereits zitierte Peter Bahn in seinem Beitrag "Unitarismus oder säkularisiertes Christentum" (in: *Deutsch-Unitarische Bausteine* 1, S. 2-8) der alten Gemeinschaft vor, sie hätten sich eindeutig für einen positiven Rückbezug auf die jüdisch-christliche Geisteswelt entschieden und stünden in der Tradition der "altunitarischen"/antitrinitarischen bzw. sozinianischen Denktradition. Die Führung der Deutschen Unitarier Religionsgemeinschaft habe in den letzten Jahren den einen Quellenstrom des deutschen Unitarismus in Frage gestellt, der sich aus den "ganzheitlich-indoeuropäischen Wurzeln" speise und von den ehemaligen Deutschgläubigen der Deutschen Glaubensbewegung innerhalb der Deutschen Unitarier Religionsgemeinschaft vertreten worden sei. "Demgegenüber stellt die derzeitige Umorientierung der 'Deutsche Unitarier Religionsgemeinschaft' auf den Sozinianismus und das jüdisch-christliche Erbe einen Rückfall in das halbchristliche Freigemeindetum des 19. Jahrhunderts und den längst überholten Antitrinitarismus des 16.Jahrhunderts dar - sie ist zutiefst reaktionär!" (ebd., S. 7 f.) Auch Sigrid Hunke sieht die drei übrigen "unitarischen" Gruppen im scharfen Gegensatz zum Bund Deutscher Unitarier: Die Unitarische Kirche in Berlin vertrete die Wiedergeburt, die Unitarische Freie Religionsgemeinde in Frankfurt und Hessen sei ohnehin im 19.Jahrhundert aus einer deutsch-katholischen Gemeinde entstanden und die Deutschen Unitarier Religionsgemeinschaft würde nach Jahrzehnten unbestrittener nicht-christlicher Ausrichtung seit 1989 "ihre Herkunft über den Antitrinitarismus der rabbinischen Theologie auf das Judentum und seinen mosaischen Monotheismus" zurückführen, würde gar behaupten, "die unitarische Religion sei 'aus dem frühen Christentum hervorgegangen - wie die Christen aus dem Judentum" (Hunke, Sigrid: "Der Ursprung der unitarischen Religion", in: *Deutsch-Unitarische Bausteine* 1, S. 15-20, S. 16).

Kontakt: Bereich Mittelhessen e.V.: Karlheinz und Annedore Küthe, Rabenweg 36, 35394 Gießen, 0641/43653.
Bereich Büsum: Bernhard Bühler, Erlengrund 76, 25761 Büsum, 04834/2449.
Zentrale: Bereich Mittelhessen e. V., Rabenweg 36, 35394 Gießen, 0641/43653
Periodika: *Glauben und Wirken* (Zweimonatsschrift); *Deutsch-Unitarische Bausteine. Schriften zur Grundlegung einer Religion europäischen Geistes* (über Zentrale).

Literatur:

Hunke, Sigrid: *Europas Eigene Religion. Der Glaube der Ketzer*, Bergisch Gladbach 1981.
Nanko, Ulrich: *Die Deutsche Glaubensbewegung. Eine historische und soziologische Untersuchung*, Marburg 1993.
Weißmann, Karlheinz: *Druiden, Goden, Weise Frauen. Zurück zu Europas alten Göttern*, Freiburg/Basel/Wien 1991.

Christengemeinschaft - Bewegung für religiöse Erneuerung

In der knapp 70jährigen Geschichte der *Christengemeinschaft* in Marburg mußten zahlreiche Häuser der Marburger Kernstadt der Gemeinde als z. T. notdürftige Unterkunft dienen, ehe das sog. "Hochzeitshaus" in der Nicolaistr. 3 als momentanes Zentrum genutzt werden konnte: Die Gründung 1924 fand im Wohnzimmer von Lisa de Boor, Rotenberg 8, statt; das Wohnzimmer der Familie Riess, Haspelstr. 41, diente daraufhin als Raum des Altarsakraments. Nach einem einjährigen Zwischenspiel in einem gemieteten Raum in der Universitätsstr. 42 wurde 1927 ein Zimmer in der Wohnung des Ehepaar Jahnke in der Frankfurterstr. 2a als Kultraum genutzt. 1928 wurde ein Ladenraum in der Reitgasse/Ecke Aulgasse gepachtet; 1931 zog die Gemeinde erneut um: In den ehemaligen Gottesdienstraum der hessischen Alt-Lutheraner in der Nikolaistr. 1. Ab 1939 wirkte die Christengemeinschaft dann in der ehmaligen Seltersschule in der Wörthstr. 16 (die heutige Liebigstraße), ehe die Nationalsozialisten nach dem reichsweiten Verbot der Christengemeinschaft im Juni 1941 den Gottesdienstraum schließen ließen. Im März 1945 - nach dem Einmarsch US-amerikanische Panzer in Marburg - konstituierte sich die Christengemeinschaft neu, diesmal im "Hochzeitshaus" in der Nicolaistr. 3. Nach lebhafter Debatte in der Marburger Stadtverordnetenversammlung durfte das Haus 1954 aus dem Stadtbesitz erworben werden und dient seitdem als Pfarr- und Gemeindehaus.

Die Entwicklung und der Aufbau der Christengemeinschaft

"Die Christengemeinschaft - Bewegung für religiöse Erneuerung" - wie die Gemeinschaft vollständig heißt - wurde am 16. September 1922 unter der Führung des evangelischen Pfarrers Friedrich Rittelmeyer (1872-1938) durch den Vollzug der ersten Menschenweihehandlung gegründet. Die Anleitung für die neue Gemeinschaft stammte von Rudolf Steiner, der in zwei Vortragsreihen 1921 in Stuttgart und Dornach/Schweiz den interessierten Theologen und Pfarrern seine Vorstellungen von Gemeindaufbau, Verkündigung und Priesterdienst darlegte. Friedrich Rittelmeyer wurde der erste "Erzoberlenker" der Christengemeinschaft, 1938 folgte ihm der evangelische Theologe Emil Bock und diesem 1959 Rudolf Frieling als Oberhaupt der Christengemeinschaft (bis 1986). Die Ideen der Christengemeinschaft fanden vor allem bei städtischen Intellektuellen Anklang. Als sie 1941 von den Nationalsozialisten verboten wurde, hatten sich schon in zahlreichen deutschen Städten Gemeinden gegründet. Auch in Österreich, Frankreich, Großbritannien, den Niederlanden und den skandinavischen Ländern hatten sich vor dem Zweiten Weltkrieg Gemeinden der Christengemeinschaft konstituiert, denen nach 1945 weitere in Nord- und Südamerika und Australien folgten. Momentan gibt es in der Bundesrepublik rund 90 Gemeinden der Christengemeinschaft, die mit steigender Tendenz rund 12.000 Mitglieder umfassen. Die einzelnen Gemeinden gelten als selbständig und gehören einer von zur Zeit 17 Regionen an, die von "Lenkern" geleitet werden. Die Christengemeinschaft kennt einen Klerus, der aus Pfarrern und Pfarrerinnen besteht - weltweit sind das rund 400 Personen, wobei "Pfarrer/Pfarrerin" die Berufsbezeichnung ist und "Priester/Priesterin" die Kulthandelnden bezeichnet. Die Ausbildung der Pfarrer und Pfarrerinnen geht an der "Freien Hochschule der Christengemeinschaft" in Stuttgart vonstatten, wo die künftigen Priester an einem Priesterseminar eine ganzheitliche Ausbildung und Bildung vermittelt bekommen. Neben der Priesterweihe existieren jedoch keine weiteren höheren Weihen, es werden nur Funktionen zugeteilt. So gibt es in der Hierarchie "Lenker", die eine Region leiten, und drei "Oberlenker", von denen einer der "Erzoberlenker" ist. Diese Funktion nimmt momentan Taco Bay mit Sitz in Stuttgart wahr. Das eigentliche Leitungsgremium ist jedoch nicht der Erzoberlenker, sondern der "Siebener-Kreis", der aus den drei Oberlenkern und vier weiteren Lenkern besteht. Die Christengemeinschaft unterhält ein Sozialwerk, das Kindergärten, Alten- und Pflegeheime und Erholungseinrichtungen unter seinem Dach vereinigt. Der Sitz des Sozialwerkes der Christengemeinschaft in Hessen ist in Kassel, wo sich auch die hessischen Sozialeinrichtungen konzentrieren.

Dr. Friedrich Rittelmeyer (*1872 in Dillingen/Donau; †1938 in Hamburg), der Gründer und erste "Erzoberlenker" der Christengemeinschaft. Das Bild entstand während seiner Zeit als evangelischer Pfarrer in Nürnberg (1903-1916).

Dr. Rudolf Steiner (*1861 in Kraljevica/Kroatien †1925 in Dornach/Schweiz), der Begründer der Anthroposophie und geistiger Mentor der Christengemeinschaft in ihren Anfängen.

Rudolf Steiner und die Anthroposophie

Da im Zusammenhang mit der Christengemeinschaft unweigerlich Person und Lehre von *Rudolf Steiner* und den *Anthroposophen* thematisiert wird, ist es hilfreich, diese zunächst zu betrachten. Rudolf Steiner wurde am 27. 2. 1861 im damaligen Österreich-Ungarn (Kroatien) als Sohn eines österreichischen Angestellten geboren. Bereits bei seinem Studium der Naturwissenschaften und der Philosophie faszinierte ihn die Integration von Geist und Materie, wie sie beispielsweise bei Goethe anklang. Später in Berlin schloß er sich der deutschen Sektion der *Theosophischen Gesellschaft* an, die sich auf "Geheimlehren" aus dem Hinduismus, dem Buddhismus und den Religionen des alten Ägypten berief. Von 1902 an war Rudolf Steiner der erste Generalsekretär der Theosophischen Gesellschaft in Deutschland. Da er die Ausrufung des Hinduknaben Jiddu Krishnamurti zum "Weltenlehrer" durch die Internationale Führung der Theosophischen Gesellschaft als unvereinbar mit seinem Christusverständnis betrachtete, trennte er sich 1912/13 von der Theosophischen Gesellschaft und gründete mit einem Großteil deren ehemaliger Mitglieder nunmehr die "Anthroposophische Gesellschaft". 1902 hatte er bereits das Werk "Das Christentum als mystische Tatsache" veröffentlicht, 1909 folgte "Wie erlangt man Erkenntnis höherer Welten?", das Anleitungen für den "Geheimschüler" enthielt. Das Zentrum der Anthroposophischen Gesellschaft fand sich in Dornach/Schweiz, wo auch die späteren Gründer und Gründerinnen der Christengemeinschaft den Vorträgen Steiners lauschten. 1919 wurde die erste Waldorf-Schule in Stuttgart eingeweiht, 1920 das pharmazeutische Weleda-Werk gegründet. 1924 schließlich war das Konzept der "Biologisch-Dynamischen Landwirtschaft" ausgearbeitet. Rudolf Steiner starb am 30.3.1925. Steiners Bestreben ging dahin, sowohl den einzelnen Menschen als auch der Menschheit an sich Wege zu einer höheren Stufe der Entwicklung aufzuzeigen. Gerade Christus hat hierbei die Funktion, die Möglichkeit zu zeigen, wie man zum Göttlichen emporsteigen und damit die fortlaufenden Inkarnationen im Sinne einer Höherentwicklung verstehen kann. Die Anthroposophie beinhaltet also die Lehre von Reinkarnation und Karma, wonach die heutige Existenz des Individuums ein Ergebnis früherer Erdenleben darstellt und gleichzeitig die künftigen Existenzen nach dem Karma-Gesetz bestimmt. Ähnlich wie der Mensch aus sieben Elementen besteht (physischer Leib, Ätherleib, Astralleib, Ich, Geistesselbst, Lebensgeist, Geistesmensch), durchläuft die Erde sieben planetarische Stufen, die wiederum jeweils in sieben Unterstufen zerfallen - momentan befinden wir uns in der 5. Unterstufe, der "nachatlantischen" Periode. Sowohl Anthroposophie als auch Christengemeinschaft betonen ihre jeweilige Unabhängigkeit voneinander. Die Anthroposophie und Rudolf Steiner seien zwar die "Geburtshelfer" der Christengemeinschaft gewesen, die Christengemeinschaft sei jedoch als "christlich-sakramentale" Strömung auf die Erneuerung des religiösen Lebens ausgerichtet. Die Anthroposophie hingegen habe zwar ein Verhältnis zum Christentum und zu Christus, sei jedoch für Menschen mit anderen weltanschaulichen und religiösen Voraussetzungen offen.

Die Christengemeinschaft und die Waldorfschule

Wie stellt sich nun das Verhältnis von Christengemeinschaft und Freier Waldorfschule in Marburg dar? Oftmals begegnet man in der Öffentlichkeit der Meinung, daß die Waldorfschule und ihre Pädagogik eigentlich nur einen verkappten Teil der Christengemeinschaft darstelle und der Religionsunterricht der Christengemeinschaft Pflichtfach an der Schule sei. Dem ist jedoch nicht so. Die Waldorfschulen orientieren sich an einer Pädagogik, die den Entwicklungsstufen der Kinder angepaßt ist. Hierbei ist zu berücksichtigen, daß in dieser Pädagogik das Lernen kein Selbstzweck darstellt, sondern der Lernstoff der Entwicklung der Kinder untergeordnet ist. Zugleich basiert sie auf dem Prinzip der Ganzheitlichkeit, d. h. daß die isolierte Lehre einzelner Fächer zugunsten von Zusammenhängen und Bezugspunkten unter den jeweiligen Fächern zurücksteht. Insgesamt sollen die Fähigkeiten der Schüler und Schülerinnen im geistigen, musischen, handwerklichen, kreativ-gestaltenden und körperlichen Bereich (Eurythmie) ausgebildet werden, die zu einem selbstbewußten und verantwortungsvollen Handeln führen sollen. Um ein angstfreies Lernen zu gewährleisten, verzichtet die Waldorfschule auf die Vergabe von traditionellen Noten bis in die Klassen der Oberstufe hinein. An der Waldorfschule Marburg mit ihren rund 450 Schülern und Schülerinnen gibt es vier verschiedene Arten von Religionsunterricht, unter denen die Schüler und Schülerinnen wählen können (eine vollständige Befreiung ist allerdings nicht möglich): einen protestantischen, einen katholischen, einen der Christengemeinschaft und einen "freichristlichen". Der freichristliche Religionsunterricht wird von den Lehrern und Lehrerinnen der Waldorfschule für die Kinder erteilt, die vom Elternhaus her keine Religionszugehörigkeit aufweisen. Die meisten Schüler und Schülerinnen besuchen den protestantischen Religionsunterricht, viele den freichristlichen, nur wenige den katholischen und maximal ein Drittel einer Klasse (zwischen fünf und dreizehn von rund vierzig Kindern) den Religionsunterricht der Christengemeinschaft. In der Tat sind alle Kinder von Eltern, die an der Christengemeinschaft orientiert sind, in der Waldorfschule, jedoch besteht dazu keinerlei Zwang - wenngleich dieser Schritt naheliegt. Entgegen allen Vorurteilen wird also in der Waldorfschule das Prinzip der Religionsfreiheit geachtet, das schließlich auch Rudolf Steiner vertrat. Zugleich spielt die Lehre Rudolf Steiners in der Praxis der Waldorfschule kaum eine Rolle - obwohl sie nur auf dem historischen Hintergrund der Steiner-Bewegung und der Anthroposophie zu verstehen ist. Ebenfalls auf anthroposophischer Grundlage steht im übrigen die Marburger Bettina-von-Arnim-Schule mit ihren rund 100 Schülern und Schülerinnen, die sich an der Heilpädagogik Rudolf Steiners orientiert. Ziel dieser Heilpädagogik ist es, die Behinderungen von Menschen als Ergebnis der vormaligen Inkarnation des Einzelnen, seines früheren Lebens, zu begreifen. Die Heilpädagogik will hierbei unter bewußter Einbeziehung des ganzen Menschen mit seiner Vorgeschichte Hilfestellung bei der Bewältigung der Behinderungen geben.

Was lehrt die Christengemeinschaft?

Wie bereits aus der Namenswahl hervorgeht, versteht sich die Christengemeinschaft als Bewegung für eine religiöse Erneuerung, die sich dem Christentum zurechnet. Als Orientierungspunkt der Christengemeinschaft gilt hierbei das Urchristentum. Ein Charakteristikum dieser Religionsgemeinschaft sind die sieben Sakramente, die mit den Sakramenten der Römisch-Katholischen Kirche identisch sind - wenn auch zum Teil anders benannt: Taufe, Konfirmation, Sterbesakrament/Letzte Ölung, Beichte, Trauung, Menschenweihehandlung (die der Messe entspricht) und die Priesterweihe. Das Verständnis der Menschenweihehandlung unterscheidet sich jedoch vom Römisch-Katholischen Abendmahlsverständnis darin, daß Brot und Wein nicht in Fleisch und Blut verwandelt werden (wie dies in der Transsubstantiationslehre festgehalten ist), sondern nur von der "Christuswesenheit" geistig durchdrungen werden. Die Christengemeinschaft pflegt ebenso wie die großen christlichen Kirchen die Kindertaufe, jedoch sind bei dieser Taufe die "geweihten Substanzen" Wasser, Salz und Asche von Bedeutung. Die Taufe mit den geweihten Substanzen, die weder von der Evangelischen Kirche in Deutschland (EKD) noch von der Römisch-Katholischen Kirche anerkannt ist, wird jedoch nur bis zum Konfirmationsalter praktiziert. Erwachsene werden in der Regel nicht getauft: Die Teilnahme an der Menschenweihehandlung wird bei ihnen als Taufe gewertet und begründet für den Erwachsenen die Zugehörigkeit zur Gemeinde. Im Gegensatz zu den großen Kirchen ist bei der Christengemeinschaft die Taufe nicht gleichbedeutend mit der entwickelten Mitgliedschaft. Die Taufe gilt lediglich als Aufnahme in die Gemeinschaft Jesu Christi, nicht in die Kirchengemeinschaft. Theoretisch können Jugendliche ab dem 14. Lebensjahr Gemeindemitglieder werden, real gibt es jedoch - zumindest in Marburg - keine Mitglieder unter 18 Jahren. In der Christengemeinschaft gibt es also ein dreistufiges Entwicklungsstadium: Als Kind wird man getauft, als Jugendlicher konfirmiert und mit der Volljährigkeit kann man den Aufnahmeantrag stellen. Neben den allgemeinen christlichen Festen (Weihnachten, Ostern, Pfingsten), die in Anknüpfung an die Tradition begangen werden - jedoch über den Festtag hinaus eine mehrwöchige Festzeit lang -, werden von der Christengemeinschaft die vier Wochen nach Epiphanias (6. Januar), eine Johanni- (Johannistag 24. Juni) und eine Michaeli-Festeszeit (Michaelistag 29. September) gefeiert. Die Heilige Schrift der Christengemeinschaft ist die Bibel (Altes und Neues Testament); als Übersetzung des Neuen Testaments dient meist die Ausgabe, die vom zweiten Erzoberlenker der Gemeinschaft, Emil Bock, herausgegeben wurde. Das "Credo der Christengemeinschaft" orientiert sich im drei- bzw. viergliedrigen Aufbau an den üblichen christlichen Glaubensbekenntnissen, dem nizänischen bzw. apostolischen Credo. Gott als Vater wird hierbei folgendermaßen bekannt: "Ein allmächtiges geistig-physisches Gottwesen ist der Daseinsgrund der Himmel und der Erde, das väterlich seinen Geschöpfen vorangeht." Christus wiederum, "durch den die Menschen die Wiederbelebung des ersterbenden Erdendaseins erlangen", hat sich in Jesus als Mensch verkörpert, ist nach seiner Überwindung des Todes "Herr der Himmelskräfte auf Erden" und "wird einst sich vereinen zum Weltenfortgang mit denen, die er durch ihr Verhalten dem Tode der Materie entreißen kann." Durch ihn kann der "heilende Geist" seine Wirksamkeit entfalten. Dieses Credo stellt zwar keine Verpflichtung der Gemeindeglieder dar, ist allerdings das verbreitetste Lehrstück der Christengemeinschaft, die - abgesehen von den Sakramenten - ansonsten über keine "Dogmatik" oder verpflichtende "Lehre" verfügt.

Die Christengemeinschaft in Marburg

Am 6. Juli 1924 gründeten zwölf Personen die Marburger Gemeinde der Christengemeinschaft - die erste Menschenweihehandlung wurde durch den ersten Marburger Priester Robert Goebel durchgeführt. Bereits an den Vortragszyklen Rudolf Steiners im Jahre 1921 hatten einige Marburger teilgenommen, die sich in der Folgezeit in einem Lese- und Arbeitskreis mit bis zu 20 Personen trafen. Gerade im Umkreis der Universität mit ihrer liberalen Theologie und in der Schicht der Verwaltungsbeamten und -angestellten fiel die Diskussion um eine "religiöse Erneuerung" auf fruchtbaren Boden. Die Christengemeinschaft hat in Marburg momentan 98 Mitglieder, eine Zahl, die sich in den letzten Jahren relativ konstant hält. Hinzu muß man noch rund 80 Kinder rechnen, die am Unterricht der Christengemeinschaft teilnehmen. Rund die Hälfte der Mitglieder nimmt an der einmal jährlich stattfindenden Jahresversammlung der Marburger Gemeinde teil. Gleichwohl ist innerhalb der Mitgliedschaft eine gewisse Fluktuation zu bemerken, die sich aus der universitären Struktur Marburgs und dem damit verbunden häufigen Wohnortwechsel ergibt. Der Freundeskreis der Christengemeinschaft, der neben der eigentlichen Mitgliedschaft besteht, hat ca. 120 Mitglieder, die durch freiwillige Spenden die Finanzen der Gemeinschaft sicherstellen. Das genügsame Leben, das in der Lehre der Christengemeinschaft angelegt ist, befähigt vor allem ältere Mitglieder, ganz erhebliche Geldbeträge zur Verfügung zu stellen. Während in den 50er und 60er Jahren ein sehr hoher Anteil der Marburger Mitglieder Studierende waren, muß man heute das typische Mitglied der Christengemeinschaft in der Mittelschicht suchen. Spezifisch für

Das Hochzeitshaus in der Nikolaistr. 3, in dem die Christengemeinschaft seit 1945 ihre Räume unterhält und das 1954 von ihr gekauft werden konnte. Seither dient es der Gemeinschaft als Pfarr- und Gemeindehaus.

Marburg ist die Tatsache, daß die meisten Mitglieder ein abgeschlossenes Studium hinter sich haben und z. T. nunmehr im pädagogischen oder heilpädagogischen Bereich tätig sind. Die Marburger Gemeinde feiert viermal pro Woche vormittags mit der "aufgehenden Sonne" die "Menschenweihehandlung", in deren Zentrum das Abendmahl als Sakrament steht. In größeren Gemeinden wie Frankfurt oder Kassel, in der drei Pfarrer bzw. Pfarrerinnen tätig sind, wird die Menschenweihehandlung täglich begangen, was jedoch personell in Marburg nicht durchführbar ist. Abends finden dann häufig noch Predigten statt, niemals jedoch eine Menschenweihehandlung. Während unter der Woche lediglich eine bis fünf Personen an der Menschenweihehandlung teilnehmen, sind dies sonntags doch rund 40, bei Festtagen werden bis zu 100 Teilnehmer und Teilnehmerinnen gezählt. Da man erst ab 14 Jahren an der Menschenweihehandlung teilnehmen darf, findet sonntags zusätzlich eine "Sonntagshandlung" für Kinder zwischen sieben und vierzehn Jahren statt, an denen rund 15 Kinder beteiligt sind. Die Laien sind in der Gemeindearbeit mittels eines Gemeinderates und eines "Wirtschaftskreises" aktiv, dem die Verwaltung der Gemeinde obliegt.

Kontakt: Pfarrer Stephan Frister, Nicolaistr. 3, 35037 Marburg, 06421/26871.
Zentrale: Die Christengemeinschaft, Ameisenbergstr. 76, 70188 Stuttgart .
Publikationen: Verlag Urachhaus Johannes M. Mayer, GmbH, Urachstr. 41, Postfach 131053, 70190 Stuttgart, 0711/16685-0.
Periodika: *Die Christengemeinschaft. Monatsschrift zur religiösen Erneuerung* (über Verlag Urachhaus).

Literatur:

Bauer, Markus: "Lisa de Boor", in: Deutscher Gewerkschaftsbund Kreis Marburg-Biedenkopf (Hg.): *Frauen in Marburg. Standpunkte und Spurensuche. Ein Lesebuch*, Marburg 1990, S. 44 f.

Hutten, Kurt: *Seher, Grübler, Enthusiasten. Das Buch der traditionellen Sekten und religiösen Sonderbewegungen*, Stuttgart [13]1984, S. 687-720.

Meier-Hüsing, Peter: *Religiöse Gemeinschaften in Bremen. Ein Handbuch*, Marburg 1990, S. 169-176.

Ringgren, Helmer: Art. "Anthroposophie", in: *Theologische Realenzyklopädie* III, Berlin/New York 1978, S. 8-20.

Deutsche Unitarier Religionsgemeinschaft

Die nicht ganz unumstrittene Religionsgemeinschaft der *Deutschen Unitarier* hat in Marburg eine sehr wechselhafte Geschichte hinter sich und ist inzwischen auf eine Kontaktperson und wenige Sympathisanten zusammengeschrumpft. Noch in den 70er Jahren existierte hier eine eigenständige Gemeinde, die sich jedoch dann der größeren Gemeinde in Gießen anschloß. Diese Gießener Gemeinde der Deutschen Unitarier Religionsgemeinschaft war jedoch 1989 das Zentrum einer Spaltungsbewegung, die zur Neubildung des "Bundes deutscher Unitarier - Religionsgemeinschaft europäischen Geistes" führte. Zugleich wechselten die Marburger Mitglieder zum neuen "Bereich" des "Bundes" und besiegelten fast das Ende der Deutschen Unitarier Religionsgemeinschaft in Marburg.

Die Antitrinitarier des 16. Jahrhunderts

Eine Wurzel der Deutschen Unitarier reicht bis in die Reformationszeit zurück: Der spanische Arzt Michael Servet hatte sich der Reformation angeschlossen, war jedoch aufgrund seiner radikalhumanistischen Ausbildung der Meinung, daß das Trinitätsdogma der christlichen Kirchen beseitigt werden müsse. Hinzu kamen bei ihm pantheistische und mystische Vorlieben, die ihn und seine Auffassungen in Gegensatz zu allen christlichen Strömungen der Zeit brachten. 1553 publizierte er in Vienne bei Lyon mit seiner Schrift "Christianismi Restitutio" scharfe Angriffe gegen die Trinitätslehre. Die Briefe, die er in theologischer Diskussionsabsicht an den Genfer Reformator Johannes Calvin schrieb, stellte dieser der katholischen Inquisition zur

Verfügung, so daß Servet aus Frankreich fliehen mußte. In Genf angekommen, wurde er von den Protestanten verhaftet, abgeurteilt und verbrannt. Dies war die erste - wenngleich nicht die letzte - Ketzerhinrichtung im Protestantismus, zu der es breite Zustimmung aller Kirchenführer und Theologen aller Konfessionen (z. B. Philipp Melanchthon) gab. Zu größeren unitarischen Strömungen kam es durch Servets Wirken im südlichen Frankreich, in Italien, Polen und Siebenbürgen. Vor allem literarisch Gebildete hatten bereits 1550 in Venedig ein antitrinitarisch-antibaptistisches Konzil (das sog. Täuferkonzil) abgehalten, in dem die Ablehnung der kirchlichen Dogmen (Trinität, Christologie, Sakramente) formuliert worden war. Nach Servets Tod kam es zu einer europaweiten Fluchtbewegung von Unitariern nach Polen und Siebenbürgen. In Polen konnte unter Fausto Sozzini (1539-1604) eine unitarische Kirche der Sozinianer gebildet werden, da es dort seit 1573 eine Pax Dissidentium gab, die allen religiösen Strömungen Toleranz zusicherte.

Die Verbreitung nach Westeuropa und Nordamerika

Die Gegenreformation unter der Leitung der Jesuiten vertrieb die Sozinianer aus Polen nach Siebenbürgen und in die Niederlande, wo sie wichtige Vorarbeiten zu einer aufklärerischen Theologie leisteten. Die Auswanderungswelle verschiedener kleiner Konfessionen nach Nordamerika erfaßte auch die Kreise der Unitarier, so daß bereits im 18. Jahrhundert unitarische Gemeinden in den USA gebildet werden konnten. In England entstand Anfang des 18. Jahrhunderts eine unitarische Richtung, die aus Kreisen der sog. Latitudinarier entstanden waren, einer Strömung, die den völligen Rückzug aus dem Dogma, zurück zur Bibel mit rationalistischer Einstellung vertrat. Hier wurden im 18. Jahrhundert einige unitarische Gemeinden und eine Akademie für freie theologische Forschung gegründet, die jedoch latent bedroht waren, da es in England bis 1813 ein Gesetz gab, das Leugnungen der Trinität Gottes mit der Todesstrafe bedrohte. Nach der Aufhebung dieses Gesetzes breiteten sich die Unitarier dort rasch aus und wurden zum Sammelbecken des religiösen Liberalismus in England.

Die Freiprotestanten oder Freireligiösen

Eine weitere Wurzel der Deutschen Unitarier liegt im freiprotestantischen bzw. freireligiösen Feld: Als Protest gegen die Einführung einer neuen Kirchenverfassung im Großherzogtum Hessen 1874, durch die die Selbständigkeit der einzelnen Gemeinden beschnitten und die staatliche Kirchensteuer eingeführt wurde, gründete sich 1876 in Rheinhessen die *Religionsgemeinschaft Freier Protestanten.* Nachdem der freiprotestantische Pfarrer Rudolf Walbaum (1869-1948) 1910 an einem Kongreß der *International Association for Religious Freedom* teilgenommen hatte, der von den US-amerikanischen Unitariern veranstaltet worden war, begann er 1911 mit der Herausgabe der Zeitschrift "Der Freiprotestant. Deutsch-unitarische Blätter". 1927 schloß sich die Religionsgemeinschaft Freier Protestanten mit der "Unitarischen Freien Religionsgemeinde" in Frankfurt/Main, einer ursprünglich freireligiösen Gemeinde, zum "Deutschen Unitarierbund" zusammen, ohne daß die Religionsgemeinschaft jedoch ihren alten Namen und ihre eigenen Strukturen aufgegeben hätte. Im Zuge des deutsch-völkischen Zeitgeistes wurden auch die Deutschen Unitarier stark von der "Deutschen Glaubensbewegung" unter Jakob Wilhelm Hauer beeinflußt. Rudolf Walbaum war bei vielen Konferenzen vor der Gründung der "Deutschen Glaubensbewegung" dabei und erheblich an der Integration verschiedener Richtungen beteiligt. Von jeglichem christlichen Dogma und kirchlicher Richtung löste sich allerdings erst die 1950 formierte "Deutsche Unitarier Religionsgemeinschaft", nicht zuletzt aufgrund der Aufnahme zahlreicher Deutschgläubiger. Formell handelte es sich dabei um keine Neugründung, sondern um eine Umbenennung der Religionsgemeinschaft Freier Protestanten, nachdem sich dieser mehrere rechtsrheinische Gemeinden angeschlossen hatten. Die rechtliche Kontinuität von Freien Protestanten zu Deutschen Unitariern zeigt sich darin, daß sich beim Amtsgericht in Worms seit 21. 3. 1950 der Eintrag findet: "Deutsche Unitarier Religionsgemeinschaft, gegründet 1876, Sitz Worms" (vgl. Seibert 1989, S. 13).

Was vertreten die Deutschen Unitarier heute?

Im Laufe der über 400jährigen Geschichte der unitarischen Bewegung ist eine starke Veränderung bei den Grundlinien der Gemeinschaft zu beobachten: War zunächst der Kampf bzw. das Nicht-Akzeptieren der christlichen Dreifaltigkeit, also der "Antitrinitarismus", im Vordergrund und ganz im Sinne der Reformatoren die Rückkehr zur Bibel als Offenbarung, so verlor im Zuge der Aufklärung die Bibel ihre Rolle als Offenbarungsquelle für die Unitarier. Die Deutschen Unitarier Religionsgemeinschaft verstehen sich heute dezidiert als "religiöse Nichtchristen". Sie wollen eine Religionsgemeinschaft "ohne Dogma, ohne Kirche, ohne Gebote und moralische Zwänge" sein - so eine Selbstdarstellung. Wichtig ist hierbei jedoch die Gemeinschaft, die Leitlinien für den einzelnen festlegt und somit Orientierung bietet. Ein persönlicher Gott wie im Christentum, Judentum oder Islam wird von den Deutschen Unitariern abgelehnt. "Religion" wird hingegen als Grundbestandteil menschlichen Lebens verstanden, "Religiosität" als Eigenschaft des Menschen, die ihm Sinn vermittelt. Die 1977 festgelegten Grundgedanken definieren das "Göttliche" folgendermaßen: "Wir erfahren das Göttliche im Erleben unseres Zusammenhangs mit der Welt als umfassende Einheit alles Seienden, zugleich als Innerstes der Wirklichkeit. Es verwirklicht sich gestaltend in allen Erscheinungen der Natur, auch in uns und durch uns." Der Glaube an die Einheit Gottes und die Göttlichkeit der "All-Natur" werden als Eckpfeiler des unitarischen Glaubens bezeichnet. Damit hat sich in den letzten 400 Jahren der Entwicklung der unitarischen Bewegung eine weitere Verschiebung ereignet: Waren die Antitrinitarier noch durchaus mit der Einheit/Unitas Gottes vertraut, verlor im Zuge der Aufklärung Gott als Wesen, als Person zunehmend an Bedeutung. An die Stelle der Einheit Gottes trat die "Einheit allen Seins, die durch die gleichen geheimnisvollen Kräfte zusammengehalten wird wie die eigene Ganzheit" (Redaktion "unitarische blätter" im Impressum).

Die deutsch-völkische Tradition

Ihre Tradition sehen die Deutschen Unitarier in der "langen Entwicklung europäischer freier Religiosität". In diesen Formulierungen deutet sich bereits das Dilemma der Organisation an: In der deutsch-völkischen Tradition seit dem ausgehenden 19. Jahrhundert lag gerade im Postulat einer "europäischen Religion" die deutliche Abgrenzung gegen die asiatische und jüdische Religion, zu der letztlich auch das Christentum gezählt wurde. Daß es von einer solchen Abgrenzung gegenüber den jüdischen Glaubensrichtungen - so dies nicht schon per se als antisemitisch begriffen werden muß - zum offenen Antisemitismus und Rassismus nur eines kleinen Schrittes bedarf, ist geschichtlich hinreichend belegt. Wenn sich eine Gruppe dann noch positiv auf das "Volk" bezieht, liegt der Vorwurf des Neonazismus, des völkisch-neuheidnischen Antisemitismus natürlich nahe. Bei den Deutschen Unitariern Religionsgemeinschaft scheint jedoch bisher nur wenig Interesse zu bestehen, sich mit der verhängnisvollen Geschichte der völkischen Bewegung in Deutschland zu beschäftigen. In der - ansonsten recht ausführlichen - Selbstdarstellung der Religionsgemeinschaft klafft beispielsweise in der Geschichtsdarstellung im Zeitraum von 1911 bis 1950 eine erhebliche Lücke. Gerade die Rolle der führenden Gestalt des deutschen Unitarismus bis zum Zweiten Weltkrieg, des bereits erwähnten Rudolf Walbaum, bei der Konstituierung der germanisch orientierten Deutschen Glaubensbewegung im Dritten Reich wäre es wert, von den Deutschen Unitariern geklärt zu werden. Allzu leicht fiel es ehemaligen Mitgliedern der "Deutschen Glaubensbewegung", der "Gottgläubigen" und der "Deutschen Christen", in der neugegründeten Deutschen Unitarier Religionsgemeinschaft eine neue Organisationsmöglichkeit zu finden. Vielleicht ist gerade nach der organisatorischen Trennung von 1987 (und der Entstehung des "Bundes Deutscher Unitarier"), die von Seiten der Deutschen Unitarier auch als eine Trennung von völkisch-nationalistisch orientierten "Alten" interpretiert wird, nunmehr in der Religionsgemeinschaft der Deutschen Unitarier der Zeitpunkt gekommen, sich mit der eigenen Geschichte und Vorgeschichte eingehender auseinanderzusetzen. Ein Anfang scheint mit der Schrift von Jörg Witzel "Zweierlei Unitarier? Zu Selbstverständnis und Traditionsbildung deutscher Unitarier" gemacht zu sein, in der sich entschieden gegen völkisches Gedankengut abgegrenzt wird. Witzel fordert ebenso eine Auseinandersetzung mit den völkisch-religiösen Traditionen, die zunehmend als Belastungen empfunden würden, wie er eine Negation und Abgrenzung gegenüber "völkischer Borniertheit" anrät.

Links das Symbol der Deutschen Unitarier Religionsgemeinschaft. Aufgrund der Ähnlichkeit mit zwei germanischen Runenzeichen (rechts dargestellt), die das "aufwärts strebende beginnende Leben" bzw. das "abwärts strebende zu Ende gehende Leben" (so Seibert 1989, S. 210) symbolisieren sollen, wird das gesamte Symbol als "Einheit von Geburt und Tod, von Werden und Vergehen im Kreise des Alls" (ebd.) deutbar. Die Beibehaltung des Symbols bei der Deutschen Unitarier Religionsgemeinschaft wird derzeit zur Diskussion gestellt.

Die Organisation in Deutschland

Den Deutschen Unitariern Religionsgemeinschaft gehörten 1992 bundesweit 2.371 Mitglieder an - in den 50er Jahren waren es noch rund 6.000 Personen. Die sinkende Tendenz ist sicherlich ein Ausdruck davon, daß "Religion" insgesamt in der zweiten Hälfte des 20. Jahrhunderts nicht mehr eine solch bestimmende Rolle für Gesellschaft und Individuen spielt. Die Abspaltung des "Bundes Deutscher Unitarier - Religionsgemeinschaft europäischen Geistes" 1987 hat natürlich auch zum Austritt einiger Hundert Personen geführt. Die Altersstruktur der Mitgliedschaft weist zudem darauf hin, daß die Religionsgemeinschaft nur geringe Attraktivität für junge Menschen hat: Rund zwei Drittel der Mitglieder sind älter als 60 Jahre. Mitglied kann man ab dem 15. Lebensjahr werden, wobei für die Aufnahme die Hauptversammlung der jeweiligen Gemeinde ausschlaggebend ist. Die Sozialstruktur der Mitglieder ist sehr stark vom akademischen Sektor und dem Bildungsbürgertum bestimmt, wobei die Mitglieder meist Selbständige, Beamte oder Angestellte sind. Die Deutschen Unitarier Religionsgemeinschaft mit ihrer Geschäftsstelle in München unterhalten noch einige angeschlossene Institutionen. Im "Verlag Deutsche Unitarier Religionsgemeinschaft" in Ravensburg werden die Mitteilungsblätter und diverse Publikationen führender Personen der Deutschen Unitarier herausgegeben. Im "Bund Deutsch-Unitarischer Jugend e.V.", der 1956 gegründet wurde, sind die Mitglieder zusammengeschlossen, die unter 20 Jahre alt sind - ca. 150 Personen bundesweit. Die "Unitarische Akademie" in Hamburg wurde 1970 zum Zwecke der Bildungsarbeit gegründet und veranstaltet Seminare zu Religion, Familie, Umwelt und Arbeitsleben, führt jedoch auch Ausstellungen, Feierstunden und Kurse durch. Das "Hilfswerk der Deutschen Unitarier" widmet sich der Betreuung älterer und kranker Menschen, aber auch von Ausländern und Ausländerinnen. So hat das Hilfswerk in Hamburg eine psychologische Beratungsstelle für Aussiedler bzw. Aussiedlerinnen und Asylsuchende eingerichtet. Der Aufbau der Deutschen Unitarier Religionsgemeinschaft geht über Ortsgemeinden und Landesgemeinden bis zum Bundesverband. Dieser organisiert sich in einer Hauptversammlung, einem Vorstand und einem "Geistigen Rat", der das inhaltliche Beratungsgremium darstellt. Eine besondere geschlechtsspezifische Aufteilung der Ämter und Posten gibt es nicht: Frauen gelten als gleichberechtigt. Dies wird eindrücklich dadurch unterstrichen, daß zwei wichtige Leitungsämter von Frauen besetzt werden: Die Präsidentin des Bundesverbandes ist Gunde Hartmann, ihre Stellvertreterin Christa Kramer. Die regionalen Schwerpunkte der Deutschen Unitarier Religionsgemeinschaft liegen in Schleswig-Holstein und in Hessen. Hier sind vor allem die Gemeinden in Frankfurt mit 60 Mitgliedern und in Kassel, wo sich 300 bis 400 Mitglieder organisiert haben, als Sammelpunkte in Hessen hervorzuheben.

Das Gemeindeleben der Deutschen Unitarier Religionsgemeinschaft

Auf der Gemeindeebene entfalten die Deutschen Unitarier Religionsgemeinschaft als Laiengemeinschaft ohne Priester und Klerus diverse Aktivitäten: So werden besinnliche Stunden oder Morgenfeiern veranstaltet, die jedoch ohne kultische Vorschriften völlig unterschiedlich ausfallen können. Dem aufklärerischen Charakter der Gemeinschaft entsprechend liegen die Schwerpunkte weitgehend auf Vorträgen, Seminaren und Diskussionsveranstaltungen. Jedoch kann auch eher praktische Solidaritätsarbeit für eine Gemeinde im Vordergrund stehen: So hat die Kasseler Gemeinde beispielsweise eine Patenschaft für ein Asylbewerberheim übernommen, in deren Rahmen die Asylsuchenden betreut werden. Die Gemeinden haben jedoch den Anspruch, ihre Mitglieder durch das ganze Leben hindurch zu begleiten, so daß "Lebensfeiern für Neugeborene, Kinderspielkreise, Jugendleite- und Elterngespräche, Hochzeitsfeiern und schießlich die Totenleite" organisiert werden. Im April 1993 wurde von den Deutschen Unitariern Religionsgemeinschaft erstmals ein "Unitarischer Sonntag" unter dem einheitlichen Thema "Hast du heute schon gel(i)ebt?" gefeiert, an dem sich die verschiedenen Gemeinden zu Feierstunden, Gesprächen, Spaziergängen, gemeinsamen Mahlzeiten oder - wie in Hameln - zu Heckenpflanzungen trafen. Diese Neuerung - auf Anregung der Präsidentin Gunde Hartmann getestet - sollte eine neue bundesweite Verbundenheit der Unitarier untereinander deutlich werden lassen.

Mit wem arbeiten die Deutschen Unitarier zusammen?

In Kontakt steht die Deutsche Unitarier Religionsgemeinschaft vor allem mit dem *Bund Freireligiöser Gemeinden Deutschlands* (BFGD). Der BFGD entstand 1859 aus der Vereinigung der deutschkatholischen Gemeinden und der protestantischen *Lichtfreunde*. Die deutschkatholischen Gemeinden waren ihrerseit 1845 entstanden, als der schlesische Kaplan Johannes Ronge aufgrund der Ausstellung des "Heiligen Rockes" in Trier den Bruch mit der Römisch-Katholischen Kirche organisierte. Die Bezüge zum Christentum wie Christusverehrung, Kreuzessymbolik und Abendmahl traten jedoch beim BFGD im Laufe der Zeit in den Hintergrund, zugunsten einer humanistischen und aufklärerischen Position. Die Deutsche Unitarier Religionsgemeinschaft und der Bund Freireligiöser Gemeinden Deutschlands waren beide bereits dem *Deutschen Volksbund für Geistesfreiheit* angeschlossen, der sich nach dem Beitritt des Deutschen Freidenkerverbandes (Sitz Dortmund) Anfang der 90er Jahre in *Dachverband Freier Weltanschauungsgemeinschaften* (DFW) umbenannte. Der DFW ist somit ein Zusammenschluß dieser Religionsgemeinschaften, der Deutschen Freidenker und atheistischer Humanisten, die sich gemeinsam für Geistesfreiheit, Weltanschauungs-, Glaubens-, Gewissens- und Religionsfreiheit einsetzen und Toleranz sowie die Ideale der Aufklärung vertreten. Die Deutsche Unitarier Religionsgemeinschaft ist außerdem Mitglied in der *International Association for Religious Freedom* (Weltbund für religiöse Freiheit - IARF). Dieser Verband war um die Jahrhundertwende von den angelsächsischen unitarischen Gemeinschaften gegründet worden, hat heute seine Zentrale in Frankfurt/Main und vertritt weltweit Religionsgemeinschaften, die zusammen rund 1 Million Mitglieder haben. Nach dem Zweiten Weltkrieg hatte sich die IARF stark geöffnet, so daß heute sogar eine buddhistische Laienorganisation aus Japan zu den Mitgliedsorganisationen zählt. Die größte Einzelorganisation bleibt jedoch die der US-amerikanischen Unitarier, die Unitarian Universalist Association of America (UUA), die eine sechsstellige Zahl an Mitgliedern aufweisen kann, sich explitzit auf jüdische und christliche Lehren bezieht und z. T. sogar die Ordination von unitarischen Pfarrern und Pfarrerinnen kennt.

Kontakt: Jörg Witzel, Kaffweg 10b, 35039 Marburg, 06421/21653.
Zentrale: Deutsche Unitarier Religionsgemeinschaft, Weißenburger Str. 18, 81667 München, 089/485294.
Publikationen: Verlag Deutsche Unitarier Religionsgemeinschaft, Birkenstr. 4, 88214 Ravensburg, 0751/62596.
Periodika: *unitarische blätter für ganzheitliche Religion und Kultur* (zweimonatlich); *unitarische hefte. Eine Schriftenreihe der Deutsche Unitarier Religionsgemeinschaft e. V.* (über Verlag).

Literatur:
Benrath, Gustav Adolf: Art. "Antitrinitarier", in: *Theologische Realenzyklopädie* III, Berlin/New York 1978, S. 168-174.
Heussi, Karl: *Kompendium der Kirchengeschichte*, Tübingen [17]1988.
Nanko, Ulrich: *Die Deutsche Glaubensbewegung. Eine historische und soziologische Untersuchung*, Marburg 1993.
Seibert, Wolfgang: *Deutsche Unitarier Religionsgemeinschaft. Entwicklung, Praxis und Organisation*, Stuttgart 1989.

Evangelisch-Freikirchliche Gemeinde Marburg (Baptisten)

Abseits spektakulärer Aktionen oder Schlagzeilen wirkt eine der größten Freikirchen Marburgs, die *Evangelisch-Freikirchliche Gemeinde Marburg* - besser bekannt als "baptistische Gemeinde". Obwohl die stilistisch eher modern anmutende Uferkirche auf eine relativ junge Gemeinde schließen ließe, trügt dieser Eindruck: Seit bereits 153 Jahren gibt es die Baptisten in Marburg - damals die erste Gemeinde in Hessen und die neunte insgesamt in Deutschland. Das Zentrum dieser Gemeinde war eine ganze Zeit lang in Hassenhausen, ehe nach dem Zweiten Weltkrieg nacheinander die Gemeinden Marburg, Gießen und Wetzlar die volle Unabhängigkeit von ihrer Stammgemeinde Marburg-Hassenhausen erhielten.

Die Entstehung von baptistischen Gemeinden

Die Wurzeln der baptistischen Bewegung liegen in den Auseinandersetzungen um die anglikanische Staatskirche im England des 17. Jahrhunderts. Die deutsche bzw. schweizer Reformation war Mitte des 16. Jahrhunderts von den englischen Königen und Königinnen auf die anglikanische Staatskirche übertragen worden, ohne daß jedoch die Tür zur katholischen Kirche in Rom gänzlich zugeschlagen worden wäre. Vor allem nach dem Vorbild der calvinistischen Gemeinden bildeten sich nun auch in England Gruppen, die für die Trennung von Staat und Kirche und die Autonomie der Einzelgemeinden eintraten, weshalb diese Gruppen auch "Independenten" oder "Kongregationalisten" genannt wurden. Die sog. Puritaner (von pure = rein) waren

dabei überwiegend Laien, die in enger Verbindung mit den schottischen (calvinistischen) Gemeinden standen. Als sich unter dem Sohn Maria Stuarts, Jakob I. (Regierungszeit: 1604-1625), und unter ihrem Enkel Karl I. (Regierungszeit: 1625-1649) der Absolutismus in England durchzusetzen drohte, verband sich die Opposition gegen die anglikanische Staatskirche (mit dem König als Oberhaupt) mit den Anhängern des inzwischen fast bedeutungslosen Parlaments. Entsprechend scharf wurden die Puritaner verfolgt, was u. a. 1620 zum Exodus der "Pilgrim Fathers" auf der Mayflower nach Nordamerika führte, wo diese die Kongregationalisten/Presbyterianer auf calvinistischer Basis in den späteren USA bildeten. Bereits vorher war 1606 eine Gruppe um den ehemaligen anglikanischen Geistlichen John Smyth nach Amsterdam ausgewandert und hatte dort Kontakt mit versprengten Täufergemeinden und den Mennoniten aufgenommen. Smyth übernahm von den Resten der Täuferbewegung die Gläubigen- und Erwachsenentaufe, taufte sich und andere Gemeindemitglieder in Amsterdam und gründete damit 1609 die erste Baptistengemeinde. John Smyth trat zwar später zu den Mennoniten über, Teile seiner Gemeinde kehrten jedoch nach England zurück und gründeten weitere Baptistengemeinden. Nach anfänglichem Übergießen einigte man sich einheitlich auf das Untertauchen des Täuflings als Taufpraxis, die dem Neuen Testament am angemessensten erschien. Vor allem in der Zeit des Bürgerkriegs und der englischen Republik, also zwischen 1640 und 1660, wuchsen die baptistischen Gemeinden stark an und breiteten sich v.a. aufgrund der Arbeit von Roger Williams (1604-1683) nach Amerika aus, wo die Provinz Rhode Island gegründet und hier erstmals die vollständige Trennung von Kirche und Staat sowie religiöse Toleranz umgesetzt wurden.
In Großbritannien selbst bekamen die baptistischen Gemeinden durch die englische Erweckungsbewegung von John Wesley neuen Auftrieb, wenngleich sich die verschiedenen baptistischen Strömungen erst 1891 zur "Baptist Union of Great Britain and Ireland" zusammenschlossen. Im 1905 gegründeten *Weltbund der Baptisten* sind heute weltweit Gemeinden mit rund 37 Millionen Mitgliedern aus etwa 150 Ländern organisiert. Das Schwerpunktland ist immer noch die USA, wo die über 27 Millionen Baptisten die größte nicht-katholische Konfession im Land darstellen. Ein einheitlicher Zusammenschluß US-amerikanischer Baptisten steht jedoch immer noch aus, da es im 19. Jahrhundert vor allem in der Haltung zur Sklaverei zu erheblichen Bruchlinien zwischen den Baptisten im Norden und den "Südlichen Baptisten" kam. Der bekannteste Vertreter der "Southern Baptists" in den USA dürfte im Moment der US-amerikanische Präsident Bill Clinton sein. Zudem organisierten sich getrennte Gemeinden von schwarzen Baptisten, von denen es rund 10 Millionen in den USA gibt: Ihre bekannteste historische Persönlichkeit war der Prediger Martin Luther King. Gerade diese schwarzen Baptistengemeinden in den USA haben viel zum neuen Selbstbewußtsein der Schwarzen und zur Entwicklung der Bürgerrechtsbewegungen beigetragen.

Die Wurzeln des Bundes Evangelisch-Freikirchlicher Gemeinden

Der *Bund Evangelisch-Freikirchlicher Gemeinden,* in dem sich die baptistischen Gemeinden in Deutschland als Bundesgemeinschaft organisiert haben, hat im wesentlichen zwei Wurzeln: Eine eigentlich baptistische und eine freikirchliche Wurzel in den Brüdergemeinden. Die erste Baptistengemeinde in Deutschland wurde 1834 in Hamburg durch Johann Gerhard Oncken gegründet, der in England mit baptistischen und methodistischen Kreisen in Kontakt geraten war. Oncken persönlich war es, der 1840 die ersten fünf Hessen "auf das Bekenntnis ihres Glaubens" in der Marburger Lahn taufte, nachdem er bereits zwei Jahre vorher mit den hier ansässigen "frommen Versammlungen" Kontakt aufgenommen hatte. Vermutlich war es die Verfolgungssituation, der die Gemeinde im Deutschland des 19. Jahrhunderts ausgesetzt war, und die allgemeine Bereitschaft, sich der Erweckungsbewegung anzuschließen, die den Erfolg der baptistischen Bewegung sicherte. Die Verfolgungssituation im 19. Jahrhundert sollte aus heutiger Sicht nicht unterschätzt werden: So gab es beispielsweise in Kurhessen eine Verordnung von 1820, die festlegte, daß Kinder, die sechs Wochen nach der Geburt nicht getauft worden waren, von der Ortsobrigkeit zur Zwangstaufe gebracht werden mußten. Über weitere Schikanen der Behörden kurz nach der Gründung der Gemeinde berichtet die Marburger Chronik der Baptisten: "Vorladungen durch die Polizei, Verhöre, Belästigungen, grobe Beschimpfungen, dann Geldstrafen, Pfändungen des Mobiliars und anderes mehr waren keine Seltenheiten ... Das Nichtzahlen von Geldstrafen führte zu Haft- und Gefängnisstrafen. Diese wurden im 'Hexenturm' auf dem Marburger Schloßberg verbüßt." Solche Zwangsmaßnahmen stärkten jedoch den inneren Zusammenhalt der neuen Gemeinschaften und wirkten zugleich anziehend, so daß die baptistische Bewegung bald Fuß faßte: Bereits 1849 konnte sich der "Bund der vereinigten Gemeinden getaufter Christen" (ab 1888: "Bund der Baptistengemeinden in Deutschland") formieren, der dann ab 1880 ein eigenes Theologisches Seminar in Hamburg und ab 1891 ein eigenes Missionswerk unterhielt. 1884 fanden sich bereits 165 baptistische Gemeinden mit rund 31.000 Mitgliedern in Deutschland.

Die zweite Wurzel heutiger baptistischer Gemeinden stellten die Brüdergemeinden der "Plymouth-Bewegung" dar, die ihre erste Gemeinde 1843 in Stuttgart bildete. In ihrem Kontext konstituierte sich auch die "Christliche Versammlung" in Elberfeld um Carl Brockhaus. Diese Brüdergemeinden hatten sich später im *Bund freikirchlicher Christen* zusammengefunden. 1941/42 schlossen sich der Bund der Baptisten und der Bund freikirchlicher Christen zum heutigen *Bund Evangelisch-Freikirchlicher Gemeinden in Deutschland* zusammen. Bereits 1938 hatten sich die "Elim-Gemeinden", pfingstlerisch orientierte Gemeinden mit Geisttaufe und Zungenreden als Merkmale, aufgrund drohenden Verbotes aufgelöst; die Mitglieder ihrer 42 Gemeinden traten meist einzeln in die Baptistengemeinden ein, jedoch schlossen sich auch einzelne Elim-Gemeinden dem Bund der Baptistengemeinden geschlossen an. Zwar stellten die Baptisten in dem neuen "Bund Evangelisch-Freikirchlicher Gemeinden" rund 90% der Mitglieder, jedoch gewannen die deutschen Baptisten durch diese Zusammenschlüsse einen deutlich evangelikalen Frömmigkeitscharakter.

Was vertreten die deutschen Baptisten?

Auffälligstes Merkmal der Baptisten weltweit ist ihr Aufnahmekriterium der Taufe aufgrund des persönlichen Glaubens an Jesus Christus. Dieser Glaube muß durch die Taufe im Untertauchen bekundet werden, was das Begrabenwerden in Christus und die Auferstehung symbolisieren soll. Da die Säuglingstaufe der Großkirchen von den Baptisten aufgrund ihres biblischen Taufverständnisses nur als "Kindersegnung" betrachtet wird, wird bei einem eventuellen Eintritt in eine Evangelisch-Freikirchliche Gemeinde die Glaubenstaufe durch Untertauchen gefordert. Diese Taufe wird von den Großkirchen wiederum in der Regel anerkannt. Glaubensbekenntnisse, die Verbindlichkeit für die Mitglieder haben, kennt die baptistische Bewegung nicht. Dies bedeutete jedoch keinesfalls eine Beliebigkeit in Glaubensangelegenheiten, da die Rückbezüge auf die Bibel als Glaubensnorm gelten. Aus ihrer protestantischen Tradition heraus ist das "Sola-Scriptura-Prinzip" (alleinige Offenbarungsquelle ist die Bibel) ebenso Grundkonsens wie die Rechtfertigung allein aus Glauben und das Priestertum aller Gläubigen. Die freikirchliche Prägung der Baptisten äußert sich in ihrer Forderung nach strikter Trennung von Kirche und Staat sowie die Aufrechterhaltung der Autonomie jeder einzelnen Gemeinde. Die Probleme, die die Großkirchen in der Bundesrepublik mit den baptistischen Gemeinden haben, sind weniger darin begründet, daß die Erwachsenen- und Glaubenstaufe mit Untertauchen praktiziert wird, als in der zu beobachtenden Tendenz, daß Sakramente in baptistischen Gemeinden einen geringen Stellenwert haben: Sowohl die Taufe als auch meist das Abendmahl werden lediglich als Symbol begriffen, keinesfalls als Heilsmittel. Baptisten sind in der Regel der Auffassung, daß die persönliche Beziehung des Individuums zu Christus (dem eigentlichen "Sakrament" Gottes) jedes weitere Medium zwischen Gott und Mensch erübrigt. Dies verdeutlicht, warum den baptistischen Gemeinden oftmals sogar ein "antisakramentaler" Charakter attestiert wird.

Struktur und Organisation

Der aus zwölf regionalen Verbänden bestehende Bund Evangelisch-Freikirchlicher Gemeinden ist der Zusammenschluß von 591 baptistischen Gemeinden und 329 Zweiggemeinden in der Bundesrepublik. Im Sinne der Gemeindeautonomie ist jede einzelne baptistische Gemeinde Mitglied im Bund Evangelisch-Freikirchlicher Gemeinden. Der Bundesrat - bestehend aus rund 500 Delegierten der Gemeinden - wählt die Bundesleitung, d. h. den Präsidenten des Bundes, die Bundesdirektoren etc. Die 650 Pastoren und rund 100 Missionare betreuen rund 87.000 Mitglieder und ca. 40.000 Kinder und Jugendliche als Angehörige von Mitgliedern. Theoretisch ist eine Doppelmitgliedschaft in einer Gemeinde des Bundes und in einer anderen Kirche möglich, es wird von Seiten der baptistischen Gemeinden lediglich davon abgeraten, da persönliche Gewissenskonflikte auftreten könnten. Jede baptistische Gemeinde kennt als Institution die "Gemeindeversammlung", die aus allen Mitgliedern der Gemeinde besteht und die wichtigen Entscheidungen trifft, sowie die Ältesten und Diakone wählt. Diese Ältesten, wozu der Gemeindepastor automatisch zählt, und die Diakone bilden die Gemeindeleitung, die die Beschlüsse der Gemeindeversammlung umsetzt und die Gemeindearbeit zwischen den Gemeindeversammlungen organisiert. Die Autonomie der Gemeinde bei gleichzeitiger Hilfestellung des Bundes spiegelt sich auch in der Pastorenversorgung baptistischer Gemeinden wieder: Nach einem Theologiestudium am Theologischen Seminar in Hamburg und einem dreijährigen Vikariat ist man Pastor bzw. Pastorin des Bundes Evangelisch-Freikirchlicher Gemeinden. Dieser stellt dann den Kontakt zwischen einer suchenden Gemeinde und dem Pastor bzw. der Pastorin her. Abschließend wählt die Gemeindeversammlung vor Ort in geheimer Wahl den neuen Pastor bzw. die neue Pastorin. Die Gemeindeautonomie ermöglichte es auch, ohne größere Konflikte in den 80er Jahren die Frauenordination ins Pastorenamt umzusetzen: Bleibt es doch immer noch den einzelnen Gemeinden überlassen, eine Frau zu berufen oder nicht. Die Entlohnung des Pastors bzw. der Pastorin geschieht nach bundeseinheitlichen Richtlinien, die ein Mindesteinkommen garantieren. Die jeweiligen Gemeinden, die die Vertragspartner der Pastoren und Pastorinnen sind, stocken jedoch - je nach Finanzen unterschiedlich - die geltenden Mindestsätze auf. Die Finanzierung der Gemeinden erfolgt auf der Basis von Mitgliederspenden, wobei häufig aufgrund des alttestamentlichen Gebotes des "Zehnten" 10% des Einkommens an die Gemeinde abgeführt wird.

Umfangreiche ökumenische Kontakte

Der Bund Evangelisch-Freikirchlicher Gemeinden ist von den etablierten christlichen Konfessionen weitgehend akzeptiert und vollwertiges Mitglied in der *Arbeitsgemeinschaft christlicher Kirchen* (AcK). Mitglied ist der Bund auch in der *Evangelischen Allianz*, dem bundesweiten Zusammenschluß evangelikaler und pietistischer Organisationen und Einzelpersonen. Auch im Zusammenschluß der deutschen Freikirchen, der *Vereingung Evangelischer Freikirchen* (VEF), ist der Bund Evangelisch-Freikirchlicher Gemeinden zu finden. In der 1926 gegründeten VEF sind außerdem folgende Organisationen Mitglied: Der Bund Freier Evangelischer Gemeinden, die Evangelisch-methodistische Kirche, der Christliche Gemeinschaftsverband Mühlheim (Ruhr) GmbH (Pfingstbewegung), die Heilsarmee in Deutschland, die Europäisch-Festländische Brüder-Unität Herrnhuter Brüdergemeine (pietistische Missionsbewegung), die Kirche des Nazareners (entstanden aus der englischen Frömmigkeitsbewegung von Wesley) und der Verband der deutschen Mennoniten-Gemeinden (Täuferbewegung unter Menno Simons). Über den Bund Evangelisch-Freikirchlicher Gemeinden sind die baptistischen Gemeinden in Deutschland mit der "Europäisch-Baptistischen Union" und dem Weltbund der Baptisten verbunden, in denen die jeweiligen nationalen baptistischen Zusammenschlüsse Mitglied sind. Einige baptistische Bünde sind im Ökumenischen Rat der Kirchen Mitglied, die Mehrheit der Baptistenbünde steht einer solchen Mitgliedschaft jedoch ablehnend gegenüber.

Die Evangelisch-Freikirchliche Gemeinde in Marburg

Bereits 1840 wurde in Marburg eine baptistische Gemeinde gegründet, die sich trotz zahlreicher Behinderungen durch die Behörden innerhalb von 20 Jahren auf 60 Mitglieder vergrößern konnte. 1864 bezog man ein Gemeindehaus in Hassenhausen auf dem Grundstück eines Mitgliedes, um den Marburger Bedrängnissen zu entgehen. 1880 wurde die Gemeinde - obwohl weitgehend aus Marburgern bestehend und inzwischen auf über 100 Personen angewachsen - in "Gemeinde Hassenhausen" umbenannt - Marburg selbst wurde zu einer "Station" von Hassenhausen. In den Folgejahren fanden zwar regelmäßige Zusammenkünfte in Marburg selbst statt, das Zentrum blieb jedoch Hassenhausen mit seiner Kapelle und dem dort ansässigen Prediger. Vor Ausbruch des Ersten Weltkrieges zählte die Gesamtgemeinde, deren Einzugsbereich bis nach Gießen und Wetzlar reichte, fast 300 Mitglieder. 1949 wurden Marburg und Gießen jeweils Zweiggemeinden der Gemeinde Hassenhausen, 1957 bekam die Marburger Gemeinde die volle Selbständigkeit zuerkannt, was durch die Einweihung der neuerrichteten Uferkirche im selben Jahr manifestiert wurde. Die Marburger Evangelisch-Freikirchliche Gemeinde vergrößerte sich in den folgenden Jahrzehnten von etwa 140 Mitgliedern (1957) auf rund 300 Mitglieder, mit Angehörigen und Kindern kann man rund 600 Personen dem baptistischen Umfeld zurechnen. Taufen von Kindern unter 12 Jahren sind äußerst selten, obwohl es keine formelle Altersuntergrenze für Taufen gibt.

Unter den Mitgliedern sind erstaunlich viele Jugendliche und junge Erwachsene bis 30 Jahre, was sich negativ auf die Gemeindearbeit auswirkt. Gerade durch den hohen Studierenden- und Intellektuellenanteil ist eine hohe Fluktuation zu verzeich-

Die 1957 eingeweihte Uferkirche der Evangelisch-Freikirchlichen Gemeinde in Marburg.

nen, die die Mobilität einer Universitätsstadt hervorbringt. Neben dem wöchentlichen Sonntagsgottesdienst, den in der Regel rund 300 Personen besuchen, und dem Bibelgespräch pflegt die Evangelisch-Freikirchliche Gemeinde in Marburg vor allem eine altersgruppenorientierte Gemeindearbeit: Vom Kindergottesdienst, einer Jungschar, einem Jugendtreff, einem Teenagerkreis, einem Kreis junger Erwachsener bis zum Seniorenkreis sind alle Altersgruppen in die Gemeinde eingebunden.

Ein Wachstum kann die Gemeinde vor allem dadurch verzeichnen, daß verstärkt Asylbewerber und -bewerberinnen vor allem aus Osteuropa in Marburg eintreffen. In den stalinistisch regierten Staaten hatten die baptistischen Gemeinden einen anerkannten Religionsstatus. Parallel dazu hatte sich während der vergangenen Jahrzehnte oftmals eine Untergrundkirche jenseits der staatlichen Registrierung gehalten. Dies erklärt die vergleichsweise hohe Anzahl von Baptisten in diesen osteuropäischen Staaten, die jedoch in hohem Umfang in den letzten Jahren die neu gewonnenen Ausreisemöglichkeiten in den Westen nutzen. Die Marburger Evangelisch-Freikirchliche Gemeinde orientiert sich auch in ihren Missionsaktivitäten weitgehend an den pietistischen bzw. evangelikalen Formen: So wurde 1993 eine Zeltmission durchgeführt und auch an der ProChrist-Evangelisation im Frühjahr 1993 mit dem Baptistenprediger Billy Graham beteiligte sich die Marburger Gemeinde aktiv.

Kontakt:	Evangelisch-Freikirchliche Gemeinde, Uferkirche, Uferstr. 10b, 35037 Marburg, 06421/65236. Pastor Helmut Schneider, Kaffweg 17, 35039 Marburg, 06421/23622.
Zentrale:	Bund Evangelisch-Freikirchlicher Gemeinden, Bundesmissionshaus, Friedberger Str. 101, 61350 Bad Homburg v. d. H., 06172/23051.
Publkationen:	J. G. Oncken Nachf. GmbH, Mündener Str. 13, 34123 Kassel-Bettenhausen.

Literatur:

Hughey, John David/Thaut, Rudolf: Art. "Baptisten", in: *Theologische Realenzyklopädie* V, Berlin/New York 1980, S. 190-197.

Tröger, Sigrid und Karl-Wolfgang: *Kirchenlexikon. Christliche Kirchen, Freikirchen und Gemeinschaften im Überblick*, Berlin 1990.

Evangelisch-methodistische Kirche

Ende der 60er Jahre des letzten Jahrhunderts trat die *Evangelisch-methodistische Kirche* in Marburg erstmals durch Verkündigungen in angemieteten Räumen in Erscheinung. Von einer eigenständigen Gemeinde wird man jedoch erst seit 1889 sprechen können, als der Prediger Christian Raith nach Marburg übersiedelte. Im Jahre 1900 konnte die Kapelle in der Liebigstraße 15a eingeweiht werden, wo sich noch heute das Gemeindezentrum befindet. Bemerkenswert, daß ein wesentlicher Impuls für den Gemeindeaufbau von J. Friedrich Spach ausging, der nach seiner Emigration in die USA 1853 der deutschen Methodistengemeinde in Baltimore beitrat, und nach seiner Rückkehr 1896 nach Marburg hier den Bau der Kapelle förderte. Auch die Marburger Gemeinde der Evangelisch-methodistischen Kirche ist somit das Produkt eines "Reimportes" einer Bewegung, die sich nach der Auswanderung von Anhängern nach Nordamerika in freiheitlichem religiösen Klima entwickeln konnte und nunmehr die zum Staatskirchenwesen neigenden europäischen Länder missionierten.

Die Entwicklung der methodistischen Bewegung

Die methodistische Bewegung ging Anfang des 18. Jahrhunderts von England aus. In Oxford hatte sich 1729 eine Studentengruppe herausgebildet, die sich dem Lesen der Bibel, gemeinsamen Gebeten sowie karitativen Aufgaben widmete und den Beinamen "Methodisten" erhielt (weil die Mitglieder nach Ansicht der außenstehenden Spötter bestimmte Methoden der Frömmigkeit praktizierten). Diesem Zirkel gehörten auch die Brüder John (1703-1791) und Charles Wesley (1707-1788) an, beide spätere Pfarrer der anglikanischen Staatskirche. Beide wurden in ihrer religiösen Entwicklung - im Rahmen eines Missionseinsatzes in Nordamerika - auch von deutschen Pietisten sowie von missionarisch-erweckungsbewegten Herrnhuter Brüdern beeinflußt. Am 24. Mai 1738 erlebte John Wesley bei einer Hausversammlung der Studentengruppe während des Verlesens der Vorrede Martin Luthers zu seiner Römerbriefabhandlung seine persönliche Bekehrung - drei Tage, nachdem seinen Bruder Charles während der Lektüre der Galaterbrief-Auslegung Martin Luthers ein Bekehrungserlebnis ereilt hatte. Die Wesleys predigten in den Folgejahren auf den britischen Inseln, ohne sich jedoch von der anglikanischen Kirche zu trennen. Vor allem bei den unteren Bevölkerungsschichten fiel ihre Botschaft auf aufnahmebereiten und fruchtbaren Boden. John Wesley organisierte als Führer der Bewegung die Errichtung methodistischer Zentren und die Bildung kleiner Gemeinschaften, die sich aus verschiedenen Hauskreisen (engl.: classes) zusammensetzten. Diese Hauskreise bestanden aus fünf bis zwanzig, die einen besonderen Zusammenhalt innerhalb der Gemeinschaften bildeten und von einem Laienprediger geleitet wurden. Die Bewegung griff in den 60er Jahren des 18. Jahrhunderts auf die englischen Kolonien in Nordamerika über, wo acht Jahre nach der Unabhängigkeit der USA 1784 Prediger der Methodisten in Baltimore zur Weihnachtskonferenz zusammentraten und die "Bischöfliche Methodisten-Kirche in Amerika" als unabhängige Kirche gründeten. Dieses Ereignis gilt als eigentliches Gründungsdatum der methodistischen Kirchen, denn bis dahin galten die Methodisten als Gruppe innerhalb der anglikanischen Staatskirche Englands. Daneben entstanden in den USA noch zwei weitere methodistischen Kirchen: Die "Kirche der Vereinigten Brüder in Christo" (1800) und die "Evangelische Gemeinschaft" (1816). Diese beiden vereinigten sich 1946 zur *Evangelischen Vereinigten Brüderkirche* (Evangelical United Brethren Church). 1968 schließlich schloß sich die Brüderkirche, die rund 800.000 Mitglieder zählte, mit der Methodistenkirche, die damals über 10 Millionen Glieder zählte, zur *Vereinigten Methodistischen Kirche* (United Methodist Church) zusammen.

Eine Bewegung - viele Kirchen

Weltweit werden dem Methodismus rund 29 Millionen Mitglieder und zusätzliche 31 Millionen Menschen dem Umfeld zugerechnet. Der Schwerpunkt liegt hier in Nordamerika, wo über 15 Millionen Methodisten und weitere 16 Millionen im Umfeld der methodistischen Kirchen leben. Interessanterweise sind methodistische Kirchen in Afrika (5,4 Mio. Mitglieder plus 5 Mio. Umfeld) und Asien (5,2 Mio. Mitglieder plus 6 Mio. Umfeld) stärker verankert als in Europa, wo rund 635.000 Personen Mitglied in methodistischen Kirchen sind und weitere 1,1 Millionen dem Umfeld zugerechnet werden. Die methodistischen Kirchen - oder besser: die Kirchen, die der Wesley-Bewegung entstammen - darf man sich keineswegs einheitlich vorstellen. Weder sind alle Kirchen Mitglied im *World Methodist Council* noch sind sie in einem Land einheitlich organisiert. In England gibt es beispielsweise acht Kirchen, die sich auf die Wesley-Bewegung zurückführen und damit der methodistischen Bewegung angehören, wobei die größte die Methodistische Kirche mit 431.550 Mitgliedern (1992) ist.

Die höchste Ausdifferenzierung gibt es jedoch in den USA, wo neunzehn methodistische Kirchen nebeneinander existieren. Da diese Kirchen häufig nicht mit dem Namenszusatz "Methodistisch" versehen sind, seien sie hier aufgeführt (in Klammern die Mitgliederzahl 1992): Die Vereinigte Methodistische Kirche (8.940.836), die Afrikanische Methodistische Bischofskirche (2.210.000), die Afrikanische Methodistische Bischöfliche Zions-Kirche (1.500.000), die Christliche Methodistische Bischofskirche (820.000), die Kirche des Nazareners (572.106), die Wesleyanische Kirche (112.008), die Freie Methodistische Kirche von Nordamerika in den USA (76.118), die Kongregationalistischen Methodisten (15.000), die Union Amerikanischer Methodisten Bischofskirche (15.000), die Afrikanische Union der Ersten Farbigen Methodistischen Protestantischen Kirche Inc. (10.500), die Reformierte Zions-Union Apostolische Kirche (9.000), die Evangelische Methodistische Kirche (8.282), die Südliche Methodistische Kirche (7.572), die Einfache Methodistische Kirche USA (5.779), die Reformierte Methodistische Union Bischofskirche (5.000), die Alleghany Wesleyanische Methodistische Verbindung (2.168), die Biblische Protestantische Kirche (2.077), die Heilige Methodistische Kirche (1.800), die Missionarische Methodistische Kirche von Amerika (1.002).

Methodisten in Deutschland

Nach Deutschland kam die methodistische Bewegung auf zwei Wegen: Zum einen kehrten deutsche Auswanderer aus den USA wieder in ihre Heimat zurück und brachten dabei die Glaubensziele der deutschsprachigen Methodistengemeinden in den USA mit. Zum anderen hatte die deutsche Erweckungsbewegung des 18. und 19. Jahrhunderts mit den Wesley-Anhängern in England Kontakt bekommen und verbreitete deren Vorstellungen v. a. in Süddeutschland. Die organisatorische Vereinigung der methodistischen Richtungen in Deutschland fand parallel zur Entwicklung in den USA statt: 1968 vereinigten sich die *Evangelische Gemeinschaft* und die *Methodisten-Kirche* zur *Evangelisch-methodistischen Kirche*, die einen Zweig der United Methodist Church darstellt.

Das charakteristische Kreuzsymbol der Evangelisch-methodistischen Kirche

Den einzelnen Kirchengemeinden der Evangelisch-methodistischen Kirche ist jedoch immer noch anzumerken, ob sie eher der evangelikalen Tradition der "Evangelischen Gemeinschaft" oder der US-amerikanischen Tradition des bischöflichen Methodismus entstammen. Die Evangelisch-methodistische Kirche hatte auf dem Gebiet der alten Bundesrepublik Deutschland und West-Berlins vor der deutschen Vereinigung rund 600 Gemeinden und ca. 60.000 Mitglieder. Nach der Vereinigung der beiden Kirchen auf dem alten Gebiet der BRD und der DDR wurde der Aufsichtsführende Bischof in der alten BRD, Dr. Walter Klaiber, zum neuen Bischof der vereinigten Kirche mit nunmehr rund 73.000 Mitgliedern (1992) gewählt. Die Evangelisch-methodistische Kirche beteiligt sich an der Aktion Brot für die Welt, unterhält eine Katastrophenhilfe, ein Studentenwerk, ein Jugendwerk, ein Kinderwerk, ein Frauenwerk, ein Zentralarchiv, eine Arbeitsgemeinschaft für diakonische Aufgaben sowie diverse Evangelisationseinrichtungen (Gemeindeaufbau, Zeltmission, Rundfunkmission, Weltmission). Veröffentlichungen erscheinen im kircheneigenen Verlag, dem *Christlichen Verlagshaus* in Stuttgart. Es wird ein eigenes Theologisches Seminar in Reutlingen unterhalten, an dem ca. 50 Studierende eingetragen sind. Es besteht die Möglichkeit, entweder am eigenen Theologischen Seminar ein komplettes Theologiestudium durchzuführen, oder an einer staatlichen Universität Theologie zu studieren.

1959 wurde die erste Gemeinde der "Kirche des Nazareners" in Deutschland gegründet, eine Kirche, die 1908 aus dem Zusammenschluß diverser unabhängiger wesleyanischer Kirchen mit einer von Phineas Bresee gegründeten *Kirche des Nazareners* entstanden war. In den USA gehören ihr immerhin über eine halbe Million Menschen an, in der Bundesrepublik waren es jedoch 1992 nur 831 Mitglieder, die sich in 18 Ortsgemeinden organisierten. Die Kirche des Nazareners mit Sitz in Hanau ist ebenso wie die Evangelisch-methodistische Kirche Mitglied in der Vereinigung Evangelischer Freikirchen. Sie stellt die zweite Kirche der methodistischen Bewegung in Deutschland dar.

Hohe Akzeptanz - sinkende Mitgliedszahlen

Der bundesweit zu beobachtende Trend der sinkenden Mitgliederzahlen hat mehrere Ursachen: Zum einen ist hier das Fehlen einer aggressiven Missionsstrategie anzuführen; erklärtes Ziel ist es, darauf zu verzichten, Mitglieder der evangelischen Landeskirchen zum Übertritt in die Evangelisch-methodistische Kirche zu bewegen. Dem entspricht, daß es eine ausgeprägte Zusammenarbeit mit den anderen christlichen Kirchen gibt. So ist die Evangelisch-methodistische Kirche Mitglied in der "Arbeitsgemeinschaft christlicher Kirchen", mit den lutherischen Kirchen besteht eine Kanzel- und Abendmahlsgemeinschaft, mit allen anderen Kirchen, die in der EKD zusammengeschlossen sind, besteht seit 1987 eine formelle Abendmahlsgemeinschaft. Auch die Ordination der Pfarrer und Pfarrerinnen wird gegenseitig anerkannt. Entsprechend ihrem eher konservativen und evangelikalen Gepräge arbeitet die Evangelisch-methodistische Kirche in Deutschland in der *Deutschen Evangelischen Allianz* mit, einem Zusammenschluß landeskirchlicher Gemeinschaften und Freikirchen, die sich dem konservativ-evangelikalen Protestantismus verbunden wissen. Im *Ökumenischen Rat der Kirchen* (ÖRK) ist die Evangelisch-methodistische Kirche (wie die vier kontinentaleuropäischen Zentralkonferenzen) über die "Mutterkirche" in den USA, die United Methodist Church vertreten. Mit anderen evangelischen Freikirchen ist die Evangelisch-methodistische Kirche in der *Vereinigung Evangelischer Freikirchen* (VEF) seit deren Gründung 1926 zusammengeschlossen. Auf dem Hintergrund dieser weitgehenden Akzeptanz und Kooperation der Evangelisch-methodistischen Kirche wird das allgemeine Sinken der Mitgliederzahlen verständlicher: Der fehlenden Abgrenzung nach außen - gegenüber anderen Kirchen - entspricht eine mangelnde Identitätsstiftung nach innen, die einem Übertritt einzelner Mitglieder zu anderen evangelischen Kirchen im Weg stehen würde.

Eine weitere Ursache für das allgemeine Sinken der Mitgliederzahlen liegt in der internen Struktur dieser Kirche: Eine Gemeinde ist je nach Region Mitglied in der Norddeutschen-, Ostdeutschen-, Südwestdeutschen- (zu der Marburg zählt) oder der Süddeutschen Konferenz, die jeweils jährlich eine Konferenz abhalten. Pro Gemeindemitglied entrichtet die Ortsgemeinde durchschnittlich einen Betrag von 60,- DM an die zentrale Kasse in Stuttgart, aus der die Gehälter und Ruhestandsgelder der hauptamtlichen Mitarbeiter/innen bezahlt werden. Kirchensteuern werden von der Evangelisch-methodistischen Kirche prinzipiell abgelehnt. Karteileichen, die ihre Spenden nicht mehr abgeben und nicht mehr in einer Gemeinde mitarbeiten, belasten aufgrund dieses Zahlungssystems den Etat einer Ortsgemeinde. Dies führt dazu, daß eine Ortsgemeinde schon aus finanziellen Gründen bestrebt ist, ihre Mitgliedsstatistiken zu bereinigen. Meist wird den Kirchenmitgliedern dann nahegelegt, sich in den Freundeskreis der Gemeinde umstufen zu lassen, was zwar einerseits die statistischen Mitgliederzahlen schmälert, aber den Etat der Ortsgemeinde nicht so sehr beansprucht. Dem entspricht, daß in der Evangelisch-methodistischen Kirche in der Regel zwar die Kindertaufe durchgeführt wird, damit aber keine Kirchenmitgliedschaft, sondern nur eine "Kirchenangehörigkeit" verbunden ist. Nur bei der ebenfalls möglichen Erwachsenentaufe erfolgt gleichzeitig die Mitgliedsaufnahme, die im Normalfall durch eine individuelle Eintrittsentscheidung (ab dem Alter von 16 Jahren) erfolgt. Jede Person, die in die Evangelisch-methodistische Kirche eintreten möchte, muß vor der Gemeinde seinen persönlichen Glauben bekennen, Fragen über die Evangelisch-methodistische Kirche beantworten sowie sich verpflichten, die Gemeindeaktivitäten zu unterstützen. Die Gliederaufnahmen werden als Gemeindefest gefeiert und sind der Konfirmation in anderen evangelischen Kirchen vergleichbar. Für Eltern, die ihrem Kind die Entscheidung für eine Erwachsenentaufe überlassen wollen, werden außerdem noch Kindersegnungen praktiziert.

Was vertritt die Evangelisch-methodistische Kirche?

Die methodistischen Kirchen sind im übrigen ausgesprochen "undogmatisch": Fragen der Lehre haben lediglich "Hilfsfunktionen", Bekenntnisse als Grundlage der methodistischen Kirchen werden ausdrücklich abgelehnt, wenngleich sich die methodistischen Kirchen auf die "Grundanliegen der Reformation" berufen. Als Hilfestellung werden gleichwohl die 25 Glaubensartikel der Methodistischen Kirche sowie die 16 Artikel des Glaubensbekenntnisses der "Evangelischen Gemeinschaft" weitergegeben. Der Schwerpunkt der methodistischen Theologie liegt eindeutig auf der Bibel und der kirchlichen Praxis in Gottesdienst und Diakonie. Das Schriftverständnis der deutschen Methodisten unterscheidet sich jedoch von biblizistischen Verengungen dadurch, daß die Erkenntnisse der sog. historisch-kritischen Bibelforschung durchaus produktiv aufgenommen und für die Gemeindefrömmigkeit dienstbar gemacht werden. Charakteristisch für die methodistische Theologie ist die "Heiligung des Menschen". Die Bekehrung des Einzelnen zu Christus wird dabei als Anfang eines Weges verstanden, auf dem die Heiligung des Menschen stattfindet. In der Nachfolge soll die permanente Aneignung der Gnade im praktischen Leben des Einzelnen immer wieder neu erfahrbar werden. Hierbei spielt die Gemeinschaft mit anderen Bekehrten eine ganz entscheidende Rolle. Anders als der konservativ-evangelikale Flügel der evangelischen Landeskirchen vertritt die Evangelisch-methodistische Kirche in Deutschland die Frauenordination, die seit ca. 30 Jahren verliehen wird. Auch eine feministische Theologie hat inzwischen ihren Platz in der Freikirche gefunden.

Die Marburger Gemeinde der Evangelisch-methodistischen Kirche

Die heutige Marburger Gemeinde ist stark im Schwinden begriffen. Sie zählt noch 27 Mitglieder, mit Angehörigen und Freunden sind 43 Personen zur Evangelisch-methodistischen Kirche zu rechnen, die überwältigende Mehrheit davon ist über 60 Jahre alt. Gerade wenn man bedenkt, daß die Sozialstruktur der Mitglieder der Evangelisch-methodistischen Kirche sich - auch in Marburg - weitgehend auf das Angestellten- und Akademikermilieu erstreckt, wird deutlich, wie die Minderheitssituation der Evangelisch-methodistischen Kirche der erhöhten Mobilität der Gesellschaft entgegensteht: Mitglieder, die beispielsweise aus beruflichen Gründen ihren Wohnort wechseln, finden häufig keine andere methodistische Gemeinde vor, in die sie überwiesen werden können. Gleichzeitig motiviert die Evangelisch-methodistische Kirche bei ihrer Nähe zu den Landeskirchen der EKD und durch ihren fehlenden Missionseifer einzelne Mitglieder kaum, neue methodistischen Gemeinden zu gründen oder weite Strecken zurückzulegen, um sich dem Gemeindeleben einer Evangelisch-methodistischen Gemeinde anzuschließen.

Die Mitgliederzahlen der Gemeinde Marburg müssen jedoch auch in Verbindung mit den Beitrittsgepflogenheiten gesehen werden: Die 43 Gemeindeglieder sind identisch mit dem aktiven Gemeindekern, die die Gemeindearbeit ideell und finanziell tragen. Für das Sinken der Mitgliederzahl der Marburger Gemeinde bzw. für die Überalterung der Mitgliedschaft kann jedoch auch eine besondere lokale Ursache angeführt werden: In der zweiten Hälfte der 70er Jahre hatte sich um einen beliebten Professor des Fachbereiches Evangelische Theologie an der Marburger Universität und Mitglied der Evangelisch-methodistischen Kirche ein großer Kreis an Studierenden gebildet, der zugleich die Aktivitäten der Marburger Gemeinde mittrug. Mit dessen Übertritt zur Evangelischen Kirche von Kurhessen-Waldeck sank die Attraktivität der Marburger Gemeinde für die intellektuell und wissenschaftlich interessierten Studierenden. Das Sinken der Mitgliederzahlen hat dazu geführt, daß der Marburger Gemeinde seit Sommer 1991 kein Pastor mehr zugeteilt wurde, die Gemeinde seit 1993 zum Bezirk Kirchhain/Marburg zugerechnet und somit von der Kirchhainer Pastorin mitbetreut wird. Trotzdem gelingt es der Gemeinde noch, zahlreiche Aktivitäten aufrechtzuerhalten: Ein Senioren-, ein Studenten- und ein Hausbibelkreis gehört ebenso zum Gemeindeleben wie der wöchentliche Sonntagsgottesdienst, den durchschnittlich 15 Gemeindeglieder besuchen. Ebenso wie bundesweit die Evangelisch-methodistische Kirche die Deutsche Evangelische Allianz unterstützt, arbeiten Vertreter der Evangelisch-methodistischen Gemeinde in Marburg bei der lokalen Evangelischen Allianz mit. Trotz aller Widrigkeiten bleibt die Marburger Gemeinde Anlaufstation für Kirchenglieder - mitunter auch anderer Nationalitäten -, die vorübergehend an der Marburger Universität studieren.

Das Portal der im Jahre 1900 eingeweihten Christuskirche der Evangelisch-methodistischen Gemeinde in der Liebigstr. 15a, wo immer noch die Gottesdienste der Gemeinde stattfinden.

Kontakt:	Evangelisch-methodistische Kirche Marburg, Liebigstr. 15a, 35037 Marburg. Pastorin Gertrud Michelmann, Brückenstr. 12, 35274 Kirchhain, 06422/5884. Praktikant Lutz Althöfer, Alte Seite 15, 35274 Kirchhain-Niederwald, 06422/7650.
Zentrale:	Evangelisch-methodistische Kirche, Wilhelm-Leuschner-Str. 8, 60329 Frankfurt/Main.
Publikationen:	Christliches Verlagshaus GmbH, Motorstr. 36, Postfach 310349, 70499 Stuttgart, 0711/830000.
Periodika:	*Wort und Weg, emk aktuell, für heute* (alle über Verlag).

Literatur:

Steckel, Karl/Sommer C.Ernst (Hg.): *Geschichte der Evangelisch-methodistischen Kirche. Weg, Wesen und Auftrag des Methodismus unter besonderer Berücksichtigung der deutschsprachigen Länder Europas,* Stuttgart 1982.
Tröger, Sigrid und Karl-Wolfgang: *Kirchenlexikon. Christliche Kirchen, Freikirchen und Gemeinschaften im Überblick,* Berlin 1990.

Gemeinden der Evangelischen Kirche von Kurhessen-Waldeck

Die *Evangelische Kirche von Kurhessen-Waldeck* (EKKW) ist die dominierende Kirche in Marburg. Über die Hälfte aller Einwohnerinnen und Einwohner - Mitte 1993 von etwa 75.500 rund 42.000 - haben als Religionszugehörigkeit "Ev" für "Evangelisch" in ihren Dokumenten eingetragen (vgl. das Kapitel: "Statistisches zu Marburg"). Eines der Wahrzeichen Marburgs, die Elisabethkirche, ist seit über 160 Jahren alleiniges Gotteshaus der Landeskirche; die Tradition der Reformation begegnet den zahlreichen Touristen und Touristinnen Marburgs an unzähligen Ecken. Diverse Gebietsreformen - die letzte 1974 - haben allerdings dazu beigetragen, daß zum Marburger Stadtgebiet inzwischen Stadtteile bzw. Dörfer zählen, die überwiegend katholisch geprägt sind: Ginseldorf, Bauerbach und Schröck - auch wenn diese Stadtteile inzwischen aufgrund von Zuzug und Studierenden alles andere als "rein katholisch" sind. Die frühere Dominanz des Protestantismus wurde zudem durch den Zuzug von Ausländern bzw. Ausländerinnen gemildert, die überwiegend an der Philipps-Universität studieren oder arbeiten.

Die Reformation des Landgrafen und die Philipps-Universität

Die Entstehungsgeschichte der Evangelischen Kirche in Marburg ist untrennbar mit der Person des Landgrafen Philipp von Hessen verbunden, der 1504 im Marburger Schloß geboren wurde. Nachdem er sich den Protestanten angeschlossen hatte, gestaltete er die religiöse Landschaft Marburgs ab 1527 radikal um: Zwischen Ostern und Pfingsten 1527 wurde in der Marburger Pfarrkirche der evangelische Gottesdienst eingeführt und innerhalb weniger Monate ganz Marburg der Reformation verpflichtet. Gleichwohl hielten sich die Wallfahrten zu den Gebeinen der Heiligen Elisabeth, ehe Philipp den Reliquiendienst am Grab der Heiligen Elisabeth 1539 aufhob und deren Gebeine zerstreut.

Das Eigentum der Klöster wurde von ihm verstaatlicht und zur Finanzierung der Universität verwandt - auch die Vorlesungsräume waren oft frühere Ordensräume: Das ehemalige Dominikanerkloster auf dem Platz der heutigen "Alten Universität" am Lahntor; das ehemalige Franziskanerkloster in der Barfüßerstraße ebenso wie das Kugelhaus am Reittor. Die spätere Philipps-Universität war allerdings nicht die erste protestantische Universität (ein Gerücht, das sich in Marburg hartnäckig hält), denn bereits vorher wurde in Liegnitz (Niederschlesien) eine protestantische Universität gegründet, die jedoch bald wieder schließen mußte. Marburg kann sich jedoch rühmen, die *älteste noch bestehende protestantische Universität* zu beherbergen. Der Aufbau des neuen protestantischen Universitätsstudiums, das die künftigen Pfarrer und Staatsbediensteten durchlaufen sollten, wurde derart gestaltet, daß nach der Unteren Fakultät, die alle Studenten zum Erwerb der artistischen Fähigkeiten (Algebra, Rhetorik, Musik etc.) zu absolvieren hatten, drei Aufbaustudien angeboten wurden: Theologie, Medizin und Jura. Die Lehrmaxime in Grund- und Aufbaustudium sollte dabei das "Wort Gottes" sein - das kanonische Recht der alten Kirche wurde hingegen aus dem Jurastudium gestrichen. Die reichsweite Anerkennung der Universitätsausbildung wurde im übrigen bereits 1540 erreicht, als Landgraf Philipp nach seiner berühmten Doppelehe (die er mit Billigung von Luther und Melanchthon eingegangen war) zur kaiserlichen Fraktion übergelaufen war, um der Reichsacht zu entgehen.

Das einstige Wahrzeichen katholischer Frömmigkeit und Wallfahrtwesens, die Elisabethkirche, ist seit der Einführung der Reformation mit Ausnahme eines kurzen Zwischenspiels von 1810 bis 1827 protestantischen Gottesdiensten vorbehalten.

Das Marburger Religionsgespräch

Immerhin fällt in die Regierungszeit des Landgrafen Philipp ein Ereignis, das Marburg wahrscheinlich letztmalig in den Blickpunkt weltpolitischer Entscheidungen rückte: Das Marburger Religionsgespräch vom 2. bis 5. Oktober 1529. Die Protestanten - wie sie seit der "Protestation" von 19 Reichsständen gegen die katholische Mehrheit auf dem Reichstag zu Speyer im April 1529 hießen - waren und sind sich in Fragen des Abendmahls uneinig. Während Huldrych Zwingli (1484 - 1531), der Schweizer Reformator, und die ihm nahestehenden Theologen, Fürsten und Städte der Auffassung waren, daß das Abendmahl wie alle anderen Sakramente kein "Gnadenmittel" sei, sondern lediglich ein "äußeres Zeichen", das zum gemeinsamen Gedächtnis an den Tod Jesu zu feiern sei, vertraten Martin Luther (1483 - 1546) und Philipp Melanchthon (1497-1560) die Meinung, daß das Abendmahl eben doch ein "Gnadenmittel" darstelle und Leib und Blut Christi darin "realpräsent" seien. Zwinglis geistiger Präsenz Christi im Abendmahl setzte Luther seine "Ubiquität", die Allgegenwart Christi, d. h. auch die reale Präsenz Christi in Brot und Wein (zusätzlich zu seiner Anwesenheit zur Rechten des Vaters seit seiner Himmelfahrt) entgegen. Nicht nur die Theologen, sondern auch die Städte und Territorien, die sich der reformatorischen Bewegung angeschlossen hatten, drohten sich an dieser Frage unheilbar zu spalten. Philipp von Hessen sah das geplante militärische Bündnis aller protestantischen Fürsten gefährdet und berief zur endgültigen Klärung der Abendmahlsfrage das Religionsgespräch auf dem Marburger Schloß ein. Dort trafen u. a. Persönlichkeiten wie Huldrych Zwingli (Zürich), Johannes Oekolampad (Basel; 1482-1531), Martin Bucer (Straßburg; 1492-1551) und Kaspar Hedio (Straßburg; 1494-1552) auf der einen Seite und die Wittenberger Martin Luther und Philipp Melanchthon sowie Andreas Osiander (Nürnberg; 1498-1552), Stephan Agricola (Augsburg; 1491-1547), Justus Jonas (Wittenberg; 1493-1555) und Johannes Brenz (Schwäbisch Hall; 1499-1570) auf der anderen Seite in einem unerbittlichen Disput aufeinander. Als Ergebnis stehen zwar die 15 "Marburger Artikel" als Unionsbekenntnis fest, aber die entscheidende Frage - die Art und Weise der Gegenwart Christi in den Abendmahlselementen - wurde mit einem Dissens beendet. Mit Marburg und seinem Religionsgespräch kann man somit die Spaltung der reformatorischen Bewegung in eine zwinglianisch (später: calvinistische bzw. reformierte) Strömung/Konfession und eine lutherische Bewegung als vollzogen betrachten.

Dafür sollte von Hessen aus eine protestantische Einrichtung ihren Siegeszug antreten: Um die zahlreichen Anhänger der Täuferbewegung, die in Hessen spätestens nach dem Fall der Täuferhochburg Münster Zuflucht gesucht hatten, in die evangelische Kirche zurückzuführen, verankerte Martin Bucer im Auftrag Philipps in der hessischen Kirchenordnung von 1539 (der "Ziegenhainer Kirchenzucht") die Konfirmation als selbständige Bestätigung der Kindertaufe mit Segen und erstmaliger Zulassung zum Abendmahl. Von Hessen aus setzte sich die Konfirmation nahezu überall durch - wenn auch z. T. erst Jahrhunderte später.

Das calvinistische "Zwischenspiel"

Im ausgehenden 16. Jahrhundert stellte Hessen-Marburg als Oberhessen eine eigene Landgrafschaft dar, da Hessen 1567 unter den drei Söhnen Landgraf Philipps nach dessen Tode aufgeteilt worden war. Als jedoch die oberhessische Linie 1604 mit dem Tode Ludwig IV ausstarb, fiel die Stadt an den Landgrafen Moritz von Hessen-Kassel. Marburg war bis dahin immer noch lutherisch orientiert, wurde jedoch von Moritz gewaltsam durch einen Truppeneinmarsch calvinistisch reformiert. Die lutherischen Professoren an der Universität mußten daraufhin Marburg verlassen, fanden jedoch in Gießen eine neue Heimat, wo nach den Marburger Vorfällen Landgraf Ludwig von Hessen-Darmstadt eine lutherische Gegenuniversität zu der nunmehr calvinistisch orientierten Philipps-Universität gründete. Die Professoren konnten jedoch wieder zurückkehren, als im Dreißigjährigen Krieg das lutherische Hessen-Darmstadt - auf Seiten der katholischen Fürsten kämpfend - Marburg vom calvinistischen Hessen-Kassel - auf Seiten der lutherischen Schweden kämpfend - eroberte. Im Westfälischen Frieden von 1648 wurde festgelegt, daß Hessen-Marburg wieder zu Hessen-Kassel gehören solle, jedoch lutherisch bleiben dürfe. Die Philipps-Universität hingegen solle calvinistisch orientiert sein. Dies führte zu der etwas merkwürdigen Situation, daß es ab 1653 eine calvinistisch-reformierte Universität in einem lutherischen Marburg gab, das in einem lutherischen Land Marburg lag, welches wiederum dem reformierten Hessen-Kassel zugehörte. Dieses konfessionelle Verwirrspiel wurde erst 1822 aufgelöst, als die konfessionellen Bezeichnungen durch den einheitlichen Begriff "evangelisch" ersetzt wurden. Zu dieser Zeit erfolgte auch wieder die Berufung eines lutherischen Theologen zum Professor an die Philipps-Universität. Eine Ausnahme stellte nur der lutherische Philosoph Christian Wolff dar, der 1723-1740 während seines Exils an der Marburger Universität lehrte.

Der Weg zur Kirche von Kurhessen-Waldeck

Die Landgrafschaft Hessen-Kassel, die ab 1803 das "Kurfürstentum Hessen" bildete, war in sich uneinheitlich konfessionell gegliedert. Während in Niederhessen das sog. niederhessisch-reformierte Kirchentum ausgebildet war, war Oberhessen (und damit Marburg) und Schmalkalden lutherisch geprägt. Die Grafschaft Hanau-Münzenberg, die 1736 an Hessen-Kassel gefallen war, bildete 1818 wiederum eine eigene Union, so daß damit eine dritte Konfession auf dem Staatsgebiet vertreten war. 1866 annektierte Preußen das Gebiet des Kurfürstentums Hessen, was zu einem Ausbau und Aufschwung der Philipps-Universität - und damit: Marburgs - in den folgenden Jahrzehnten führte. Das kurhessische Kirchengebiet wurde jedoch nicht der "Altpreußischen Union" angegliedert, sondern direkt dem preußischen Kultusministerium unterstellt. Die bis dahin bestehenden Konsistorien in Kassel (reformiert), Marburg (lutherisch) und Hanau (uniert) wurden 1873 aufgelöst und zu einem Gesamtkonsistorium in Kassel verbunden, worauf sich einige lutherische Gemeinden abspalteten und die spätere Selbständige Evangelisch-Lutherische Kirche (SELK) bildeten. 1884 wurde eine Presbyterial- und Synodalordnung für den "Bezirk des Evangelischen Konsistoriums zu Kassel" verordnet, in der das Kirchengebiet in 13 Diözesansynodalverbände, also Kirchenkreise, aufgegliedert wurde. Das konfessionelle Element wurde nur noch durch die drei Generalsuperintendenten, je einer lutherisch, reformiert und uniert, und durch besondere getrennte Abstimmungsverfahren aufrechterhalten. In der 1923 verabschiedeten Verfassung für die Evangelische Kirche von Hessen-Kassel wurde auf jegliche Kennzeichnung einer bestimmten Konfession verzichtet.

Unter den Nationalsozialisten entstand 1934 die Evangelische Landeskirche von Kurhessen-Waldeck durch den Anschluß der Evangelischen Landeskirche von Waldeck-Pyrmont, einer stark lutherisch geprägten, aber formell unierten Landeskirche, an die Evangelische Kirche von Hessen-Kassel. Hintergrund der Vereinigung war eine jeweils 60 prozentige Mehrheit der Deutschen Christen, dem Kampfverband der NSDAP in den evangelischen Kirchen, in den beiden Landeskirchentagen nach den Kirchenwahlen von 1933. Entsprechend wurde der Name der neugebildeten Kirche der Einteilung des NSDAP-Parteigaus Kurhessen-Waldeck angeglichen. Die Theologische Fakultät der Philipps-Universität in Marburg hatte nach dem Machtantritt der Nationalsozialisten noch einmal einen gewissen Höhepunkt zu verzeichnen, als sie in einem einstimmig verabschiedeten Gutachten 1933 die Einführung des sog. Arierparagraphen in der Kirche ablehnte (zu dessen Anwendung außerhalb der Kirche jedoch nichts zu sagen wußte), dann aber nach einsetzenden Repressionen (u. a. gegen die Professoren Rade, von Soden, Hermelink und Heiler) bis zum Ende des Zweiten Weltkrieges nicht mehr weiter kritisch auffiel. Der Zusammenschluß der beiden Kirchen wurde nach 1945 beibehalten und durch eine Bischofsverfassung ergänzt. 1967 erfolgte die Umbenennung zur "Evangelischen Kirche von Kurhessen-Waldeck", die nunmehr fast das ganze Gebiet des ehemaligen Kurhessen und den waldeckischen Landesteil des ehemaligen Fürstentums Waldeck-Pyrmont umfaßt.

Der Aufbau der Evangelischen Kirche von Kurhessen-Waldeck

Die Evangelische Kirche von Kurhessen-Waldeck hat eine Bischofsverfassung, das Amt des Bischofs nimmt seit 1992 der ehemalige Marburger Propst Prof. Dr. Christian Zippert wahr. Unter dem Bischof stehen vier Pröpste bzw. Pröpstinnen, die jeweils einen der vier Sprengel Kassel, Hersfeld, Waldeck/Marburg und Hanau leiten. Diese vier Sprengel sind wiederum in 27 Kirchenkreise aufgeteilt, die von Dekanen und Dekaninnen geleitet werden. Insgesamt finden sich in diesen Dekanaten 949 selbständige Kirchengemeinden, von denen 495 eine Pfarrstelle besitzen. Die Zahl der Gemeindemitglieder der Evangelischen Kirche von Kurhessen-Waldeck wuchs von 1.058.500 (1950) auf 1.199.728 (1970), wobei 1970 ein einmaliger Höchststand von 4.880 Kirchenaustritten zu verzeichnen war. 1980 waren nur noch 1.175.698 Kirchenmitglieder, 1985 1.131.382 und 1988 lediglich noch 1.097.672 Mitglieder zu verzeichnen, wenngleich Taufen, Trauungen und Eintritte gegen Ende der 80er Jahre - verglichen mit dem Tiefststand Mitte der 80er Jahre - wieder leicht zunahmen. Wie so häufig, so sind auch in Marburg die Dekanatsgrenzen nicht mit den politischen Gemeindegrenzen identisch. Nach der Gebietsreform 1974 sind die Stadtteile Michelbach, Elnhausen, Cappel und Wehrda zwar Bestandteil von Marburg-Stadt, sie blieben jedoch im Verfügungsbereich des Dekanats Marburg-Land, das seinen Sitz nicht in Marburg, sondern in Cölbe hat.

Somit hat, wer "die Evangelische Kirche in Marburg" kontaktieren will, die Auswahl zwischen zwei Dekanaten, deren Grenzen eben manchmal haarscharf innerhalb des Stadtgebietes liegen. Teilweise hat dies zur Folge, daß einzelne Stadtteile von Pfarrämtern außerhalb des Stadtgebietes betreut werden: So Hermershausen und Haddamshausen vom Pfarramt Oberweimar, Cyriaxweimar und Gisselberg vom Pfarramt Niederweimar, Dilschhausen vom Pfarramt Weitershausen und das Pfarramt Moischt von Wittelsberg aus.

Die Pfarrkirche mit ihrem charakteristisch schiefen Kirchturm, der Anlaß zu zahlreichen mehr oder weniger geschmacklosen Witzen in der Marburger Bevölkerung gab, ist traditionell die Kirche des Dekans bzw. der Dekanin des Kirchenkreises "Marburg-Stadt".

Das über die Geschichte der Evangelischen Kirche von Kurhessen-Waldeck Gesagte macht bezüglich der konfessionellen Prägung dieser Landeskirche folgendes deutlich: Wir haben es hier mit einer Landeskirche zu tun, die eine Zusammenfassung von reformierten, lutherischen und unierten Gemeinden und Regionen darstellt. Entsprechend hat sie sich im 20. Jahrhundert nicht auf eine der drei Richtungen festlegen lassen, sondern die jeweiligen Präferenzen den Gemeinden überlassen. So dürften die Auffassungen über das Abendmahl, den internen Aufbau der Gemeinden oder die sozialethische Haltung zum Staat mehr von den Traditionen der einzelnen Gemeinden oder von der theologischen Richtung des Pfarrpersonals abhängen als in anderen Landeskirchen mit verpflichtender Festlegung auf eine Denomination.

Die Evangelische Studentengemeinde ESG

In einer Universitätsstadt verdient eine Gemeinde, die sich einer so das Stadtbild und das Stadtimage prägenden Gruppe wie den Studierenden widmet, besondere Erwähnung, zumal die *Evangelische Studentengemeinde* (ESG) in Marburg eine durchaus bewegte Vergangenheit aufzuweisen hat: Ab 1970 hatte die ESG, die bis dahin eher Bibelkreise, Gottesdienste und Freizeitangebote organisierte, auch in Marburg ein neues Bild gewonnen. Im Gefolge des Linksrucks in der Studierendenschaft wurde von linken evangelischen Studierenden die Neuwahl des Studentenpfarrers durchgesetzt. Der neue Studentenpfarrer Frieder Stichler baute daraufhin eine politisierte Gemeinde auf, die die Gesellschaft, die Theologie und ihre eigene Landeskirche scharf kritisierte. Dabei wurde die ESG zu einem Zentrum der undogmatischen Linken und der sich herausbildenden alternativen Bewegung, die im Gegensatz zum DKP- bzw. MSB-orientierten Allgemeinen Studenten-Ausschuß (AStA) stand. Diese Arbeit geriet ins Kreuzfeuer der Kritik, worauf die Landeskirche den Studentenpfarrer Stichler versetzte und einen kommissarischen Vakanzpfarrer (Christian Hilmes) von Kassel nach Marburg beorderte, dessen erste Amtshandlung die Kündigung sämtlicher Gastgruppen in der ESG war. Nach zahlreichen Dialogversuchen kam es Anfang 1979 zur Spaltung der Marburger ESG und zur Gründung einer *autonomen ESG* (aESG). Bis zu ihrer Auflösung 1989/90 war die aESG das Zentrum kritischer, politisierter studentischer Christen, während die offizielle und von der Landeskirche finanzierte ESG einen eher frommen Charakter bewahrte. Die aESG stand mit eigenen angemieteten Räumen in engem Kontakt mit der links-alternativen Szene und war auch Mitglied der Bundes-ESG, dem Zusammenschluß aller Orts-Studierenden-Gemeinden auf EKD-Ebene. Im Laufe der Jahre trat der Konflikt zwischen den beiden ESGen zurück, die Pfarrer des Anstoßes wechselten und die ESG Marburg bekam zunehmend wieder ein kritischeres Gesicht. Als die aESG 1989 ihre Räume verlor, wurde Bilanz gezogen und die Gegenorganisation aufgelöst - mit einem Abschiedsseminar, das in den Gebäuden der offiziellen ESG stattfand. Seit 1993 wird die ESG erstmals auch von einer Pfarrerin betreut, als im April Pfarrerin Elvira Ohlwein-Dräger die Nachfolge von Pfarrer Manfred Gerland antrat. Das insgesamt wieder kritischere Programm der ESG äußert sich beispielsweise in Vortragsreihen zu "Aus Sorge um unser Land - Nachdenken über Deutschland", Öko-Planspielen oder Lesekreisen zu Texten von Dietrich Bonhoeffer. Zudem bestehen intensive ökumenische Kontakte zur Katholischen Hochschulgemeinde (KHG), mit der auch das gemeinsame Semesterprogramm herausgegeben wird.

Die Freien Werke in der Evangelischen Kirche

Die zunehmende religiöse Ausdifferenzierung im Protestantismus und die Erwekkungsbewegung des 19. Jahrhunderts prägt das Spektrum der Evangelischen Kirche in Marburg. Neben den evangelischen Kirchengemeinden der Kirche von Kurhessen-Waldeck und deren beiden Dekanaten Marburg-Stadt und Marburg-Land existieren zahlreiche eigenständige Gemeinschaften, die unabhängig von der Landeskirche organisiert und nicht den Kirchengemeinden und Dekanaten zugeordnet sind: Die Rede ist von den *Freien Werken in der Evangelischen Kirche.*

So sind beispielsweise das Brüderhaus Tabor und das Diakonissen-Mutterhaus Hebron im *Deutschen Gemeinschafts-Diakonieverband* (DGD) organisiert, der in einem Vertragswerk mit der Landeskirche von Kurhessen-Waldeck dieser als Parochie (also als eigenständiges Kirchspiel) zugeordnet ist. Der Deutsche Gemeinschafts-Diakonieverband ist ein Ergebnis der ostdeutschen Erweckungsbewegung des 19. Jahrhunderts, als 1899 ein erstes Diakonissenwerk im preußischen Vandsburg gegründet worden war. Nach diversen Werksgründungen, u. a. 1908 das Diakonissen-Mutterhaus Hebron und 1909 das Brüderhaus Tabor in Marburg, wurden diese Werke 1922 im Deutschen Gemeinschafts-Diakonieverband zusammengefaßt.

Im Deutschen-Gemeinschafts-Diakonieverband wurden 1923 verschiedene Werke der missionarischen Diakonie zusammengefaßt, die sich der inneren und äußeren Mission verpflichtet sahen.

Der Gemeinschafts-Diakonieverband hat zwar seinen Sitz ebenfalls in Marburg, trägt jedoch auch außerhalb Marburgs diverse Einrichtungen: So die Berufsfachschule für Sozialpflege "Bleibergquellenschule" in Velbert, das Fachseminar für Altenpflege des Diakonissen-Mutterhauses "Neuvandsburg-West" in Velbert, die Krankenpflegeschule am Burgfeldkrankenhaus Kassel, die Krankenpflegeschule am Krankenhaus Frankfurt-Sachsenhausen, diverse Ausbildungsgänge zur Hauswirtschafterin, die Fachakademie für Sozialpädagogik und die Mädchenrealschule und das Internat des Diakonissen-Mutterhauses Hensoltshöhe in Gunzenhausen oder die Berufsfachschule für Kinderpflegerinnen "Sonngart" in Lemförde. In Marburg selbst unterhält der Deutsche Gemeinschafts-Diakonieverband eine Krankenpflege-Hochschule zur Fort- und Weiterbildung von Angehörigen der Kranken- und Kinderkrankenpflege, deren Unterrichtsräume sich im Haus Tabor befinden. Außerdem ist der DGD Träger der *Marburger Mission* in Brasilien, Thailand, Japan und in afrikanischen Staaten. Der DGD gehört zur Evangelischen Kirche in Deutschland und ist Mitglied des deutschen *Verbandes für Gemeinschaftspflege und Evangelisation* sowie der Evangelischen Allianz. Der *Evangelische Gnadauer Gemeinschaftsverband* versteht sich wiederum als "Zusammenschluß von Gemeinschaftsverbänden und Werken, die innerhalb der evangelischen Landeskirchen und darüber hinaus die Anliegen des biblisch-reformatorischen Pietismus vertreten" und als "freies missionarisches Werk innerhalb der evangelischen Landeskirchen". Der *Gnadauer Verband,* wie der Zusammenschluß kurz genannt wird, vereinigt 28 Gemeinschaftsverbände, sechs äußere Missionen, 13 Diakonissen-Mutterhäuser und 6 Ausbildungsstätten für den Gemeindedienst unter seinem Dach. Darüber hinaus sind ihm weitere 7 Werke und Verbände - wie der *Jugendverband Entschieden für Christus* (EC) - angeschlossen.

Das *Brüderhaus Tabor* des Deutschen Gemeinschafts-Diakonieverbandes ist eine Ausbildungsstelle für Personen, die in der Diakonie, in der Mission oder in der Jugendarbeit beruflich tätig sein wollen. Im Seminar des Brüderhauses Tabor befinden sich momentan rund 100 Personen in der Ausbildung, die aus theologisch-gemeindeorientierten, theologisch-missiologischen und theologisch-diakonischen Ausbildungsprogrammen bestehen kann. Nach der missionarischen Ausbildung, die in der Regel drei Jahre dauert, werden die Absolventen von der Leitung der Taborbruderschaft in die jeweiligen Stellen in Gemeinden, Gemeinschaften und Jugendverbänden entsandt. Die Lebens- und Studiengemeinschaft Tabor strukturiert im übrigen auch den persönlichen Lebenslauf entscheidend: "Nach den dreieinhalb Jahren in Tabor besteht die Möglichkeit für den Absolventen, sich zu befreunden. Nach dem ersten Jahr Gemeindedienst kann er sich dann verloben und nach dem Oberseminar

Das Brüderhaus Tabor - Seminar für Innere und Äußere Mission am Ortenberg ist mehr als nur eine Ausbildungsstätte für den Gemeindedienst: Tabor stellt eine Lebens- und Studiengemeinschaft innerhalb des DGD dar.

heiraten." (aus einer Selbstdarstellung) Entsprechend gibt es Kollegsemester für Verlobte, in der die künftigen Ehefrauen der Taborbrüder in ihre Aufgaben eingeführt werden. Am jährlichen Treffen der "Taborbruderschaft" finden sich in der Regel rund 1.000 Personen in Marburg ein. Zusammen mit der Landeskirchlichen Gemeinschaft am Ortenberg feiert die Gemeinschaft sonntags Gottesdienst, der von Predigern des Brüderhauses gestaltet wird und an dem durchschnittlich zwischen 200 und 250 Personen - darunter die Hälfte außerhalb der Brüderhaus-Gemeinschaft - teilnehmen. Im Brüderhaus Tabor wird auch jährlich ein "Jungschartag" durchgeführt, an dem Hunderte von Kindern aus verbundenen Gemeinschaften Gottesdienst, Bibelvorträge und Spiele miterleben. Zusammen mit dem *Evangeliumsrundfunk Wetzlar* (ERF) unterhält das Brüderhaus Tabor den *Glaubenshof Cyriaxweimar,* der eine "Lebensgemeinschaft für sozialtherapeutische Seelsorge" darstellt. In diesen Glaubenshof wurden in den letzten Jahren 42 Personen probeweise oder zu "stabilisierenden Maßnahmen" für kürzere Zeit aufgenommen, davon 11 für mehrere Monate.

Das Wehrdaer *Diakonissen-Mutterhaus Hebron* im Deutschen Gemeinschafts-Diakonieverband stellt eine Glaubens- und Dienstgemeinschaft von Diakonissen dar, geleitet von einer Oberin und einem sog. Diakonissenpfarrer. 453 Schwestern gehören momentan dieser Gemeinschaft an und sind in 56 Stationen der Gemeindekrankenpflege, der allgemeinen Krankenpflege, in Altenheimen und Landeskirchlichen Gemeinschaften - überwiegend in Hessen - tätig. Etwa 70 bis 80 Schwestern arbeiten in Marburg, weitere 15 stehen in Diensten des Wehrdaer Diakonie-Krankenhauses und rund 45 "Feierabendschwestern" leben im *Bethesta-Schwesternaltersheim* im Südviertel. In Marburg findet die zweijährige Ausbildung der Diakonissen-Schülerinnen, für die sich junge Frauen zwischen 18 und 30 Jahren bewerben können, statt. Die Schwestern erlernen ganz unterschiedliche Berufe, in denen sie dann tätig sind: Sekretärin, Grafikerin, Krankenschwester, Masseurin oder Lehrerin und Jugendreferentin. Die Diakonissen werden vom Mutterhaus Hebron in ihre jeweiligen Dienststellen entsandt und finanzieren über die Stationsgelder der Wohlfahrtsträger die Gesamtarbeit des Werkes. Die Diakonissen legen zu Beginn ihrer Ausbildung ein Keuschheitsgelübde ab und kleiden sich in der typischen Schwesterntracht mit weißem Häubchen und grauem Kleid. Waren jedoch Mitte der 60er Jahre noch rund 860 Schwestern dem Mutterhaus Hebron zugehörig, so sind es heute nur noch 453 Schwestern. Betrachtet man sich die Altersstruktur der Diakonissen, so wird deutlich, daß diesem Beruf mit Berufung im ausgehenden 20. Jahrhundert kaum noch Attraktivität anhaftet: Rund zwei Drittel der heutigen Schwestern sind älter als 60 Jahre, lediglich 13 Schwestern sind jünger als 30 Jahre. Hebron führt neben der Diakonissen-Arbeit auch einen Ausbildungsgang zur Hauswirtschafterin durch, wobei es erklärtes Ziel ist, die jungen Frauen neben der Berufsausbildung "durch das Wort von Jesus Christus echte Lebensmaßstäbe anzubieten, Orientierungshilfe zu geben und sie mit der Bibel vertraut zu machen" (aus einer Selbstdarstellung). In enger Zusammenarbeit mit anderen Freien Werken, aber auch Freikirchen, war das Diakonissen-Mutterhaus Hebron Zentrum der Vorbereitungen zur *ProChrist-Evangelisation* im März 1993, wo über 1.600 Besucher und Besucherinnen pro Abend in der Wehrdaer Evangeliumshalle der Satellitenübertragung von Billy Grahams Predigten zuhörten. Die Evangeliumshalle in Wehrda konnte als Neubau 1966 zum Tagungshaus des Diakonissen-Mutterhauses Hebron eingeweiht werden und ist inzwischen zu einem bundesweiten Zentrum für evangelikale bzw. pietistische Tagungen geworden. Den sonntäglichen Gottesdienst des Diakonissen-Mutterhauses Hebron, der zusammen mit der Landeskirchlichen Gemeinschaft Wehrda gestaltet wird, besuchen regelmäßig um die 100 Besucher und Besucherinnen. Der Höhepunkt des Gemeinschaftslebens ist das Jahresfest, zu dem über 1.100 Gäste begrüßt werden können.

Weitere Einrichtungen des DGD sind die Gemeinschaftsverbände, von denen es bundesweit sechs an der Zahl gibt. Dazu zählt auch der *Hessische Gemeinschaftsverband e. V.*, der 1928 von zahlreichen Gemeinschaften mit seinem Sitz in Marburg ins Leben gerufen worden war. Diesen Gemeinschaftsverbänden wiederum gehören die *Landeskirchlichen Gemeinschaften* an, in denen normalerweise der Hauptanteil der Evangelikalen innerhalb der Landeskirchen organisiert ist. In Marburg existieren vier Landeskirchliche Gemeinschaften: Am Ortenberg, im Südviertel, in Wehrda und in Cappel. Die größte Gemeinschaft ist hierbei diejenige am Ortenberg, die in engster Kooperation mit dem Brüderhaus Tabor steht: Hier gehören rund 70 Personen der Landeskirchlichen Gemeinschaft an - in ganz Marburg sind es rund 200 Mitglieder, mit steigender Tendenz. Die vier Gemeinschaften verfügen über zwei Prediger (in der Gemeinschaft Süd und Ortenberg), die die jeweiligen Aktionen betreuen und meist die Sonntagsgottesdienste gestalten. Die Landeskirchliche Gemeinschaft Wehrda feiert ihre Gottesdienste in der Regel zusammen mit dem Diakonissen-Mutterhaus Hebron und die Gemeinschaft in Cappel trifft sich Sonntag Nachmittag zu gesonderten Gemeinschaftsstunden. Zu den Sonntagsgottesdiensten am Ortenberg treffen sich im Brüderhaus Tabor zwischen 200 und 250 Personen, im Gemeinschafts-Gottesdienst im Südviertel rund 120 und im Diakonissen-Mutterhaus Hebron rund 100 Gläubige. Die Gemeinschaftssstunde der Landeskirchlichen Gemeinschaft Cappel besuchen zwischen 20 und 30 Personen. Die Jugendarbeit in den Landeskirchlichen Gemeinschaften wird im übrigen meist von den Jugendverbänden *Entschieden für Christus* (EC) geleistet. Als Beispiel für die Aktivitäten der Marburger Landeskirchlichen Gemeinschaften können diejenigen der Gemeinschaft am Ortenberg gelten: Neben einer Kinderbetreuung und einem Kindergottesdienst für Kinder bis 12 Jahren, existieren vier Jungschargruppen für Kinder zwischen 6 und 12 Jahre, die zusammengenommen von rund 40 Kindern besucht werden. Weiter werden organisiert: Ein Teenagerkreis (rund 20 Jugendliche), ein EC-Jugendbund (rund 30 Jugendliche), drei Hauskreise (zusammen rund 30 Personen), eine wöchentliche Bibelstunde (rund 30 Besucher), ein Singkreis (15 Personen), ein Frauenkreis (30 Frauen) sowie ein Blättermissionskreis und Gebetstreffen. Alle Überschneidungen berücksichtigt, zählt die Landeskirchliche Gemeinschaft am Ortenberg somit rund 160 regelmäßige Besucher und Besucherinnen, wobei eine steigende Tendenz festzustellen ist. Wenn man das Verhältnis von 70 Mitgliedern zu 160 Besuchern auf alle Landeskirchlichen Gemeinschaften Marburgs hochrechnet, so würden zum regelmäßigen Kreis dieser Gemeinschaften - eingeschlossen der Mitglieder - über 450 Personen zu rechnen sein.

Eine weitere Gemeinschaft innerhalb der Evangelischen Kirche stellt der *Jugendverband Entschieden für Christus* (EC) - früher "Jugendbund für Entschiedenes Christentum" - dar, der für junge Menschen zwischen 13 und 30 Jahren offensteht. Auch der EC ist ein Produkt der Erweckungsbewegung im ausgehenden 19. Jahrhundert: Der "Deutsche Verband der Jugendbünde für entschiedenes Christentum e. V." wurde 1894 als Dachverband der Jugendbünde ins Leben gerufen. Der EC hat zwar den Anspruch, eine Laienbewegung zu sein, jedoch sind es meist Pfarrer oder hauptamtlich Ausgebildete, die die Kreise leiten. Solche Predigerausbildungen können beispielsweise im Brüderhaus Tabor des DGD oder auch in den Ausbildungsstätten der Bad Liebenzeller Mission stattfinden. Der EC besteht nach eigenen Angaben aus rund 1.000 Jugendgruppen bundesweit, in denen sich rund 65.000 Menschen wöchentlich treffen. Mitglied im EC sind jedoch erheblich weniger Personen: In den Jugendbünden versammeln sich rund 11.000 Mitglieder, was bedeuten würde, daß auf ein EC-Mitglied etwa fünf Jugendliche kommen, die die Jugendbünde besuchen. Bis vor einigen Jahren hatte der EC ein dreistufiges Mitgliedsmodell. Zunächst konnte man die Veranstaltungen, Jugendkreise, Jungscharen und Bibelkreise besuchen, bevor man später in einen Freundeskreis aufgenommen wurde. Hatte man nach einer weiteren Periode gezeigt, daß man ein aufrechter Zeuge Christi ist, bekam man die Gelegenheit, einen Mitgliedsantrag zu stellen. Inzwischen gibt es die Einrichtung der "Freunde" kaum noch, so daß beim EC nur noch zwischen Besuchern und Besucherinnen und Mitgliedern unterschieden werden muß. Auch beim EC ist zu betonen: Er ist zwar autonom organisiert und hat viele Merkmale einer Freikirche, ist aber eine Gemeinschaft innerhalb der Evangelischen Kirche in Deutschland. Der EC ist Mitglied in der *Arbeitsgemeinschaft der evangelischen Jugend in Deutschland* (aej) und im Fachverband des Diakonischen Werkes. Gleichwohl haben die Veranstaltungen des EC auf Ortsebene nur wenig mit den Kirchengemeinden zu tun. In Marburg gibt es neben dem Kreisverband Marburg des EC, in dem die Jugendverbände der *Pilgermission St. Chrischona* zusammengeschlossen sind, auch den Kreisverband Marburg-Biedenkopf, dem die anderen EC-Jugendverbände angehören. Im Stadtgebiet Marburg gibt es - neben dem EC-Jugendbund in der Evangelischen Stadtmission - vier EC-Jugendbünde: Die Jugendbünde Süd, Wehrda und Ortenberg sind hierbei den dort ansässigen Landeskirchlichen Gemeinschaften angeschlossen, der vierte ist dem Philippshaus angebunden. Wenn man sich die Mitgliederzahlen des EC in Marburg betrachtet, kann man jedoch davon ausgehen, daß ein Fünftel bis ein Drittel der Mitglieder auch den Landeskirchlichen Gemeinschaften angehören und rund zwei Drittel auch deren Gottesdienste besuchen:

Tabelle: *Mitglieder und Besucher/Besucherinnen der Marburger EC-Jugendbünde*

Jugendbund	Mitglieder	Besucher/Besucherinnen
Gemeinschaft Ortenberg	13	25
Gemeinschaft Marburg-Süd	17	40
Wehrda	12	25
Philippshaus	5	12
Gesamt	47	102

Eine Marburger Besonderheit stellt der *Christus-Treff* dar, der seit 1984 den "Regenbogen-Buchladen" in der Oberstadt unterhält. Hervorgegangen ist der Christus-Treff aus einem ehemaligen Hauskreis, der sich vor rund 10 Jahren zur *Jesus-Gemeinschaft* konstituierte. Die Jesus-Gemeinschaft ist ein eingetragener Verein, der sich als Lebensgemeinschaft bzw. Kommunität versteht und dem 22 vorwiegend junge Erwachsene angehören. Um Mitglied in der Gemeinschaft zu werden, muß man erst eine einjährige "Kandidatenzeit" absolvieren, nach der über eine Aufnahme entschieden wird. Die Jesus-Gemeinschaft stellt nunmehr die Trägerin des Christus-Treffs dar, bei dem es keine Mitgliedschaft gibt. 1982 fand der Christus-Treff erstmals mit 16 Personen statt, innerhalb weniger Monate versammelten sich rund 40 Personen. Zahlreiche Gruppen und Kreise zählen inzwischen zum Christus-Treff, darunter über 20 Hauskreise. Neben dem Sonntagnachmittags-Gottesdienst, der einmal im Monat im Christus-Treff-Haus am Steinweg 12 stattfindet, ist die zentrale Veranstaltung der wöchentliche Donnerstags-Gottesdienst in der Lutherischen Pfarrkirche, der bereits in den Anfängen des Christus-Treffs 1982 eingerichtet wurde. Je nach Jahres- und Ferienzeit treffen sich hierbei zwischen 250 und 350 Personen, für die dieser Gottesdienst meist der "Hauptgottesdienst" ist. Das Angebot des Christus-Treffs für seine vorwiegend jungen Interessenten und Interessentinnen ist auch auf junge Familien oder Alleinerziehende ausgerichtet, wenngleich Studierende sicherlich die hauptsächliche Zielgruppe darstellen. Gerade aus der Vorstellung, daß Studierende häufig nur unter der Woche in Marburg sind, wurde der Gottesdiensttermin am

Donnerstag Abend gewählt, um ihnen (aber z. B. Krankenhauspersonal) regelmäßige gemeinsame Gottesdienstfeiern und eine feste Gemeinde zu ermöglichen. Geleitet wird der Christus-Treff von einem Koordinationsteam, dessen Mitglieder aus einem Mitarbeiterkreis berufen werden. Mitglied ist der Christus-Treff, der zweifellos zur evangelikalen Bewegung zählt, im *Ring Missionarischer Jugendbewegungen,* der seinerseits in der Evangelischen Allianz mitarbeitet. Mit den Gruppen und Gemeinden der Evangelischen Allianz arbeitete der Christus-Treff eng bei der Vorbereitung der ProChrist-Evangelisation im März 1993 zusammen.

Die evangelikale Evangelisierungskampagne "ProChrist '93" mit dem Baptistenprediger Billy Graham, die vom 17.-21. März 1993 in der Essener Grugahalle stattfand, wurde auch in die Evangeliumshalle Marburg-Wehrda übertragen und geriet zu einem Beweis geglückter Zusammenarbeit innerhalb der evangelikalen Bewegung, wenngleich sicherlich höhere Besucherzahlen erwartet worden waren.

Zur Unterstützung der Ausbildung "bibeltreuer Pfarrer" gibt es in Marburg die *Studienstiftung "Kein anderes Evangelium",* die in enger Verbindung mit der *Bekenntnisbewegung "Kein anderes Evangelium"* steht und von deren Vorstand 1981 gegründet wurde. In Marburg unterhält die Studienstiftung das "Bodelschwingh-Studienhaus", das wiederum vom Deutschen Gemeinschafts-Diakonieverband gemietet ist. Hier haben rund 15 Theologiestudenten die Möglichkeit, während ihres Studiums zu wohnen und in seelsorgerlicher Begleitung des Studienleiters theologische Arbeitsgemeinschaften, selbstorganisierte Seminare, Wochenend-Studientagungen und Seminarfreizeiten mitzuerleben. Zahlreiche Veranstaltungen im Semesterprogramm - z. T. mit Dozenten des Theologischen Fachbereichs der Universität - stehen auch Theologiestudenten offen, die sich im Umfeld des Bodelschwingh-Studienhauses befinden und ebenfalls dem evangelikalen und pietistischen Spektrum angehören. Bundesweit organisiert das Bodelschwingh-Studienhaus zahlreiche Theologiestudentenkreise durch den "Arbeitskreis geistliche Orientierungshilfe für Theologiestudenten". Einmal pro Semester gibt dieser die bundesweite Zeitung "Ichthys" heraus, die ebenfalls eine gebets- und bibelorientierte Theologie vertritt.

Eine weitere Gruppe des konservativen kirchlichen Spektrums - mit engen Kontakten zur "Bekenntnisbewegung 'Kein anderes Evangelium'" - stellt die *Evangelische*

Notgemeinschaft in Deutschland e. V. dar, die in Marburg allerdings nur recht wenige Mitglieder zählt. Die Notgemeinschaft wurde 1966 vor allem anläßlich der Ost-Denkschrift der EKD gegründet (die Denkschrift bereitete die Aussöhnung Deutschlands mit den ehemaligen Kriegsgegnern Polen und Sowjetunion wesentlich vor) und versteht sich selbst als antihumanistisch und konservativ, allerdings nicht evangelikal oder charismatisch. Meist sind die Mitglieder - zu einem hohen Anteil Pfarrer - auch in den Landeskirchlichen Gemeinschaften aktiv, wo sie selbst eher den pietistischen Flügel im Sinne der Gemeindefrömmigkeit vertreten. Die Notgemeinschaft sieht sich als Sprecherin der schweigenden Mehrheit der Kirchenmitglieder, die sich mit der "zunehmenden Politisierung der Kirche" nicht einverstanden sähen. Sie engagiert sich vor allem gegen die Lockerung der Gesetze zur Abtreibung (u. a. § 218) und gegen die Ordination von Frauen zu Pfarrerinnen, die als unbiblisch abgelehnt wird. Mitgliederzahlen im engeren Sinne kann die Notgemeinschaft nicht vorweisen - Orientierungspunkt ist die Auflage ihrer Monatszeitschrift "Erneuerung und Abwehr", die bei rund 10.000 liegt. Vorsichtige Schätzungen gehen jedoch davon aus, daß es zwischen 5.000 und 6.000 Personen sind, die tatsächlich die Ziele der Notgemeinschaft teilen und sich ihr zurechnen. In Marburg kann man von einer zweistelligen Anzahl von Mitgliedern - mit einem hohen Anteil aktiver oder pensionierter Pfarrer - ausgehen, die jedoch als Gruppe nicht in Erscheinung treten, sondern jeweils persönlich in anderen Organisationen für die Vorstellungen der Notgemeinschaft eintreten.

Gemeinden und Einrichtungen

Evangelisches Dekanat Marburg-Stadt und Gesamtverband der Evangelischen Kirchengemeinden in Marburg - Evangelisches Gemeindeamt, Dekanin Bundesmann-Lotz, Barfüßertor 34, 35037 Marburg, 06421/24051.

Elisabethkirche - Bezirk Michael, Pfarrer Dr. Leppin, Deutschhausstr. 26, 35037 Marburg, 06421/65497.

Bezirk Deutschhaus, Pfarrer Goeze, Uferstr. 5, 35037 Marburg, 06421/66262.

Bezirk Ortenberg-Nord, Pfarrer Bernhard Dietrich, Schützenstr. 39, 35039 Marburg, 06421/65683.

Bezirk Waldtal, Pfarrer Hartmann, Waidmannsweg 5, 35039 Marburg, 06421/62245.

Bezirk Ortenberg-Süd, Pröpstin Elisabeth Schönborn, Georg-Voigt-Str. 72a, 35039 Marburg, 06421/22981.

Emmauskirche, Pfarrer Nolte, Leipziger Str. 20, 35039 Marburg, 06421/41064.

Lukaskirche, Pfarrer Winfried Müller, Zeppelinstr. 29, 35039 Marburg, 06421/42573.

Markuskirche, Pfarrer Wolfgang Voigt, Bienenweg 27, 35041 Marburg, 06421/32658.

Matthäuskirche - Bezirk Bachweg, Pfarrer Christian Braun, Bachweg 25, 35037 Marburg, 06421/33372.

Bezirk Roter Hof, Pfarrer Uwe Mahlert, Ockershäuser Schulgasse 35, 35037 Marburg, 06421/33105.

Pauluskirche, Pfarrer Friedhelm Rode, Fontanestr. 46, 35039 Marburg, 06421/24771.

Pfarrkirche - Bezirk I, Dekanin Bundesmann-Lotz, Rotenberg 50, 35037 Marburg, 06421/32780.

Bezirk II, Pfarrer Glockzin, Lutherischer Kirchhof 1, 35037 Marburg, 06421/25243.

Thomaskirchengemeinde, Pfarrer Helmut Koller, Chemnitzer Str. 2, 35039 Marburg, 06421/41990.

Universitätskirche - Bezirk West, Pfarrer Eibach, Liebigstr. 35, 35037 Marburg, 06421/23745.

Bezirk Ost, Pfarrer Renner, Georg-Voigt-Str. 89, 35039 Marburg, 06421/23387.

Klinikpfarramt - Klinikum Lahnberge, 35043 Marburg, 06421/28-3595.

Klinikpfarramt - Nervenklinik, 35043 Marburg, 06421/728-5331.

Klinikpfarramt - Psychiatrisches Krankenhaus, 35039 Marburg, 06421/404-375.

Evangelisches Dekanat des Kirchenkreises Marburg-Land, Dekan Slenczka, Weimarer Str. 2, 35091 Cölbe, 06421/82203.

Elnhausen, Pfarrer Dr. Günter Blum, Stöckelsbergweg 4, 35041 Marburg, 06420/4720.

Michelbach, Kirchgasse 13, 35041 Marburg, 06420/7595.

Cappel I, Pfarrer Hans-Horst Althaus, Marburger Str. 2, 35043 Marburg, 06421/41517.

Cappel II, Pfarrer Dr. Jörg Garscha, Amselstr. 10, 35043 Marburg, 06421/43646.
Gemeindebüro, Zur Aue 2, 35043 Marburg, 06421/46420.

Wehrda, Martinskirche, Pfarrer Konrad Grau, Haingasse 4, 35085 Ebsdorfergrund, 06424/5286.

Wehrda, Trinitatiskirche, Pfarrer Dr. Mommsen, Calvinstr. 14a, 35037 Marburg, 06421/27447.

Hermershausen, Haddamshausen über Pfarramt Oberweimar, Pfarrerin Cornelia Pausch-Traud, Obergasse 4, 35096 Weimar, 06421/78550.

Dilschhausen über Pfarramt Weitershausen, Pfarrer Heinrich Schwarz, Gießener Str. 22, 35043 Marburg-Gisselberg, 06421/7656.

Cyriaxweimar, Gisselberg über Pfarramt Niederweimar, Pfarrer Hartmut Wild, Zur Kirche 6, 35096 Weimar, 06421/78617.

Bauerbach (mit Ginseldorf)) über Pfarramt Bürgeln-Bauerbach, Pfarrer Dr. Erwin Quapp, Zum Loh 6b, 35091 Cölbe-Bürgeln, 06427/696.

Moischt (mit Schröck), Pfarrer Martin Zekl, Eduard-Bork-Str. 12, 35085 Ebsdorfergrund, 06424/1203.

Institutionen und karitative Einrichtungen

Evangelische Studentengemeinde (ESG), Rudolf-Bultmann-Str. 4, 35039 Marburg, 06421/6006-0.
  Studentenpfarrer Bengt Seeberg, Rudolf-Bultmann-Str. 4, 35039 Marburg, 06421/6006-11.
  Studentenpfarrerin Elvira Ohlwein-Dräger, Rudolf-Bultmann-Str. 4, 35039 Marburg, 06421/6006-23.

Diakonisches Werk Oberhessen, Pfarrer Teetz, Haspelstr. 5, 35037 Marburg, 06421/25060.

Beratungsstelle für Suchtkranke und Gefährdete, Jugend- und Drogenberatung, Frankfurter Str. 25, 35037 Marburg, 06421/26033.

Evangelische Familienbildungsstätte, Barfüßertor 34, 35037 Marburg, 06421/26366.
Jugendhaus Compass, Deutschhausstr. 29a, 35037 Marburg, 06421/61194.

Club X, Universitätsstr. 30, 35037 Marburg, 06421/26780.

Stadtjugendpfarramt, Pfarrer Karl-Günther Balzer, Höhenweg 72, 35041 Marburg, 06421/33782.

Philippshaus, Universitätsstr. 30/32, 35037 Marburg, 06421/23191 und 23435.

Psychologische Beratungsstelle für Ehe-, Familien- und Lebensfragen, Erziehungsberatung, Schwangerschaftskonflikberatung, 35037 Marburg, 06421/27888.

Evangelisches Altenpflegeheim Elisabethenhof, Rotenberg 60, 35037 Marburg, 06421/32011.

Gemeinschaften innerhalb der Evangelischen Kirche

Deutscher Gemeinschafts-Diakonieverband, Stresemannstr. 22, 35037 Marburg, 06421/188-0.
  Krankenpflege-Hochschule des DGD, Dürerstr. 37, 35039 Marburg, 06421/66828.
  Brüderhaus Tabor, Harry Wollmann, Dürerstr. 43, 35039 Marburg, 06421/61082.

Diakonissen-Mutterhaus Hebron, Oberin Magdalene Glaser, Diakonissenpfarrer Volker Steinhoff, Postfach 1266, 35002 Marburg, 06421/805-0.
  Frauenarbeit des Diakonissen-Mutterhauses Hebron, Postfach 1266, 35002 Marburg, 06421/82813.
  Schwesternaltersheim Bethesta, Schwanallee 59, 35037 Marburg, 06421/185-0.

Marburger Mission, Schückingstr. 20, 35037 Marburg, Postfach 600, 35018 Marburg, 06421/188220.

Hessischer Gemeinschaftsverband e. V., Hebronberg, Postfach 1266, 35002 Marburg, 06421/81026.

Jugendverband Entschieden für Christus (EC), Schwanallee 37, 35037 Marburg, 06421/27223.

Kreisverband Mittelhessen: Werner Bodenbender, Kasseler Str. 108, 35091 Cölbe, 06421/81573.

Studienstiftung "Kein anderes Evangelium", Studienleiter Hans-Jürgen Peters, Schwanallee 53, 35037 Marburg, 06421/21337.

Landeskirchliche Gemeinschaft Ortenberg, Prediger Michael vom Ende, Im Gefälle 46, 35039 Marburg, 06421/63568.

Landeskirchliche Gemeinschaft Marburg-Süd, Schwanallee 37, 35037 Marburg, 06421/27223.

Prediger Erhard Weide, Friedrich-Naumann-Str. 15, 35037 Marburg, 06421/26270.

Gemeinschaft in der Evangelischen Kirche in Cappel, Michael Reuter, Rollwiesenweg 20, 35039 Marburg, 06421/481160.

Landeskirchliche Gemeinschaft Wehrda, Hans-Georg Balzereit, Wehrdaer Str. 60, 35041 Marburg, 06421/82837.

Christus-Treff, Regenbogen-Buchladen, Am Markt 19, 35037 Marburg, 06421/12792.

Evangelische Notgemeinschaft in Deutschland e.V., Pfarrer Walter Albertz, Birkenweg 19, 35041 Marburg, 06421/32308.

Literatur:

Kolbe, Wilhelm: *Die Einführung der Reformation in Marburg. Ein geschichtliches Bild aus Hessens Vergangenheit,* Marburg 1871.

May, Gerhard: Art. "Marburger Religionsgespräche", in: *Theologische Realenzyklopädie* XXII, Berlin/New York 1992, S. 75-79.

Schneider, Hans: Art. "Kurhessen-Waldeck", in: *Theologische Realenzyklopädie* XX, Berlin/New York 1990, S. 337-342.

Schneider, Hans: Art. "Marburg, Universität", in: *Theologische Realenzyklopädie* XXII, Berlin/New York 1992, S. 68-75.

Evangelische Stadtmission Marburg

Zu den auffälligeren und modernsten Gemeinderäumen im Südviertel Marburgs zählen die beiden Häuser der Evangelischen Stadtmission Marburg. Die Stadtmission ist jedoch keine Missionseinrichtung der Evangelischen Kirche von Kurhessen-Waldeck - wie der Name vielleicht nahelegen könnte - und die Gemeinde ist auch nicht dem Dekanat Marburg-Stadt zugehörig. Stattdessen ist sie dem evangelischen Missions- und Gemeindewerk *Pilgermission St. Chrischona* mit internationalem Sitz in der Schweiz angeschlossen. Die Stadtmission stellt also keine überregionale Dienstleistungseinrichtung dar, sondern ist als historisch gewachsene Gemeinschaft selbst eine eigenständige Gemeinde, die seit 1896 besteht.

Die Pilgermission St. Chrischona

Der Pietismus des 18. und 19. Jahrhunderts gilt als Vater der Pilgermission. Während die pietistische Bewegung in Deutschland zahlreiche Erfolge aufzuweisen und mit Württemberg eine ganze Landeskirche in seinen Bann gezogen hatte, fand er in der Schweiz nur wenig Anklang. Lediglich in den Kantonen Basel und Bern gab es Ende des 18. Jahrhunderts einige Gemeinden, die eine pietistische Prägung aufwiesen. 1780 wurde in Basel die "Deutsche Gesellschaft zur Beförderung reiner Lehre und wahrer Gottseligkeit", auch *Christentumsgesellschaft* genannt, gegründet. Dorthin wurde 1801 der württembergische Pfarrerssohn und Verwaltungsangestellte Christian Friedrich Spittler (1782-1867) berufen, der 1807 zum Sekretär der Christentumsgesellschaft befördert wurde. Er wurde zum führenden Mann der Schweizer Erweckungsbewegung und rief rund 30 missionarisch-diakonische Werke ins Leben, darunter die *Basler Bibelgesellschaft*, die *Basler Missionsgesellschaft* und das *Riehener Diakonissenhaus*. Spittlers Sorge ging nun weniger in Richtung Heidenmission, vielmehr bedrückte ihn die Gleichgültigkeit der "Namenschristen" in Europa. Sein Motto lautete dementsprechend: "Wenn wir dafür sorgen, daß die Heiden Christen werden, so dürfen wir nicht versäumen, auch darauf bedacht zu sein, daß die Christen keine Heiden werden."

Bereits in den 20er und 30er Jahren des letzten Jahrhunderts sandte Spittler junge Handwerksburschen in die Welt, die in ihrem Bereich den christlichen Glauben "erwecken" sollten. Zur Institutionalisierung der weiteren Ausbildung erwarb Spittler schließlich 1840 die verfallene St. Chrischona-Wallfahrtskirche bei Basel und rief somit die "Pilgermission" ins Leben. Der Name "Pilgermission" war nicht nur an der ehemaligen Wallfahrtskirche orientiert, sondern sollte symbolisieren, "daß alle, die - wie 'Pilger' - zum ewigen Ziel unterwegs sind, Mission treiben" (aus einer Selbstdarstellung der Pilgermission heute). Auf dem Gut der Pilgermission wurde nunmehr eine Ausbildungsstätte für Laien eingerichtet, die fortan als Bruderschaft Mission in der Welt betreiben sollten. In den Folgejahren wuchs die "Chrischonasiedlung" durch zahlreiche Spenden, so daß 1860 bereits 41 Brüder in der Ausbildung der Gemeinschaft standen. 1865 waren 250 Brüder der Pilgermission im Dienst, weitere 65 bereiteten sich auf die Missionsarbeit vor. Diese Brüder der Pilgermission waren nun zu einer Zeit ausgebildet worden, wo sich in nahezu allen Ländern Westeuropas, vor allem jedoch in den protestantisch geprägten, eine außerordentliche Aufbruchsstimmung zugunsten äußerer und innerer Mission herausbildete. Zahlreiche Gemeinschaftsverbände und Missionsvereine wurden gegründet - und Absolventen der Pilgermission berufen. Die Pilgermission selbst gründete im Rahmen ihrer "Evangelisation und Gemeinschaftspflege" Chrischona-Gemeinschaften und Stadtmissionen: Seit 1869 in der Schweiz, seit 1875 in Süddeutschland, in Ost- und Westpreußen (1877-1945), im Saarland seit 1889 und im Elsaß seit 1913.

Christian Friedrich Spittler (1782-1867), der Gründer der Pilgermission St. Chrischona, auch "Vorarbeiter Gottes" oder "Handlanger Gottes" genannt.

Nach dem Tode Christian Friedrich Spittlers 1867 übernahm nach kurzer Orientierungslosigkeit des Werkes, das doch sehr auf dessen Person zugeschnitten war, Carl Heinrich Rappard (1837-1909) die Leitung. Seine Frau, Dora Rappard (1842-1923) ging als "Chrischona-Mutter" in die Annalen der Pilgermission ein und trug zur Verbreitung der Evangeliums-Botschaft St. Chrischonas vor allem unter Frauenvereinen und -versammlungen bei. Der gebürtige Württemberger und Schwiegersohn Rappards, Friedrich Veiel (1866-1950), übernahm 1909 die Leitung der Pilgermission, ehe er 1946 diese Aufgabe an Hans Staub (1898-1967) weitergab. Unter dessen Nachfolger Edgar Schmidt wurde vor allem der Schulbetrieb der Pilgermission ausgebaut und die verschiedenen Ausbildungsgänge verbessert. Seit 1991 nimmt Karl Albietz die Aufgabe des Direktors des Werkes wahr. Das Chrischona-Werk besteht heute aus verschiedenen Arbeitszweigen: Einem vierjährigen Prediger- und Missionsseminar für Männer, einer drei- bis neunwöchigen Kurzbibelschule, einem Diakonissen-Mutterhaus, der Gemeindearbeit in den verschiedenen Ländern, der Missionsarbeit in Afrika und in Südamerika, dem *Brunnen-Verlag* in Gießen/Basel und diversen Buchhandlungen,

Ferien-, Jugend- und Altersheimen sowie einer zwei- bis dreijährigen Bibelschule für Frauen. Die Mission in Afrika ist ein Arbeitszweig, der der Pilgermission relativ früh zugewachsen ist, obwohl sie doch eigentlich zum Zwecke der inneren Mission gegründet worden war: Bereits 1854 waren Chrischonabrüder nach Äthiopien gereist, um die äthiopischen Juden (Falaschas) zu missionieren. Später wurde diese Mission in enger Zusammenarbeit mit der "Kirchlichen Judenmission Englands" durchgeführt. 1960 wurde dann nach der Beendigung der Zusammenarbeit mit der Kirchlichen Judenmission Englands die Falascha-Mission aufgegeben und das selbständige Missionswerk *Chrischona Mission in Äthiopien* gegründet, deren Einrichtungen nach 1977 allerdings aufgelöst bzw. der neuen "marxistischen" Regierung übergeben werden mußten. Missionare der Chrischona-Mission sind noch tätig im Benin, in Äthiopien, Kenia und Südafrika sowie in den lateinamerikanischen Ländern Peru und Chile.

In Frankreich, im Gebiet Elsass-Mosselle bestanden Ende 1992 an 14 Orten Gemeinden der Pilgermission St. Chrischona, an zwei weiteren Stätten unterhielt das Gemeinschaftswerk Heime. Der Schwerpunkt der Gemeindebildung liegt jedoch immer noch in der Schweiz: Ende 1992 fanden sich dort außerhalb des Stammhauses St. Chrischona 94 Gemeinden, wobei an vier weiteren Orten Einrichtungen der Pilgermission existierten. Am erfolgreichsten war die Gemeindegründung hierbei in den Kantonen Aargau, Basel, Thurgau und Zürich. Insgesamt sind es in Frankreich, der Schweiz, der Bundesrepublik und im südlichen Afrika 168 Gemeinden, die sich der Pilgermission St. Chrischona zugehörig fühlen. In der Schweiz und in Frankreich sind die Chrischona-Gemeinden jedoch allesamt als Freikirchen konstituiert. Hinzu kommen dann noch jeweils weitere Außenorte, die zum Missions- und Gemeindewerk St. Chrischona gehören. In diesen Gemeinden sind heute rund 220 Prediger bzw. Pastoren, Stadtmissionare und Gemeindehelferinnen tätig, die fast alle die verschiedenen Ausbildungsgänge in St. Chrischona durchlaufen haben. 1992 wurden in der Schweiz rund 10.300 Mitglieder und ständige Besucher von Chrischona-Gemeinden gezählt (mit Kindern und Jugendlichen: 15.500), in Frankreich 835 (bzw. 1.260) und im südlichen Afrika 410 (bzw. 650).

Das Chrischona-Gemeinschaftswerk in Deutschland

Unter Carl Heinrich Rappard wurde die Gemeinschaftsarbeit der Pilgermission intensiviert. In Südbaden - dem Zentrum geographisch nahegelegen - fiel die Mission bereits in frühen Jahren auf fruchtbaren Boden. 1889 konnte in Freiburg ein Vereinshaus der Pilgermission als Zentrum zahlreicher Kreise eingeweiht werden. In Süddeutschland schlossen sich im Laufe der Zeit auch einzelne Gemeinschaftsverbände der Chrischonaarbeit an, die nicht ursprünglich von ihren Missionaren ins Leben gerufen worden waren. 1990 bestanden noch in 13 Orten des "Seniorats Süddeutschland" Gemeinden der Pilgermission St. Chrischona, wobei der Schwerpunkt auf Südbaden liegt. Ein Schwergewicht der Arbeit der Pilgermission lag ab 1877 in Ost- und Westpreußen, wo in den 30er Jahren dieses Jahrhunderts rund 90 Prediger in 64 Orten tätig waren. Diese Gemeinden mußten mit dem Ende des Zweiten Weltkrieges aufgegeben werden. Außerhalb Baden-Württembergs finden sich heute Gemeinden nur noch in drei Bundesländern: Im Saarland, Rheinland-Pfalz und Hessen.

Von den 40 Gemeinden dieser Regionen finden sich nur 11 nicht in Hessen, womit der geographische Schwerpunkt der Pilgermission in Deutschland charakterisiert wäre: Bereits 1878 war ein Missionar der Pilgermission nach Lich und in die Wetterau entsandt worden, da von dortigen Versammlungen dieses Begehren ergangen war. Vom Zentrum Lich aus wurden nun weitere Missionare zu Evangelisationen und Bibelstunden in die oberhessischen Dörfer und Städte entsandt. Die hessischen Gemeinden in Rheinhessen und an der Bergstraße waren übrigens erst 1979 zum Chrischona-Gemeinschaftswerk gestoßen, nachdem bereits jahrzehntelange enge Verbindungen mit deren Träger, dem *Evangelischen Verein für innere Mission in Hessen, Worms* gehalten worden waren. Das *Seniorat Hessen-Mitte* umfaßt neben der Gemeinde in Marburg noch diejenigen in Battenberg, Fronhausen-Bellnhausen, Gießen, Gladenbach-Mornshausen, Grünberg, Lich, Wetter und Wettenberg-Wissmar. Insgesamt wurden 1992 in deutschen Chrischona-Gemeinden rund 7.000 Mitglieder bzw. ständige Besucher gezählt sowie zusätzlich 2.790 Kinder und Jugendliche.

Der Unterschied zwischen der Pilgermission in Deutschland und den Landeskirchen sowie den Freikirchen ist auf den ersten Blick nicht einfach auszumachen. Die klare Zugehörigkeit zum evangelikalen Lager, die Mitarbeit in der Evangelischen Allianz und in Deutschland meist die Verbindungen zum Gnadauer Verband sind die deutlichen Unterscheidungsmerkmale zu den protestantischen Landeskirchen. Von Freien evangelischen Gemeinden oder Gemeindebünden freikirchlichen Charakters unterscheidet sich die Pilgermission St. Chrischona durch ihre zentrale Leitung und Ausbildung der hauptamtlichen Mitarbeiter und Pastoren. Und im Unterschied zu den Freien Werken innerhalb der Landeskirchen (z. B. den Landeskirchlichen Gemeinschaften) haben Gemeinden des Chrischona-Werkes die Möglichkeit, sich als Freikirche zu konstituieren. Sonderlehren vertritt die Pilgermission nicht; die Taufpraxis der Glaubenstaufe, die ab dem Alter von 14 bis 15 Jahren vollzogen werden kann, wird in verschiedenen Gemeinden praktiziert - wie auch in den meisten Freikirchen. Gleichwohl ist diese Glaubenstaufe keine Beitrittsbedingung (wie bei den Baptisten), die Kindertaufe anderer Kirchen wird also anerkannt. Die deutschen Gemeinden arbeiten in den lokalen Evangelischen Allianzen mit und gehören über das Chrischona-Gemeinschaftswerk dem "Gnadauer Verband für Gemeinschaftspflege und Evangelisation" an. Unschwer ist zu erkennen, daß für die deutschen Gemeinden des Chrischona-Gemeinschaftswerkes die Frage nach der eigenen Identität und der Abgrenzung gegenüber anderen evangelikalen Gemeinden ein Problem darstellt. Zumal den Mitgliedern der einzelnen Gemeinden freigestellt wird, ob sie gleichzeitig noch Mitglieder der jeweiligen Landeskirche bleiben wollen, Doppelmitgliedschaften also nicht ausgeschlossen werden.

Die Gemeinde in Marburg

Im Jahre 1896 fand die Gründung der *Marburger Gemeinde der Pilgermission* statt - ein verhältnismäßig später Zeitpunkt, wenn man bedenkt, daß die Chrischona-Nachbargemeinde in Bellnhausen im selben Jahr bereits ihr Gemeindehaus einweihte. Nachdem sich die Gemeinde vier Jahre lang in Privaträumen getroffen hatte, konnte 1900 das Gebäude Roter Graben 6 von der "Stadtmission" (wie sich die Gemeinde der Pilgermission in Marburg bis heute nennt) gekauft und als Gemeindehaus genutzt werden. 1930 wurde dann das Melanchthonhaus in der Reitgasse 5 erworben und bis 1982 in vielfacher Hinsicht genutzt: Beispielsweise wurde lange Jahre hindurch in dem Gebäude, das vor dem Kauf durch die Stadtmission den Namen "Hannibals Terrasse" trug, ein alkoholfreies Restaurant geführt. Hierzu meldete die Oberhessische Zeitung am 23. 2. 1934: "Dieser neue von breiter Marburger Bürgerschaft begrüßte Arbeitszweig der Stadtmission soll in selbstlos dienender, nicht erwerbsmäßig eingestellter Weise die Trinkunsitten bekämpfen und in seiner Art nach Aufmachung und Darbietung eine Brücke schlagen zwischen Akademikern und werktätigen Volksgenossen." 1982 zog die Stadtmission aufgrund der besseren Lage in die Wilhelmstr. 15, wo 1989 auch das Nachbarhaus, die Wilhelmstr. 13, hinzugekauft wurde.

Das 1991 eingeweihte neue Gemeindezentrum im Marburger Südviertel verbindet moderne Ausdrucksformen mit historischem Hintergrund.

Die Stadtmission war bis 1948 ein eingetragener Verein, verzichtete dann aber auf diese Rechtsform und schloß sich auch organisatorisch voll der Pilgermission St. Chrischona an. Chrischona-Gemeinden haben in der Bundesrepublik die Wahl, sich entweder als freikirchliche Gemeinde zu konstituieren oder im landeskirchlichen Bereich zu verbleiben. Die Marburger Stadtmission nahm da in den letzten 20 Jahren eine eher ungeklärte Zwischenposition ein. Als jedoch 1991 ein Verbindungsbau an der Rückfront der beiden Häuser in der Wilhelmstraße als modernes Gemeindehaus eingeweiht werden konnte, war die Stadtmission einer eigenständigen freigemeindlichen Entwicklung näher gekommen. Im modernen Gottesdienstraum steht nunmehr ein Taufbecken zur Verfügung, das die Glaubenstaufe durch Untertauchen ermöglicht. Wenn bisher in den vergangenen 10 Jahren die Glaubenstaufe gewünscht wurde, mußte diese in einer Nachbargemeinde durchgeführt werden. Jetzt ist dies - entsprechend der neuen Einrichtungen und eines Beschlusses des Leitungsgremiums der Gemeinde (Brüderrat) und der Mitgliederversammlung - in der eigenen Gemeinde durchführbar. An Pfingsten 1992 feierte die Gemeinde ihren ersten Taufgottesdienst im neuen Gemeindezentrum. Diese Entwicklung ist u. a. eine Konsequenz der seit längerer Zeit in der Gemeinde praktizierten Kindersegnung und der Tatsache, daß Amtshandlungen schon seit Jahren auf Wunsch der Gemeindeglieder eigenständig wahrgenommen wurden. Der Zustand von einem ungeklärten Status neben/in der evangelischen Landeskirche hat sich damit in Richtung auf eine erhebliche Annäherung an einen freikirchlichen Status verändert. Die Amtshandlungen wie Taufen, Trauungen u. a. vollzieht der jeweilige hauptamtliche Seelsorger der Gemeinde, der eine vierjährige theologische Ausbildung im Missions- und Predigerseminar St. Chrischona abgeschlossen hat. Der Pastor bildet zusammen mit sechs weiteren Personen das Leitungsgremium der Gemeinde, den "Brüderrat", der momentan noch ausschließlich aus Männern besteht, in den aber vermutlich in Zukunft auch Frauen aufgenommen werden, die immerhin knapp zwei Drittel der Gemeindeglieder ausmachen. Für ausscheidende Mitglieder des Brüderrates berufen die verbliebenen Brüder Nachfolger, die jedoch von der Mitgliederversammlung der Gemeinde bestätigt werden müssen. Im Moment zählt die Stadtmission Marburg 76 Mitglieder, fünf weitere Personen haben sich um eine Mitgliedschaft beworben. Zur Gemeinde der Stadtmission sind jedoch insgesamt rund 160 Personen zu zählen, da neben den Mitgliedern auch noch ein Freundeskreis aus regelmäßigen Besuchern und Besucherinnen existiert. Insgesamt ist die Mitgliederzahl der Stadtmission in den vergangenen 20 Jahren rückläufig, was darauf zurückgeführt wird, daß die Arbeit in einigen Außenorten wie Albshausen, Halgehausen, Moischt, Niederwalgern, Niederweimar, Rosenthal und Roth aufgegeben wurde. Andererseits haben sich Gemeindeglieder aus Caldern und Oberweimar der Stadtmission Marburg voll angeschlossen. Obwohl die Stadtmission zur Zentralisierung der Gemeindearbeit in Marburg tendiert, existieren jedoch weiterhin Bibelkreise in Leidenhofen, Gemünden und Löhlbach. Die Gemeindeglieder gehören überwiegend dem Angestelltenmilieu an, sind also weitgehend abhängig Beschäftigte, die v.a. in Büros und in den unterschiedlichen Verwaltungen arbeiten; wenig vertreten sind hierbei Selbständige. Knapp ein Drittel der 160 Gemeindeglieder ist älter als 60 Jahre, ein weiteres knappes Drittel zählt weniger als 25 Jahre, so daß von einer relativ ausgewogenen Altersstruktur gesprochen werden kann: Knapp die Hälfte der Mitglieder ist jünger als 40 Jahre.

Die Aktivitäten der Gemeinde unterscheiden sich kaum von anderen freikirchlichen Gemeinden: Neben Sonntagsgottesdienst, Chor und Posaunenchor, Seniorennachmittagen, Frauenfrühstück und Mutter-Kind-Kreis charakterisieren jedoch Gebetstreff, Gemeindebibelschule, EC-Jugendkreis und EC-Jungschar bereits die evangelikale Orientierung der Gemeinde. Den Sonntagsgottesdienst besuchen zwischen 70 und 100 Personen, den parallelen Kindergottesdienst zwischen 10 und 15 Kinder. Wie bei den vier Landeskirchlichen Gemeinschaften wird auch in der Stadtmission die Jugendarbeit durch den EC, den *Jugendbund Entschieden für Christus* (vormals: "Jugendbund für Entschiedenes Christentum"), geleistet. Die EC-Gruppen der Gemeinden der Pilgermission St. Chrischona bilden jedoch einen eigenständigen Kreisverband neben dem Kreisverband der EC-Jugendbünde in den Landeskirchlichen Gemeinschaften. Dem EC-Kreisverband der Chrischona-Gemeinden gehören die EC-Jugendbünde der Gemeinden in Bellnhausen, Battenberg, Wetter, Marburg und Gladenbach-Mornshausen an, die über ihren Kreisverband wiederum Mitglied im "Deutscher Jugendverband Entschieden für Christus" ist. Ihrem Namen der "Stadtmission" wird die Gemeinde durch missionarische Einsätze gerecht: So wurde im April eine 11tägige Evangelisation mit Pastor Wilhelm Pahls durchgeführt, zu der durchschnittlich über 150 Personen pro Abend begrüßt werden konnten - vereinzelt sogar über 200. Neben den Abendveranstaltungen, gemeinsamem Frühstück und Mittagsgebet wurden tägliche missionarische Einsätze in der Marburger Fußgängerzone durchgeführt, bei denen sich auch etliche Gemeindeglieder der Stadtmission aktiv beteiligten und dafür einen Teil ihres Urlaubes opferten. Einem ähnlichen missionarischen Ziel dient auch das Angebot des "Café Kreuzpunkt" der Stadtmission, das freitags in der Barfüßerstr. Str. 6 geöffnet hat.

Enge Beziehungen unterhält die Stadtmission Marburg zu den Gemeinden, deren Vertreter in der Evangelischen Allianz mitarbeiten und mit denen gemeinsam auch die ProChrist-Evangelisation mit dem Baptistenprediger Billy Graham im Frühjahr 1993 vorbereitet wurde.

Kontakt:	Pastor Otto Goy, Wilhelmstr. 15, 35037 Marburg, 06421/25708.
Zentrale:	Pilgermission St. Chrischona, Chrischonarain 202, CH-4126 Bettingen bei Basel, Tel.: +41-61/497011; Fax: +41-61/670502. Geschäftsstelle des deutschen Zweiges: Chrischona-Gesellschaft für Evangelisation und Gemeinschaftspflege, Löberstr. 15, 35390 Gießen, 0641/77893.
Publikationen:	Brunnen-Verlag, Wallstr. 6, CH-4002 Basel, +41-61/6464111. Brunnen-Verlag, Gottlieb-Daimler-Straße 22, 35398 Gießen, 0641/60590, Fax: 0641/605940.
Periodika:	Chrischona-Magazin (11 Ausgaben/Jahr - über Brunnen-Verlag für Schweiz und Frankreich; für Deutschland: Chrischona-Service Gesellschaft, Mulsowstr. 6, 79541 Lörrach, 07621/54016).

Freie evangelische Gemeinde Marburg

Eine der jüngsten und am schnellsten wachsenden Gemeinden Marburgs ist die *Freie evangelische Gemeinde* mit ihren modernen Gemeinde- und Kirchenräumen oberhalb des "Cappeler Berges". 1952 trafen sich erstmals elf Personen aus dem Marburger Umland bzw. nach Marburg Zugezogene aus anderen Freien evangelischen Gemeinden, um auch in Marburg eine Freie evangelische Gemeinde zu gründen. Bereits 1954 konnten eigene Räume am Roten Graben bezogen werden und im selben Jahr wurde die junge Gemeinde Mitglied im Dachverband *Bund Freier evangelischer Gemeinden*. Bis 1971 hatte sich die Anzahl der Mitglieder vervierfacht, so daß 1973 größere Räume im Südviertel bezogen werden mußten. Die Umzüge hatten 1984 ein Ende, als die inzwischen 75 Gemeindemitglieder die neuen Räume an der Cappeler Straße 39 einweihen konnten. Seither hat sich die Freie evangelische Gemeinde mehr als verdoppelt: Rund 160 Mitglieder zählt sie heute und hat die alten Partnergemeinden in Bracht und Josbach, die zusammen nur noch etwa 40 Gemeindemitglieder haben und vom Marburger Pastor mitbetreut werden, dadurch weit überflügelt.

Die Entstehung der Freien evangelischen Gemeinden

Die Freien evangelischen Gemeinden sind ein Ergebnis der protestantischen Erweckungsbewegung im 19. Jahrhundert. Zunächst handelte es sich um einzelne Gruppen, die sich innerhalb der Landeskirchen herausgebildet hatten und sich zum regelmäßigen Bibelstudium zusammenfanden, das als Ergänzung zu den Sonntagspredigten liberaler Gemeindepfarrer gedacht war. Von den Landeskirchen, die damals im engen Bündnis von Thron und Altar standen und der Oberaufsicht des jeweiligen Landesherren unterlagen, wurden diese "Konventikel" - weil theologisch und organisatorisch nicht kontrollierbar - meist nicht geduldet. Zudem hatten die offiziellen Kirchen wohl im Klima der aufkommenden "adventistischen" und "apostolischen" Strömungen und Kirchen, die sich jeweils als "die wahre christliche Kirche" verstanden, wohl eine gewisse Panik erfaßt: Wer, wenn nicht die evangelischen Landeskirchen, sollte in diesem Durcheinander christlicher Konfessionen und Kirchen noch das Erbe der Reformation, die dogmatischen Errungenschaften des 17. Jahrhunderts und das Amtsverständnis des ordinierten Pfarrers bewahren? Wenn auch nicht in dieser Intensität wie in den deutschen Fürstentümern, aber ebenfalls im Konflikt mit den offiziellen Staatskirchen, waren bereits 1816 in Genf, 1829 in Bern und 1832 in Lyon Freie evangelische Gemeinden entstanden - im Rahmen einer Erweckungsbewegung, die von einem Schotten, Robert Haldane (1764-1842), in der Schweiz ausgelöst worden war. Die "Église évangélique libre" in Lyon war es auch, die dem Kaufmann Hermann Heinrich Grafe (1818-1869) die Anstöße gab, sich 1854 von der reformierten Gemeinde in Elberfeld (Wuppertal) zu trennen und eine eigenständige Freie evangelische Gemeinde in Elberfeld-Barmen zu gründen - die erste diesen Typs in Deutschland. Grundlage der neuen Gemeinde war die Autonomie der Einzelgemeinde und die besondere Betonung des Abendmahls als Gemeinschaftsmahl der Glaubenden, ein Element, das der niederrheinische Pietismus stark betont hatte. Bereits 1850 war der "Evangelische Brüderverein" gegründet worden, in dem Grafe mitarbeitete und der Männer unterschiedlicher Berufsausbildung zu Missionseinsätzen in Dörfern und Städten berief. Resultat dieser Missionsarbeiten war die Gründung kleiner Gemeinden und "Abendmahlsgemeinschaften". 1874 schlossen sich dann 22 "Abendmahlsgemeinschaften" in Deutschland zu einem "Bund" zusammen, der Kontakte zu ähnlich strukturierten Gemeindebünden in Skandinavien unterhielt, von wo aus sich durch Auswanderungen nach Nordamerika die Freien evangelischen Gemeinden weiter verbreiteten. Geographische Schwerpunkte des Bundes in Deutschland waren die neu entstehenden Industriezentren im Rheinland und in Westfalen sowie die ländlichen Gebiete in Hessen, wo Neunkirchener Missionare große Gemeinden gegründet hatten. Neben der Inlandmission ist auch die Auslandsmission für die Freien evangelischen Gemeinden von Bedeutung: Bereits 1889 wurde in Wuppertal die "Allianz-China-Mission" (heute: Allianz-Mission e. V.) gegründet, die bis zum Abbruch der dortigen Missionsarbeit 1952 zahlreiche Missionare nach China entsandte. Seitdem wurden neue Missionsarbeiten aufgenommen: 1953 in Japan, 1955 in Brasilien, 1983 auf den Philippinen und 1985 in Mali. Hierbei wird gelegentlich mit anderen evangelikalen Missionsgesellschaften wie der "Bad Liebenzeller Mission" zusammengearbeitet. Im Dienste der Allianz-Mission stehen momentan rund 100 Missionare und Missionarinnen in Übersee, die meist ebenso wie die Pastoren des Bundes im Theologischen Seminar in Dietzhölztal-Ewersbach ausgebildet wurden.

Der Bund Freier evangelischer Gemeinden

Zum *Bund Freier evangelischer Gemeinden* in der Bundesrepublik zählen rund 280 Ortsgemeinden, die wiederum rund 300 Zweiggemeinden beinhalten. Allein zwischen 1970 und 1990 wurden 73 neue Gemeinden in den Bund aufgenommen, was zu einer weitgehenden Abdeckung des gesamten Bundesgebietes durch Freie evangelische Gemeinden geführt hat. Bundesweit sind in diesen Gemeinden rund 28.000 Personen Mitglied, nachdem diese noch vor 6 Jahren ca. 23.000 Mitglieder zählten. Dieser enorme Mitgliederzuwachs ist im übrigen nur am Rande auf die deutsch-deutsche Vereinigung zurückzuführen, da aus der ehemaligen DDR nur ca. 1.000 Gemeindeglieder aus Freien evangelischen Gemeinden zum gesamtdeutschen Bund stießen. Auch bei den Freien evangelischen Gemeinden sind zu den bloßen Mitgliederzahlen etwa 8.600 Kinder, 5.600 Jugendliche und rund 6.000 Junge Erwachsene hinzuzählen, die in die Gemeinden integriert, aber (noch) keine Mitglieder sind. Die starke Missionsorientierung der Freien evangelischen Gemeinden wird besonders deutlich, wenn man bedenkt, daß von den momentan rund 300 Pastoren etwa 70 in der Inlandmission tätig sind: Nahezu jeder vierte Geistliche arbeitet als Missionar für den Bund. Das religiös konservative Gepräge der Freien evangelischen Gemeinden rückt sie stark in die Nähe der Evangelischen Allianz, also dem Zusammenschluß "konservativer" Christen in der Bundesrepublik. Hier sind auch führende Repräsentanten der Freien evangelischen Gemeinden aktiv. Im *Ökumenischen Rat der Kirchen* (ÖRK) hingegen sind mit Ausnahme des Schwedischen Missionsbundes keine nationalen Zusammenschlüsse Freier evangelischer Gemeinden Mitglied. Der Bund ist hingegen in der *Vereinigung Evangelischer Freikirchen* (VEF) Mitglied und in der *Arbeitsgemeinschaft Christlicher Kirchen* (AcK) Gastmitglied. Zu den Institutionen des Bundes

Das Kreuzessymbol des Bundes Freier evangelischer Gemeinden, des Zusammenschlusses Freier evangelischer Gemeinden in der Bundesrepublik.

Freier evangelischer Gemeinden gehört die Missionsgesellschaft *Allianz-Mission* in Dietzhölztal-Ewersbach, das Diakonische Werk *Bethanien* in Solingen, das Diakoniewerk der Stiftung *Elim* in Hamburg, der *Bundes-Verlag* in Witten, das *Theologische Seminar* in Dietzhölztal-Ewersbach und die *Spar- und Kreditbank Witten*. Die weltweit bestehenden Freien evangelischen Gemeinden schlossen sich 1948 im *Internationalen Bund Freier evangelischer Gemeinden* zusammen. Im Internationalen Bund mit Sitz in Stockholm sind 15 Gemeindebünde aus 12 europäischen und nordamerikanischen Ländern Mitglied, die zusammen rund 3.300 Ortsgemeinden, 308.641 Mitglieder, 3.500 hauptamtliche Pastoren und rund 600 Missionare repräsentieren.

Das Gemeindeverständnis

Das Gemeindeverständnis der Freien evangelischen Gemeinden ist der zentrale Unterschied zu den evangelischen Landeskirchen: Jene lehnen die enge Verbindung von Staat und Kirche, wie sie in der Reformationszeit begründet und in den jeweiligen Bekenntnisschriften festgelegt wurde, durchweg ab und begründen ihr Gemeindeverständnis mit dem Neuen Testament. Statt volkskirchliche Strukturen anzunehmen, soll die Gemeinde als Leib Christi ein Zusammenschluß der Glaubenden sein. Mitglied einer Freien evangelischen Gemeinde soll nur sein, wer sich zum persönlichen Glauben an Christus als Sohn Gottes bekennt. Es wird erwartet, daß die persönliche Christusbeziehung im Leben des Glaubenden Ausdruck findet. In der Gemeinde sind die Gemeindeglieder gegenseitig füreinander verantwortlich, wobei ein bewußter Verstoß gegen die "biblisch begründeten Ordnungen" zum Ausschluß aus der Gemeinde führen kann. Zentral für dieses Gemeindeverständnis mit ausgewogener, seelsorgerlicher Gemeindezucht ist u. a. die Bibelstelle Matt. 18, 15 ff.: "Sündigt aber dein Bruder an dir, so geh hin und weise ihn zurecht zwischen dir und ihm allein. Hört er auf dich, so hast du deinen Bruder gewonnen. Hört er nicht auf dich, so nimm noch einen oder zwei zu dir, damit jede Sache durch den Mund von zwei oder drei Zeugen bestätigt werde. Hört er auf die nicht, so sage es der Gemeinde, Hört er auf die Gemeinde nicht, so sei er für dich wie ein Heide und Zöllner." Neben bewußten Verstößen gegen die gemeinsamen Grundsätze in der Lebensführung können Gemeindemitglieder auch ausgeschlossen werden, wenn sie sich nicht mehr aktiv am Gemeindeleben beteiligen und sich in eine privatisierte Frömmigkeit zurückziehen. Ein solcher Rückzug würde die Grundlagen der Freien evangelischen Gemeinden erschüttern, da sie darauf ausgerichtet sind, daß die Gemeindeaktivitäten durch die Mitarbeit des Einzelnen in möglichst einem Arbeitsbereich aufrecht erhalten werden. Freie evangelische Gemeinden sind jedoch keine Laiengemeinschaften, sondern sehen den funktionalen Dienst eines Pastors innerhalb der Ortsgemeinde als notwendig an, wenngleich die grundsätzliche Unterscheidung zwischen Klerus und Laien abgelehnt wird. Die Ausbildung der Theologen erfolgt nicht nur in der eigenen Ausbildungsstätte, sondern ist auch im offenen Studium möglich: Die künftigen Pastoren haben die Möglichkeit, im eigenen Theologischen Seminar 10 Semester zu studieren und anschließend ein Examen abzulegen oder aber ein Studium an einer staatlichen Fakultät zu absolvieren und sich anschließend beim Bund Freier evangelischer Gemeinden um eine Stelle zu bewerben. Die Gemeinden des Bundes

Die Gemeinde- und Gottesdiensträume der Freien evangelischen Gemeinde Marburg in der Cappeler Str. 39, die 1984 bezogen werden konnten.

Jungschar ein zusätzlicher Jugendkreis aktiv. Samstags haben einmal im Monat "Singles" die Möglichkeit, Kontakte aufzunehmen. Hinzu kommen noch einige Hauskreise und der wöchentliche Sportabend.

Ohnehin macht die Freie evangelische Gemeinde in Marburg einen jugendlich-dynamischen Eindruck, der auch in den bundesweiten Zeitschriften zum Ausdruck kommt: So wird in der Zeitschrift "Family. Magazin für Partnerschaft und Familie" schon mal die Frage diskutiert, wieviele Frauen einen Orgasmus erleben, inwieweit Masturbationserfahrungen dabei erschwerend oder förderlich wirken, oder es wird mehr Abwechslung bei der Sexualität in der Partnerschaft empfohlen. Wer also aufgrund der konservativen Glaubensstruktur der Freien evangelischen Gemeinde eine überalterte und verknöcherte Mitgliederstruktur erwartete, sieht sich enttäuscht: Von den rund 160 Gemeindegliedern sind lediglich 15 über 60 Jahre alt, der Altersdurchschnitt liegt insgesamt unter 40 Jahren. Viele junge Familien und alleinstehende junge Frauen sind für diese jugendliche Struktur verantwortlich, wobei vor allem Angestellte, Beamte/Beamtinnen und Akademiker/Akademikerinnen vertreten sind. Die Arbeiterschicht ist in der Mitgliederschaft der Freien evangelischen Gemeinde kaum repräsentiert, während Mediziner/Medizinerinnen sowie Angestellte der Behringwerke einen ganz erheblichen Anteil ausmachen. Der sonntägliche Gottesdienst wird von rund 250 Personen besucht, der parallele Kindergottesdienst zusätzlich von rund 70 Kindern. Die wichtigsten Marburger Kontakte der Freien evangelischen Gemeinde bestehen zu den Baptisten (Evangelisch-Freikirchliche Gemeinde), deren

berufen ihre Pastoren selbständig und werden dabei von einem Arb
Bundes unterstützt. Eine Ordination von Pastorinnen gibt es bisher im
evangelischer Gemeinden noch nicht, die Diskussion über die Frau
wird jedoch seit Jahren intensiv geführt. Die Gemeindeleitung der s
Ortsgemeinden orientiert sich an der Einrichtung von "Ältesten", wie si
Testament erwähnt sind und bereits von Hermann Heinrich Grafe auf
gründete Freie evangelische Gemeinde in Elberfeld-Barmen übertrag
waren. In Marburg besteht die Gemeindeleitung aus fünf Ältesten und c
gen Pastor.

Was vertreten die Freien evangelischen Gemeinden ?

Am Gemeindeverständnis des Zusammenschlusses individuell entschied
ten orientiert sich in der Regel auch die Taufpraxis. In den Niederlanden,
den, der Tschechei, der Slowakei und in den USA wird zwar z. T. die K
praktiziert, es überwiegt jedoch international und auch in der Bundesre
Taufe nach der persönlichen Glaubensentscheidung. Die Taufe aus diesen
heraus ist jedoch keine Beitrittsbedingung der Freien evangelischen Gem
h. daß die Kindertaufe anderer Kirchen akzeptiert wird. Auf Wunsch könn
Neumitglieder in einer Freien evangelischen Gemeinde nochmals getauf
wenn diese den persönlichen Glaubenseinschnitt nochmals dokumentiere
Die Taufpraxis in den bundesdeutschen Freien evangelischen Gemeinde
Untertauchen, als Taufbekenntnis wird der persönliche Glaube formulier
werden Personen in der Regel ab dem 12. Lebensjahr, es können jedoch
gere getauft werden, so die persönliche Glaubensentscheidung deutlich
Gegensatz zu den etablierten christlichen Gemeinschaften sehen die Freien
lischen Gemeinden die Taufe nicht als Sakrament an, da es in der Theol
Freien evangelischen Gemeinschaften überhaupt keine Sakramente gib
Abendmahlsverständnis überwiegt in den Freien evangelischen Gemeinden
naviens und den von ihnen beeinflußten Gemeindebildungen in Nordame
lutherische Auffassung, während in den übrigen Ländern weitgehend die ref
Vorstellung des Gedächtnismahles gepflegt wird. Da auch hier der pers
Glaube an Christus ausschlaggebend ist, ist eine gemeinsame Feier des Aben
mit Mitgliedern anderer Kirchen möglich.

Die Freie evangelische Gemeinde Marburg

Die Aktivitäten der *Marburger Freien evangelischen Gemeinde* können sich
lassen: Eine Telefonkurzpredigt, die täglich neu aufgesprochen wird, kann ru
die Uhr abgerufen werden - eine anonymere Variante der Seelsorge als die
mein bekannte Telefonseelsorge. Neben den sonntäglichen Gottes- und Kind
tesdiensten begleitet die Freie evangelische Gemeinde Marburg vor allem ihr
geren Mitglieder bzw. Angehörigen fast täglich: Montags wird die Kirchenmusik
Posaunenchor und dem Gemeindechor gepflegt, dienstags wird ein "Bibelgesp
im Rahmen der Gemeindebibelschule angeboten, mittwochs ein "Spielkrei
Eltern und Kinder sowie ein Treff Junger Erwachsener und donnerstags ist n

Dachverband ja ebenso wie der Bund Freier evangelischer Gemeinden Mitglied in der Vereinigung Evangelischer Freikirchen ist. Zu den evangelikalen Gemeinschaften innerhalb der Evangelischen Kirche von Kurhessen-Waldeck, wie dem Christustreff oder der Landeskirchlichen Gemeinschaft Süd ebenso wie zur Evangelischen Stadtmission bestehen recht gute Beziehungen, die bis zu einem Austausch der Prediger für die Gottesdienste gehen. In der evangelikalen Zusammenarbeit lagen auch die Schwerpunkte der *ProChrist-Kampagne* im Frühjahr 1993. Die bundesweit angelegte Evangelisation mit Billy Graham wurde per Satelliten in die Wehrdaer Evangeliumshalle des Diakonissen-Mutterhauses Hebron übertragen. In den Vorarbeiten war die Freie evangelische Gemeinde ebenso eingebunden wie der Christus-Treff, die Evangelische Stadtmission, das Diakonissen-Mutterhaus Hebron, das Brüderhaus Tabor oder die Landeskirchlichen Gemeinschaften. Entsprechend nahm die Gemeinde an der Bildung "kleiner Gebetszellen" bzw. "Gebetstrios" teil, die anhand der zentral erstellten Gebetsbriefe für Menschen des persönlichen Umfeldes beteten. Ein ProChrist-Allianzchor und ein ProChrist-Jugendchor konnte ebenso auf die Teilnahme von Gemeindegliedern der Freien evangelischen Gemeinde bauen wie die "Schulungstreffen der Seelsorgehelfer" und die "Schulung der Nacharbeitsgruppenleiter".

Kontakt:	Pastor Jost Stahlschmidt, Frankfurter Str. 16, 35037 Marburg, 06421/22817. Gemeindehaus, Cappeler Str. 39, 35039 Marburg, 06421/43348.
Zentrale:	Bund Freier Evangelischer Gemeinden, Goltenkamp 4, Postfach 4005, 58452 Witten, 02302/399-01.
Publikationen:	Bundes-Verlag GmbH, Bodenborn 43, 58452 Witten, 02302/93093-0.
Periodika:	*Punkt., Christsein Heute; Zeitschrift für Gemeinde und Familie; Family. Magazin für Partnerschaft und Familie*" (jeweils über Bundes-Verlag).

Literatur:

Erdlenbruch, Ernst Wilhelm/Ritter, Heinz-Adolf: *Freie evangelische Gemeinden*, Witten 1990.

Hörster, Gerhard: Art. "Freie Evangelische Gemeinde", in: *Theologische Realenzyklopädie* XI, Berlin/New York 1983, S. 493-497.

Tröger, Sigrid und Karl-Wolfgang: *Kirchenlexikon. Christliche Kirchen, Freikirchen und Gemeinschaften im Überblick*, Berlin 1990.

Islamische Gemeinschaft Marburg

Noch immer werden *Moslems* in Marburg nur eingeschränkt von der Öffentlichkeit zur Kenntnis genommen. Im benachbarten Stadtallendorf beispielsweise sind die Moslems inzwischen zu einem festen kulturellen und religiösen Bestandteil geworden, da sie zum einen eigene Räume besitzen und zum anderen eine klar definierbare Industriearbeiterschaft darstellen, die zudem zum überwiegenden Teil türkischer Herkunft ist. Diese Übersichtlichkeit und Homogenität kann die Universitätsstadt Marburg mit ihren Einwohnern und Einwohnerinnen aus rund 125 Nationen kaum bieten. Zwar werden in den vergangenen Jahren verstärkt traditionell gekleidete moslemische Frauen in Marburgs Straßen wahrgenommen, aber nur wenige Nicht-Moslems haben bemerkt, daß Marburg seit 1989 über eine eigene Moschee verfügt - wenn auch in einem normalen Wohnhaus, ohne Minarett und Kuppel.

Moslems in Deutschland

Die Geschichte der Moslems in Deutschland begann nicht erst mit der massenhaften Anwerbung türkischer Arbeiter und Bauern für die deutsche Industrie in den 60er und 70er Jahren: Bereits 1731 ließ der preußische König Friedrich Wilhelm I. für rund 20 türkische Gardesoldaten, die ihm geschenkt worden waren, in Potsdam einen Raum als Moschee einrichten, damit sie ihre Gebete verrichten konnten. Auch unter Friedrich II. waren moslemische Soldaten willkommen, 1762 wurde sogar ein eigenes moslemisches Regiment im preußischen Heer gebildet. Ein organisiertes moslemisches Gemeindeleben kam jedoch erst nach dem Ersten Weltkrieg auf, als 1923 vom indischen Imam Maulana Sadr-ud-Din aus Lahore in Berlin-Charlottenburg eine deutsche Moslemgemeinde (der Ahmadiyya Anjuman Ishaat-I Islam Lahore) gegründet und diese 1928 in Berlin-Wilmersdorf eine Moschee einweihen konnte.

Von den weltweit rund 935 Millionen Moslems (1991) leben in Deutschland nach Hochrechnungen der Volkszählung von 1987 rund 1,75 Millionen. Schätzungen gehen jedoch davon aus, daß inzwischen bereits über 2 Millionen der in Deutschland lebenden Menschen dem Islam angehören, worunter sich jedoch nur rund 1.000 hier geborene Deutsche befinden. Die 1.779.586 türkischen Staatsangehörigen, die Ende 1991 in der Bundesrepublik lebten, machen den überragenden Anteil aller Moslems in Deutschland aus. Wenn man davon ausgeht, daß 97% aller Türken sunnitische Moslems sind, käme man allein schon auf eine Zahl von über 1,7 Millionen türkischer Sunniten in der Bundesrepublik. Das Hauptproblem bei der Feststellung der Anzahl von Moslems ist ein zweifaches: Zum einen wird weder in den jeweiligen Heimatländern noch in der Bundesrepublik die Religionszugehörigkeit "Islam" registriert, zum anderen kann man strenggenommen die Religionszugehörigkeit nicht aufgeben. Letzteres bedeutet, daß auch Personen, die innerlich nichts mit dem Islam zu tun haben - weil sie sich beispielsweise als Atheisten verstehen -, nach wie vor zu den Moslems gezählt werden. Ansonsten verhält es sich mit den Moslems ähnlich wie mit den Christen der Volkskirchen: Um die Anzahl der praktizierenden Moslems festzustellen, müßte man eigentlich die Teilnehmerzahlen der

Freitagsgebete in den islamischen Gemeinden und Gemeinschaften addieren. Zur Verrichtung der Gebete und zum gemeinschaftlichen Feiern der Feste können sich die Moslems in Deutschland einer islamischen Gemeinde anschließen, die wiederum ihrerseits die Möglichkeit hat, sich einem islamischen Dachverband anzugliedern. Wenn man von "Moslems in Deutschland" spricht, sind damit meist Moslems der sunnitischen Richtung gemeint. Lediglich in Hamburg existiert ein schiitisches Zentrum - Schiiten stellen weniger als 5% der in Deutschland lebenden Moslems. Die moslemischen Gemeinden in Deutschland sind weitgehend in drei Dachverbänden zusammengeschlossen: Dem "Islamrat für die Bundesrepublik Deutschland", dem "Islamischen Konzil" und dem "Islamischen Arbeitskreis in Deutschland". In diesen drei Dachverbänden können lokale Gemeinden, aber auch islamische Verbände Mitglied werden. Entsprechend dem hohen Anteil von türkischen Gläubigen an den Moslems in der Bundesrepublik gibt es sehr viele türkisch-moslemische Zentren, die jedoch z. T. miteinander konkurrieren. Von den über 1.000 türkisch-moslemischen Kultur- und Moscheevereinen stehen rund 600 unter der Verwaltung der staatlichen türkischen Religionsbehörde Diyanet bzw. deren Institution für Deutschland, der "Türkisch-Islamischen Union der Anstalt für Religion" (DITIB). Rund 200 der türkisch-moslemischen Vereine ordnen sich dem eher spirituell-mystischen Süleymanli-Orden zu und rund 250 gehören der "Avrupa Milli-Görüs Teskilatlari", der "Islamischen Vereinigung der neuen Weltsicht in Europa" (AMGT) zu. Letztere steht der türkischen "Wohlfahrtspartei" RP nahe, die eine Aufhebung diverser Gesetze anstrebt, die seit Kemal Atatürk den Islam in der Türkei einschränken. Die AMGT ist mit über 100.000 Mitgliedern die größte staatsunabhängige moslemische Organisation in der Bundesrepublik und seit einigen Jahren Mitglied im "Islamrat für die Bundesrepublik Deutschland". Dieser Islamrat hat seinen Sitz in Soest und organisiert insgesamt etwa 140.000 Mitglieder in 420 Gemeinden. Die zweite Dachorganisation in Deutschland, der "Islamische Arbeitskreis in Deutschland", versteht sich als islamische Interessenvertretung und Koordinationsgremium und vertritt rund 20.000 Mitglieder. Ihm gehört sowohl des "Islamische Zentrum Hamburg" als geistlicher Mittelpunkt der iranisch-schiitischen Moslems an als auch die Islamische Gemeinschaft in Deutschland/Islamisches Zentrum München, dem die Marburger Moschee angeschlossen ist.

Die dritte Dachorganisation ist das "Islamische Konzil in Deutschland", das 1990 von der Regierung Saudi-Arabiens zur Vertretung moslemisch-arabischer Interessen gegründet wurde und an die Muhammad-Bin-Saud-Universität in Riadh angebunden ist. Das Islamische Konzil hat keine festen organisatorischen Strukturen und lädt zur

Das Schild der "Islamischen Gemeinschaft in Deutschland e.V.", wie es im Gebäude der Marburger Gemeinschaft am Marbacher Weg 26 A angebracht ist.

Beratung spezifisch islamisch-arabischer Fragestellungen meist alle anderen moslemischen Vereinigungen in der Bundesrepublik ein. Die Vielfalt der moslemischen Organisationen und ihrer Ausrichtungen macht deutlich, daß man kaum von *dem* Islam in der Bundesrepublik sprechen kann, sondern auch hier jeweils eine Differenzierung - soweit möglich - angebracht ist.

Moslems in Marburg

Die Geschichte und die Anzahl der Moslems in Marburg ist eng verknüpft mit der Anzahl und Zusammensetzung der ausländischen Bevölkerung. Da Marburg kaum über ein industrielles Profil verfügt, ist die Zusammensetzung der ausländischen Bevölkerung stark von der Philipps-Universität mit ihren über 18.000 Studierenden geprägt. Hinzu kamen in den letzten Jahren verstärkt Flüchtlinge, die in Marburg auf ihr Verfahren über die Asylberechtigung warten oder bereits ihre Anerkennung erhalten und sich in Marburg niedergelassen haben. Am 31.12.1992 zählte das Ausländerzentralregister in Köln 4.852 Personen ausländischer Herkunft in Marburg. Die 2.308 Männer, 1.820 Frauen und 724 Kinder vertraten insgesamt 125 Nationalitäten aus allen Kontinenten. Legt man die im abschließenden Kapitel "Statistisches zu Marburg" vorgestellte Methode zur Ermittlung der Religionszugehörigkeit an diese Zahlen an, erhält man mindestens 1.500 Moslems (davon rund 450 Schiiten, also knapp 30%) für das Marburger Stadtgebiet. Wahrscheinlich kann man davon ausgehen, daß maximal 1.600 Moslems hier leben. Die Sonderrolle Marburgs als Universitätsstadt ohne industrielle Struktur kann man schon daran erkennen, daß von den Moslems rund ein Drittel Schiiten sein dürften. Dies ist vor allem auf die hohe Anzahl iranischer Staatsbürger (oder Flüchtlinge aus dem Iran) zurückzuführen. Eine religiöse Organisation für die schiitischen Moslems in Marburg existiert jedoch nicht, da sich die Islamische Gemeinschaft als sunnitische Organisation versteht.

Die Islamische Gemeinschaft in Marburg

Die *Islamische Gemeinschaft in Marburg* ist der *Islamischen Gemeinschaft in Deutschland e. V.* mit Sitz in München angeschlossen, die überwiegend arabisch orientiert und ihrerseits Mitglied im *Islamischen Arbeitskreis in Deutschland* ist. Die Islamische Gemeinschaft in Deutschland, deren organisatorische Zentrale das *Islamische Zentrum München* darstellt, zählt zu den aktivsten moslemischen Organisationen in der Bundesrepublik und steht religiös den neo-konservativen Strömungen wie der Moslembruderschaft oder der Jama'at-i-Islami nahe. Allerdings hat die Islamische Gemeinschaft in ihrer Satzung eindeutig festgehalten, daß sie eine politisch neutrale Organisation darstellt. Religiös tritt sie für den Dialog der Religionen und Konfessionen ein, zumal alle religiösen Kräfte vereint gegen den "atheistischen Materialismus" kämpfen müßten. Auch innerhalb des Islam solle "die Zersplitterung der umma" (umma = islamische Gemeinschaft) nicht noch weiter vorangetrieben werden, indem eine Rechtsinterpretation der Scharia verabsolutiert werde, da es in der Interpretation der islamischen Vorschriften durchaus Spielräume gebe. Über ihre vierteljährliche Zeitschrift "Al-Islam" betreibt die Islamische Gemeinschaft Mitgliederbildung und versucht beispielsweise sicherzustellen, daß die Kinder von Mitgliedern frühzeitig im Sinne der "Fünf Säulen des Islam" erzogen werden: Glaubensbekenntnis (Schahada), die täglichen 5 Gebete (Salat), das Fasten im Ramadhan (Saum), die Einrichtung der Armensteuer (Zakat), die Pilgerfahrt (Hadsch) zu den heiligen Stätten. Die Angliederung der Islamischen Gemeinschaft Marburg an die Münchner Zentrale hat zur Folge, daß die Gemeinschaft nicht eigenständig vereinsrechtlich organisiert ist, sondern quasi eine Unterabteilung der bundesweiten Vereinigung darstellt. Die Islamische Gemeinschaft in Marburg hat jedoch keine formelle Mitgliedschaft, d. h. jeder Moslem und jede moslemische Frau kann zu den Versammlungen gehen. Insgesamt zählen sich heute rund 200 Moslems in Marburg zur Islamischen Gemeinschaft und unterstützen diese durch freiwillige Spenden, was einer Verdoppelung der Mitgliedszahlen innerhalb von 10 Jahren entspricht. Da man im Islam nicht austreten kann - es sei denn, man schließt sich einer anderen Religion oder Konfession an -, hat sich auch hier das Phänomen eines "Kulturislam" herausgebildet, also die Trennung zwischen Religionsangehörigkeit und Religionspraxis.

Die Geschichte des Zusammenschlusses Marburger Moslems beginnt in der ersten Hälfte der 60er Jahre, als sich an der Philipps-Universität eine Islamische Studentengemeinde bildete. Diese führte an der Universität das wöchentliche Freitagsgebet durch und organisierte damit gleichsam die Marburger Moslems zum gemeinsamen Studium des Korans und zum Einhalten der Feiertage. Anfang der 80er Jahre kam es dann zu Auseinandersetzungen mit der Uni-Leitung, die den Moslems die Räumlichkeiten für das Freitagsgebet versagte. So wurde die wachsende Zahl von Moslems gezwungen, sich eigene Räume zu beschaffen, was 1987 mit dem Kauf zweier Stockwerke im Marbacher Weg 26 A gelang. Eigentümerin der Räume ist die Islamische Gemeinschaft e. V. in München. 1990 wurde die Umnutzung der Räume zur Moschee genehmigt, die nunmehr als *Omar Ibn Al-Khattab Moschee* eingerichtet wurde.

Die Moschee selbst besteht aus drei Räumen, die traditionell unmöbliert sind und lediglich mit Wandbehängen, Teppich und Gebetsteppich ausgestattet sind. Die Islamische Gemeinschaft in Marburg besteht - dem Charakter der Universitätsstadt entsprechend - zu 80-90% aus Studierenden. Lediglich 10-15% der Mitglieder sind Frauen, was auf verschiedene Gründe zurückgeführt werden kann: Der Anteil von Frauen an den Marburger Moslems ist ohnehin relativ niedrig, da weniger moslemische Frauen aus ihren Heimatländern nach Marburg kommen, um hier zu studieren und es aufgrund der Sozialstruktur der Marburger Moslems nur wenige Familien gibt. Ein weiterer Grund ist sicherlich, daß von einer moslemischen Frau, die der Islamischen Gemeinschaft angehört, das Tragen

Die Omar Ibn Al-Khattab Moschee im Marbacher Weg 26 A macht nur durch die großen Schilder auf sich aufmerksam und ist ein unscheinbares Haus in Wohnumgebung.

des Schleiers erwartet wird. Zwar wird einer Frau, die in der Öffentlichkeit keinen Schleier trägt, nicht der Status einer Muslima abgesprochen, aber wohl die tiefe Gläubigkeit. Hinzu kommt, daß die Islamische Gemeinschaft nicht das ganze religiöse Spektrum des Islam repräsentieren will, sondern eben dezidiert konservativ ist, und dabei eine moslemisch-arabische Ausrichtung dominiert. Zum Freitagsgebet versammeln sich in der Omar Ibn Al-Khattab Moschee regelmäßig rund 120 Gläubige, deren Nationalitäten weitgehend arabisch sind: Neben rund 70 Palästinensern als stärkster Einzelnation sind Gläubige aus Ägypten, Syrien, Algerien, Bosnien, Indonesien, Malaysia, Nigeria oder Mali in der Islamischen Gemeinschaft vertreten. Rund 30 Mitglieder der Gemeinschaft gelten als "deutschsprachige" Moslems, also Personen, die bereits hier in Deutschland geboren sind (in der "Zweiten Generation") oder Kinder von einem Elternteil deutscher Abstammung. Zusätzlich zu den Freitagsgebeten werden gemeinschaftlich die traditionellen moslemischen Feste begangen. So wird am Ende des Fastenmonats Ramadhan, an dem zwischen Sonnenaufgang und -untergang weder gegessen noch getrunken werden darf (Ausnahmen: Kranke, Kinder und schwer Arbeitende), das Fest des Fastenbrechens - Id-ul-Fitr oder Seker-Bayram-Fest (Zuckerfest) genannt - mit gegenseitigen Geschenken gefeiert. Desweiteren wird das Opferfest Abrahams - Id-ul-Adha oder Korban-Bayram genannt - siebzig Tage nach dem Zuckerfest festlich begangen. Mit der steigenden Anzahl von Moslems in Marburg wurde es notwendig, sich um angemessene Beerdigungsmöglichkeiten zu kümmern: Nach dem Kauf von 10 Grabstellen im Friedhof in der Ockershäuser Allee ist es den Mitgliedern der Islamischen Gemeinschaft Marburg immerhin möglich, den moslemischen Bestattungsregeln gemäß beerdigt zu werden - und der Bedarf an weiteren Grabstellen ist steigend. Als Organisation, die mit der Islamischen Gemeinschaft Marburg verbunden - und zum Teil personenidentisch - ist, wäre die Moslem-Studenten-Vereinigung zu nennen, der sich in Marburg zwischen 40 und 50 Studierende zurechnen. Bundesweit hat dieser Verband rund 1.500 Mitglieder und ist in etwa 40 Universitätsstädten vertreten. Hauptziel der Moslem-Studenten-Vereinigung ist die Förderung islamischer Bildung von Studierenden und die Sicherstellung, daß an allen Universitätsstätten das Freitagsgebet von moslemischen Studierenden verrichtet werden kann.

Was ist "fundamentalistisch"?

Der Begriff "Fundamentalismus" oder "fundamentalistisch" wird von der Islamischen Gemeinschaft in Marburg als Bezeichnung für Richtungen innerhalb des Islam abgelehnt. In der Tat ist dieser Begriff im Christentum entstanden - genauer: als Selbstbezeichnung streng evangelikaler bzw. pietistischer Protestanten in den USA Anfang des 20. Jahrhunderts. Als "fundamentalistisch" müsse nach Ansicht der Islamischen Gemeinschaft Marburg eigentlich jeder praktizierende Moslem bezeichnet werden, der die entsprechenden Gebete verrichte und sein, auch öffentliches, Auftreten in den Dienst des Islam stelle. Bekanntlich wird im Islam die Trennung von Staat und Religion nicht in dem Maße nachvollzogen, wie sie in Europa im Rahmen der Aufklärung entwickelt worden ist. Die Einführung der *Scharia,* des islamischen Rechtssystems, in einem islamischen Staat verliert für die Islamische Gemeinschaft in Marburg viel von dem in der Öffentlichkeit verbreiteten Schrecken, wenn man sich auf die Grundbedeutung der Scharia zurückbesinnt: Die Scharia stellt nur die Rahmenbedingungen für ein rechtliches Zusammenleben dar, genauere Festlegungen - beispielsweise der Staats- oder Wirtschaftsform - fehlen meist völlig. Lediglich Diktaturen widersprächen ihr - ein Staat nach den Vorstellungen der Scharia und des Islam ist nach Auffassung der Gemeinde momentan nicht in Sicht. Man könne lediglich feststellen, daß sowohl der iranische als auch der saudi-arabische Staat die Scharia pervertierten, indem sie beispielsweise freitags öffentlich die Hände von Dieben abhacken. Dies habe nichts mehr mit den ursprünglichen Vorstellungen dieser Abschreckungsstrafe zu tun, da zum Handabhacken für Diebstahl rund 38 Einzelvorschriften erfüllt sein müßten - in den ersten 60 Jahren nach dem Tode Mohammeds sei sie denn gerade viermal angewandt worden.

Die Islamische Gemeinschaft teilt die Auffassungen der Moslembrüder, die 1928 in Ägypten von Hassan al-Banna unter dem Slogan "Der Koran ist unser Programm und Mohammed ist unser Führer" gegründet wurden und sich später über die ganze arabische Welt ausbreiteten. Die Islamische Gemeinschaft sieht sich jedoch im scharfen Gegensatz zum Weg moslemischer Extremisten, die durch terroristische Aktionen und Attentate versuchen, die islamische Gesellschaft gleichsam herbeizuschießen. Gerade hier gilt es zu differenzieren, wenn in den deutschen Medien der Begriff "fundamentalistisch" fällt: Es gibt inzwischen in fast jeder Religion gewaltbereite extremistische Kräfte, die glauben, ihrer Gemeinschaft durch terroristische Aktionen dienen zu müssen und denen jegliche Legitimation entzogen werden muß. Es existieren jedoch in den islamischen Ländern inzwischen Massenbewegungen, die jenseits von Sozialismus und Kapitalismus einen Weg der Bewältigung von Elend und Zukunftslosigkeit suchen. Für die gesellschaftlichen Zustände, die die zunehmende Verelendung und die Slums der Großstädte hervorgerufen haben, sind die undemokratischen Regimes unterschiedlicher politischer Couleur verantwortlich, die allerdings meist auf die Unterstützung des Westens rechnen konnten. Daß der "dritte Weg" der Moderne sich nicht an einem westlichen Modell orientiert, muß man zur Kenntnis nehmen; die gesamte Bewegung jedoch mit terroristischen Extremisten gleichzusetzen, wird dem Phänomen kaum gerecht.

Kontakt: Islamische Gemeinschaft e.V., Marbacher Weg 26 A, 35037 Marburg, 06421/64832.
Ibrahim El-Zayat / Orient-Bazar, Wettergasse 43, 35037 Marburg, 06421/64832.

Zentrale: Islamische Gemeinschaft in Deutschland e.V., Wallnerstr. 1-5, 80939 München, 089/325077.

Periodika: *Al-Islam. Zeitschrift von Muslimen in Deutschland* (vierteljährlich); *Al-Islam aktuell. Zeitschrift von Muslimen in Deutschland* (achtmal jährlich, beide über Zentrale).

Literatur:

Abdullah, Muhammed Salim: *Was will der Islam in Deutschland,* Gütersloh 1993.
Braun, Stefan: *Stichwort Islam.* München 1991.

Jehovas Zeugen

Seit 1932 ist die *Gemeinschaft der Zeugen Jehovas* in Marburg nachgewiesen, jedoch fanden sich nach dem Zweiten Weltkrieg erst wieder im August 1949 sieben Verkündiger zu einer Versammlung zusammen. Das schnelle Wachstum der Zeugen Jehovas in Marburg wurde 1967 durch den Bau eines eigenen Versammlungsraumes, des Königreichssaals "Am Grün", manifestiert. Von der hohen Motivation dieser Gemeinschaft zeugt, daß man durchaus behaupten kann, daß es wohl kaum jemanden in diesem Lande geben dürfte, der noch keine Bekanntschaft mit einem "Verkündiger" - so werden aktive Zeugen Jehovas beiderlei Geschlechts genannt - gemacht hat. Mit Jehovas Zeugen verbindet man in der Regel kein prachtvolles Kirchengebäude, sondern meist diese zu zweit von Haus zu Haus gehenden Verkündiger.

Die historische Entwicklung der Zeugen Jehovas

Auch Jehovas Zeugen sind das Ergebnis der adventistischen Grundströmung im 19. Jahrhundert, die die baldige Wiederkehr Jesu Christi und die Errichtung eines Neuen Jerusalem erwartete. Teile dieser Bewegung versuchten, die Anzeichen für eine Wiederkunft Christi, wie sie in der Johannes-Apokalypse des Neuen Testaments beschrieben sind, mit der Gegenwart in Verbindung zu bringen und daraus das exakte Datum des Weltgerichtes zu errechnen. Charles Taze Russell (1852-1916) war als Jugendlicher 1869 mit den Second Adventists in den USA in Berührung gekommen, die der Meinung waren, das Jahr 1874 sei der Beginn des Weltgerichtes und der Wiederkunft Christi. Bereits 1870 gründete Russell mit Freunden einen eigenen Bibelkreis, die *Bible Students* (Bibelforscher). Russell trennte sich von den Second Adventists, nachdem das Jahr 1874 ohne größere Erschütterungen vorübergegangen war, er nahm jedoch von der prinzipiellen Berechenbarkeit des Weltuntergangs keinen Abstand. Russell erklärte, bei der Interpretation der Bibelstellen zur Vorhersage des Weltuntergangs seien Fehler vorgekommen: So sei Christus zwar 1874 unsichtbar wiedergekehrt, jedoch beginne nun die 40jährige Zeit der Ernte, ehe 1914 die Schlacht von Harmaggedon das 1000jährige Friedensreich auf Erden einleiten würde. Russell sammelte Anhänger um sich und begann ab 1879, die Zeitschrift "Zion's Watch Tower and Herald of Christ's Presence" (Zions Wacht-Turm und Verkündiger der Gegenwart Christi) herauszugeben, deren Auflage bis 1914 auf 50.000 stieg. 1881 gründete er die *Zion's Watch Tower Tract Society*, die 1884 als nichtkommerzielle Gesellschaft im Staat Pennsylvania eingetragen wurde. Der Zusatz "Inc." im Namen der New Yorker Körperschaft steht im übrigen lediglich für "incorporated" bzw. "eingetragen" und keinesfalls für "incorporated company", also "Aktiengesellschaft". Seither stellt der Präsident und das Leitungsgremium dieser Gesellschaft gleichzeitig die Leitung der gesamten Bewegung dar. Die Studienkreise der "Bibelforscher" breiteten sich in Nordamerika und in den anderen Kontinenten aus, die Anhänger der Bewegung wurden ab 1913 als "Ernste Bibelforscher" bezeichnet. Als 1914 zwar tatsächlich ein Krieg losgetreten wurde, der alle bis dahin gekannten Dimensionen sprengte, die Wiederkunft Christi jedoch nicht eintraf, geriet die Bewegung in eine Krise. Als Russell 1916 starb, übernahm Joseph Franklin Rutherford (1869-1942) die Führung. Er interpretierte die Situation dahingehend, daß Christus seit 1914 unerkannt auf Erden weile, die Schlachten zwischen Gut und Böse bereits tobten und sich die satanischen Mächte auf Erden ausbreiteten. 1975 hingegen sei das Datum, bei dem sich die 6000jährige Menschheitsgeschichte dem Ende zuneigen würde. Unter Rutherford wurde die Bewegung besser organisiert und stärker hierarchisiert: Von den Versammlungen vor Ort bis zum Leitungsgremium in Brooklyn wurden zahlreiche Zwischenebenen gegründet und eine Reihe von Kongressen erhöhten die gruppeninterne Zusammengehörigkeit und die externe Ausstrahlung. 1931 wurde die Bezeichnung "Ernste Bibelforscher" durch "Jehovas Zeugen" ersetzt, abgeleitet aus der Bibelstelle Jesaja 43, 10.12 (V.12c: "Ihr seid meine Zeugen, spricht der HERR, und ich bin Gott"). Unter dem Nachfolger Rutherfords, Nathan Homer Knorr (1905-1977), wurde die internationale Schulungs- und Missionsarbeit professionalisiert, was nach dem Zweiten Weltkrieg zu erheblichen Erfolgen führte: 1965 überschritt die Zahl der Verkündiger die Millionengrenze. Seither vervielfachten sie sich: Waren es 1983 noch 2.501.722 Verkündiger weltweit, so gab es 1985 bereits 3.024.131 Aktive und 1992 waren es im Durchschnitt 4.289.737 Menschen, die in 229 Ländern Verkündigungsdienst leisteten und weltweit 69.558 Versammlungen als lokale Organisationen aufrechterhielten. Nach den USA, wo es 1992 866.362 Verkündiger gab, leben in Ländern der "3.Welt" wie Mexiko (343.708) und Brasilien (324.637), aber auch in hochentwickelten Industrieländern wie Italien (188.970) oder Japan (165.823) in absoluten Zahlen die meisten Zeugen Jehovas. Diese Zahlen spiegeln jedoch nur unzureichend die tatsächlichen Anhängerzahlen der Zeugen Jehovas wieder: Nimmt man die Anzahl der Anwesenden beim jährlichen Gedächtnismahl - dies waren 1992 11.431.171 Personen (1983: 6.767.707) -, so wird man der tatsächlichen Verbreitung nahekommen.

In Deutschland wurde nach diversen Versammlungsgründungen bereits 1902 ein Zweigbüro der *Wachtturm-Gesellschaft* bzw. der *Internationalen Bibelforschervereinigung* eingerichtet, 1928 gab es schon mehr Anhänger in Deutschland als in den USA. Unter den Nationalsozialisten wurden die Zeugen Jehovas 1933 verboten, nachdem die italienischen Faschisten sie schon 1932 aufgelöst hatten. In den Konzentrationslagern starben sehr viele von ihnen für ihren Glauben und ihr Festhalten an strikter Gewaltlosigkeit. Gab es 1985 noch 115.604 Verkündiger in der alten Bundesrepublik, so waren es 1992 im vereinten Deutschland bereits 158.461, wobei man hinzufügen muß, daß die Zeugen Jehovas in der DDR keine Missionserlaubnis hatten. Am Gedächtnismahl 1992 nahmen 284.180 Personen teil, was die tatsächliche Anhängerschaft repräsentieren dürfte.

Die Lehren der Zeugen Jehovas

Wie man aus den zahlreichen Bibelstellen zur Begründung ihrer Lebensführung entnehmen kann, ist die intensive Bibelarbeit ein Charakteristikum der Zeugen Jehovas. Die Bibel - bestehend aus dem Kanon Martin Luthers und aufgegliedert in "Hebräische Schriften" und "Christlich-Griechische Schriften" - gilt als von Gott wörtlich inspiriert, der jeweilige Autor ist bloßes Instrument Gottes. Nachdem die deutschsprachigen Zeugen Jehovas lange Zeit die "Elberfelder Bibel" (Brockhaus Verlag) und andere Bibelübersetzungen benutzt hatten, wurde 1972 eine eigene "Neue-Welt-Übersetzung der Heiligen Schrift" abgeschlossen, die unter anderem die "Jehova"-Bezeichnung für "Gott" oder "Herr" konsequent durchhält. In dogmatischer Hinsicht unterscheiden sich die Zeugen Jehovas von den meisten christlichen Kirchen darin, daß sie das Dogma der Dreieinigkeit Gottes ablehnen. Statt der vollkommenen Wesenseinheit in drei Personen vertreten die Zeugen Jehovas die klare Unterordnung des Sohnes unter den Vater - ein Gottesverständnis, das zwar demjenigen weiter Teile der Bevölkerung entsprechen dürfte, jedoch in der christlichen Lehre seit über 1500 Jahren als Häresie verurteilt ist. Entsprechend teilen die Zeugen Jehovas auch nicht die christlichen Feiertage wie Ostern, Pfingsten oder Weihnachten, da sie diese Feste als ursprünglich heidnisch und nicht-biblisch ablehnen. In der Abendmahlsauffassung stehen die Zeugen Jehovas der calvinistisch-reformierten Tradition nahe, indem sie das gemeinschaftliche Essen von Brot und Wein als Gedächtnismahl interpretieren. Durch ihre Abendmahlspraxis hingegen stellen sie sich auch hier außerhalb des Konsenses christlicher Kirchen: Das Abendmahl wird einmal im Jahr gefeiert, am 14. Nisan in Anlehnung an das jüdische Passah-Fest. Jedoch dürfen lediglich Personen der 144.000 "Gesalbten" Brot und Wein genießen. Davon gibt es in Marburg wie in vielen anderen Orten zwar keine mehr, aber Brot und Wein werden beim Abendmahl trotzdem herumgereicht - so daß die noch Lebenden von den 144.000 davon essen und trinken könnten. Was hat es nun mit den 144.000 auf sich? Die Zeugen Jehovas interpretieren die Schriftstelle Apokalypse 7,4 ("Und ich hörte die Zahl derer, die versiegelt wurden: hundertvierundvierzigtausend, die versiegelt waren aus allen Stämmen Israels") nicht symbolisch - 12 mal 12 mal 1000 als Multiplikation symbolischer Vollzähligkeit -, sondern wörtlich. Diese 144.000 addierten sich nun in den letzten knapp 2.000 Jahren beginnend bei den Jüngern Jesu und abschließend etwa im Jahre 1919. Die restlichen Gläubigen haben gemäß Apokalypse 7,9 als "große Schar" die Hoffnung auf das 1000jährige Friedensreich auf Erden, sind also keineswegs "verdammt" wie oft behauptet wird. Die "große Schar" wird nach Ablauf des Friedensreiches mit den 144.000 Versiegelten, die dann ja bereits im Himmel weilen, vereinigt werden. Von diesen 144.000 "Gesalbten" leben momentan noch über 8.000, die dann in den Versammlungen der Zeugen Jehovas jährlich das Abendmahl feiern. Die radikale Naherwartung der Zeugen Jehovas ergibt sich aus dem Glauben, daß 1914 die unsichtbare Wiederkehr Christi geschehen sei und solange noch jemand lebe, der 1914 schon lebte - keineswegs nur Zeugen Jehovas -, die Endschlacht zwischen Gut und Böse stattfinden und das Friedensreich anbrechen werde. In dieser etwas komplexen Zeitenrechnung fallen die Ereignisse des Jahres 1975 auf: Jehovas Zeugen rechnen, daß ein biblischer Schöpfungstag 7.000 Menschenjahre dauere. Seit dem Ende des 6. Schöpfungstages seien nun 6.000 Jahre (des 7. Tages) verstrichen, nämlich im Jahre 1975. Da aber noch das 1000jährige Friedensreich aussteht, wurde von den Zeugen Jehovas vertreten, daß nach den 6.000 Jahren Menschheitsgeschichte 1975 der Zeitpunkt sein könnte, an dem die "Drangsal", also die Endschlacht von Harmaggedon, beginne. Entsprechend konzentrierte sich das Bestreben der Gläubigen der Zeugen Jehovas auf das Weltgericht - nachdem es ausblieb, trennten sich viele von der Organisation und das bis dahin stetige Wachstum bremste sich deutlich ab. Heute gestehen die

Zeugen Jehovas zu, daß im Hinblick auf die Erwartungen des Jahres 1975 Fehler gemacht wurden. Die Berechnungen der Zeiten wirken in die Organisation zurück: Die "Leitende Körperschaft", die sich im Hauptbüro ihrer rechtlichen Körperschaft, der "Watchtower Bible & Tract Society of New York, Inc." in Brooklyn, New York, befindet, besteht aus 12 Männern, die den 144.000 "Gesalbten" angehören müssen. Diese Leitende Körperschaft hat im übrigen in Lehrfragen absolutes Weisungsrecht mittels der weltweit herausgegebenen Schriften. Nach dem Tod des 99jährigen Präsidenten Frederick W. Franz im Dezember 1992 wurde der fast 80jährige Milton G. Henschel als Präsident der gesetzlichen Körperschaften gewählt. Er ist nicht der Präsident der Zeugen Jehovas, da diese von der Leitenden Körperschaft geführt werden. Angesichts des nicht auszuschließenden Ablebens der restlichen 144.000 "Gesalbten", ohne daß sich das Harmaggedon ereignet hat, werden wohl auch Angehörige der "großen Volksmenge" Leitungsfunktionen übernehmen. Eine gewisse Lockerung zeichnet sich bereits dadurch ab, daß seit über einem Jahr auch Personen Artikel im "Wachtturm" schreiben, die nicht den 144.000 angehören; allerdings werden diese Artikel noch von der "Leitenden Körperschaft" korrekturgelesen. Auch in fünf der sechs Komitees der Leitenden Körperschaft wurden seit 1992 insgesamt 15 Personen außerhalb der 144.000 berufen. Es sieht also durchaus danach aus, daß Jehovas Zeugen flexibel genug sind, Berechnungsfehler souverän als solche zu bezeichnen und organisatorische Konsequenzen daraus zu ziehen.

Die Lebensführung der Zeugen Jehovas

Die ethischen Richtlinien der Zeugen Jehovas sind recht unterschiedlich: In der persönlichen Lebensführung des einzelnen Verkündigers oder der einzelnen Verkündigerin ist beispielsweise der Genuß von Alkohol nicht verboten, so er in Maßen geschieht. Das Rauchen hingegen wurde 1970 durch eine Wachtturm-Verfügung der Leitenden Körperschaft geächtet; seit 1973 wurde kein Raucher mehr zur Taufe zugelassen. Ein Zeuge Jehova, der trotz Ermahnungen und Hilfestellungen das Rauchen beibehält, wird die "Gemeinschaft der Versammlung" entzogen und man pflegt keinerlei gesellschaftlichen Umgang mehr mit der so ausgeschlossenen Person - eine Art der Exkommunikation. Zu medizinischen Zwecken ist die Verwendung von Drogen durchaus erlaubt, während die Transfusion von Blut von den Zeugen Jehovas abgelehnt wird. Die Transfusion von Blut gilt den Zeugen Jehovas deshalb als verboten, weil verschiedene alttestamentliche Bibelstellen den Israeliten den Genuß von Blut untersagten (vgl. Gen. 9,4; Lev. 17,13 f.). Während die meisten Gebote des Alten Testamentes für das Christentum nicht bindend seien, sei jedoch durch die Bestimmungen des Apostelkonventes die Enthaltung vom Blut fortgeschrieben worden (vgl. Apg. 15,29). Interessant im übrigen, daß der Apostel Paulus im Galaterbrief eindeutig betont, keinerlei Auflagen vom Apostelkonvent erhalten zu haben (vgl. Gal. 2,6), was auf die Aufhebung der Bluts-Vorschrift des Judentums hindeuten würde, von den Zeugen Jehovas jedoch darauf bezogen wird, daß Paulus von den Aposteln nichts Neues mitgeteilt worden sei. Die Interpretation der Zeugen Jehovas hat ganz erhebliche Auswirkungen auf die medizinische Versorgung der Anhänger, da sie bei Operationen auf die Transfusion blutloser Flüssigkeiten angewiesen sind. In den 80er Jahren ist diese oftmals verspottete und von vielen Medizinern und Medizinerinnen bekämpften Eigenart der Zeugen Jehovas zunehmend akzeptiert worden. HIV-infizierte Blutkonserven oder die gelbsuchterregenden Blutplasmakonserven haben den Blick für Alternativen zur herkömmlichen Transfusionsmedizin geschärft. Auch am Marburger Klinikum scheint man sich inzwischen - nach zahlreichen Gesprächen mit den Vorstehern der Zeugen Jehovas - zumindest darauf eingelassen zu haben, blutlose Flüssigkeiten zur Behandlung von Zeugen Jehovas zu verwenden. Ein weiteres auffälliges Merkmal der Lebensführung ist die Totalverweigerung: Ausgehend von Jesaja 2,4 ("... Da werden sie ihre Schwerter zu Pflugscharen und ihre Spieße zu Sicheln machen ... und sie werden hinfort nicht mehr lernen, Krieg zu führen.") lehnen die Zeugen Jehovas jeglichen Kriegsdienst ab. In radikalpazifistischer Weise wird auch der Ersatzdienst verweigert, da die Zivildienstleistenden im Kriegsfall zur Assistenz der Waffengattungen herangezogen werden können. Diese Haltung hat dazu geführt, daß im Dritten Reich rund 300 Zeugen Jehovas vom Reichskriegsgericht zum Tode verurteilt und hingerichtet wurden. Seit 1968 ist es Jehovas Zeugen in der Bundesrepublik gestattet, statt Kriegs- und Ersatzdienst zwei Jahre lang unter regulären Arbeitsbedingungen in sozialen Einrichtungen zu arbeiten und nicht - wie bis dahin üblich - als Totalverweigerer ins Gefängnis gehen zu müssen. Allerdings bleibt es dem einzelnen Zeugen Jehovas überlassen, ob er vom "Lex Zeugen Jehovas" Gebrauch machen möchte oder nicht, da dies letztlich eine Gewissensentscheidung darstelle. Konsequenterweise sind die Zeugen Jehovas unpolitisch, ja: anti-politisch. Wer Zeuge Jehovas werden will, muß sich jeglicher politischer Betätigung entsagen und beispielsweise aus Parteien austreten. Ebenso weigern sich Zeugen Jehovas, an öffentlichen Wahlen teilzunehmen.

Die Versammlung der Zeugen Jehovas in Marburg

Nach den eigenen Bezeichnungen haben die Zeugen Jehovas weder eine "Gemeinde" oder "Gemeinschaft" noch "Mitglieder", sondern lediglich "Verkündiger", die sich in "Versammlungen" zusammenfinden. In Marburg gibt es eine Versammlung, die aus 107 Verkündigern besteht. Überschreitet eine Versammlung die Zahl von 150 Verkündigern, so wird sie geteilt, was vor Jahren dazu führte, daß sich eine weitere Versammlung in Lohra mit rund 50 Verkündigern konstituierte. Zwar sind auch in Marburg die Zeugen Jehovas stark im Wachsen - 1982/83 gab es erst 66 Verkündiger - begriffen, jedoch wird betont, daß Versammlungen in vergleichbar großen Städten erheblich stärker expandieren und in der Regel mehrere Versammlungen in einer Stadt existieren. In Marburg sind die Frauen erheblich in der Überzahl: 62 Frauen stehen 45 Männern gegenüber. Interessant ist die verhältnismäßig junge Altersstruktur der Marburger Versammlung: Lediglich 26 Verkündiger sind über 60 Jahre alt, 16 sind jünger als 25 Jahre. Die Zeugen Jehovas sind eher in den nichtakademischen Schichten, oftmals in der Arbeiterschicht, unter Angestellten oder Handwerkern, verankert, so auch in Marburg. Personen, die das Abitur abgelegt haben, gelten eher als Ausnahmen. Insofern ist es verständlich, daß die Marburger Versammlung die starke Rolle der Universität und der Intellektuellen-Schicht in Marburg eher als hinderlich für ihr eigenes Wachsen begreift.

Der Königreichssaal der Marburger Versammlung der Zeugen Jehovas "Am Grün". Das flache Gebäude spiegelt zwar den Charme der 60er Jahre wieder, für einen Neubau fehlt jedoch das Gelände.

Um ein getaufter "Diener Gottes" bei den Zeugen Jehovas werden zu können, muß man hauptsächlich drei Bedingungen erfüllen: Die betreffende Person muß endgültig aus anderen Gemeinschaften oder Kirchen austreten. Von drei Versammlungsältesten - in Marburg gibt es acht Älteste - werden dann 10 Punkte überprüft, die sicherstellen sollen, daß die jeweilige Person dem Ansehen der Zeugen Jehovas nicht schadet. Dazu gehört die Überprüfung der Bibelfestigkeit, der individuellen Lebensführung sowie des Austritts aus andern religiösen sowie aus politischen Zusammenschlüssen. Schließlich wird der zukünftige Verkündiger bzw. die zukünftige Verkündigerin nach der Beantwortung von rund 140 Fragen getauft. Diese Taufe findet bei Kreis-, Bezirks- oder Internationalen Kongressen gemeinsam mit anderen durch vollständiges Untertauchen im Wasser statt. Solche Massentaufen sind der Höhepunkt bei vielen Kongressen: So wurde am 7. August 1993 auf einem internationalen Kongreß der Zeugen Jehovas in Kiew (Ukraine) die Rekordanzahl von 7.402 Taufen vollzogen. Die Taufe kann frühestens im Alter von 13 bis 14 Jahren stattfinden, in der Regel sind die Getauften mindestens 16 bis 18 Jahre alt. Im scharfen Gegensatz zur Geschlechterstruktur - wohl nicht nur der Marburger Ortsversammlung - gibt es keinerlei Lehramt für Frauen in den Versammlungen von Jehovas Zeugen. Entsprechend können Frauen nicht im Vorstand der Versammlung vertreten sein. Neben den zahlreichen Hausbesuchen der Verkündiger organisiert die Marburger Versammlung der Zeugen Jehovas für Besucher offene Veranstaltungen: So finden sonntags Ansprachen für die Öffentlichkeit statt, die aus einem 45minütigen biblischen Vortrag bestehen, zu dem sich zwischen 140 und 150 Personen versammeln. Hinzu kommt noch ein zweistündiges Studium der Zeitschrift "Wachtturm", des lehrhaften Organs der Leitenden Körperschaft ("Erwachet", die zweite Zeitschrift der Organisation, hat hingegen eher einen magazinähnlichen Charakter). Freitags werden in Marburg die zweistündigen "Theokratischen Predigtdienststunden" abgehalten, die der Ausbildung der Verkündiger dienen, aber ebenfalls öffentlich sind. Dienstags wiederum treffen sich rund 10 Kleingruppen zu den parallel stattfindenden einstündigen "Versammlungsbuchstudien".

Kontakt:	Jehovas Zeugen, 06421/83661. Königreichssaal, Am Grün 33b, 35037 Marburg, 06421/15900.
Zentrale:	Leitende Körperschaft der Zeugen Jehovas, c/o Wachtturm Bibel- und Traktat-Gesellschaft, Deutscher Zweig e.V., Niederselters, Am Steinfels, 65618 Selters / Taunus 1, 06483/410.
Periodika:	*Der Wachtturm verkündet Jehovas Königreich* (halbmonatlich). *Erwachet!* (halbmonatlich abwechselnd mit dem "Wachtturm").

Literatur:

Franz, R.: *Der Gewissenskonflikt*, München 1988.
Hellmund, D.: *Geschichte der Zeugen Jehovas*, Hamburg 1972 (Dissertation).
Tröger, Sigrid und Karl-Wolfgang: *Kirchenlexikon. Christliche Kirchen, Freikirchen und Gemeinschaften im Überblick*, Berlin 1990.

Jüdische Gemeinde Marburg

Die begrünte Lücke in der Universitätsstraße und ein Gedenkstein erinnern an die Brandstiftung der SA, die in der Nacht vom 9. auf den 10. November 1938 die Synagoge der *Marburger Juden* zerstörte. Von einem Aufschrei in der Marburger Bevölkerung ob dieses Ereignisses ist in den Chroniken nichts zu lesen. Die Marburger und Marburgerinnen hatten bereits am 12. 3. 1933 ihre mehrheitliche Einstellung dadurch zum Ausdruck gebracht, daß sie der NSDAP eine solide 2/3-Mehrheit in der Stadtverordnetenversammlung verschafften. Die Philipps-Universität war schon seit 1930 von einer stabilen Mehrheit nationalsozialistischer Studenten geprägt, die den Antisemitismus in Marburg weiter vorantrieben.

Juden im deutschen Sprachraum

Bereits in den ersten Jahrhunderten unserer Zeitrechnung lebten und arbeiteten Menschen jüdischen Glaubens auf dem Gebiet, das heute Deutschland darstellt. Gesicherte Kenntnissse von festen jüdischen Gemeinden in Köln, Metz, Trier, Worms, Mainz, Regensburg und Prag haben wir aus dem 9. und 10. Jahrhundert. Ab dem 11. Jahrhundert sind dann jüdische Gemeinden in fast allen wichtigen Städten des Reiches belegt. Gerade in diesen Städten Mitteleuropas entwickelte sich das "aschkenasische Judentum", das vor allem in der eigenen Sprache des "Jiddischen" seinen Niederschlag fand. Dieses aschkenasische Judentum bildete eine religiöse Subkultur mit Gebeten, Gottesdienstformen und Synagogen heraus, die noch heute jüdische Religiosität wesentlich mitbestimmen. Während der Kreuzzugsbegeisterung der Christen gab es die ersten reichsweiten Pogrome gegen Juden, in deren Gefolge eigenständige Straßenviertel der Juden, z. T. Gettos, entstanden. Die zweite große Verfolgungswelle ergriff die Juden während der Pestepedemien Mitte des 14. Jahrhunderts, als die Juden für die Todesopfer verantwortlich gemacht wurden. Die Judenfeindlichkeit durchzog die deutsche Geschichte bis zur Neuzeit - auch die Reformation änderte nichts an dieser Einstellung. Im 19. Jahrhundert bildete sich dann endgültig der moderne Rassenantisemitismus heraus, der seinen furchtbaren Höhepunkt in der Ermordung des deutschen und europäischen Judentums durch die Nationalsozialisten fand. Den Juden in Deutschland waren gerade mal 60 Jahre lang (von 1871 bis 1933) die vollen staatsbürgerlichen Rechte zugestanden worden, die für breite Schichten der deutschen Juden einen enormen sozialen Aufstieg und eine Assimilation an das liberale Bildungsbürgertum zur Folge hatten. Zwischen 500.000 und 600.000 Juden lebten in dieser Zeit in Deutschland - vor allem in den Städten und Bildungszentren.

Die Geschichte der Juden in Marburg

Juden wohnten spätestens seit dem 14. Jahrhundert in Marburg: Bereits 1317 wurde in einem Marburger Kaufvertrag eine Synagoge erwähnt. Seit 1335 sind Marburger Juden auch namentlich bekannt, wenngleich es insgesamt vermutlich nur wenige waren. Mitte des 14. Jahrunderts gab es im Rahmen der allgemeinen Judenpogrome während der Pestepedemie 1348/49 die ersten Vertreibungen aus Marburg, gefolgt durch weitere beispielsweise zur Zeit Landgraf Philipps "des Großmütigen". Erst ab der ersten Hälfte des 17. Jahrhunderts vergrößerte sich die Anzahl der Juden in Marburg, die sich in Privaträumen zum Gottesdienst versammelten. 1835 fanden sich unter 8.063 Einwohnern 98 Juden, die sich in der 1818 eingeweihten Synagoge in der Ritterstr. 2 versammeln konnten. Unter der preußischen Herrschaft vergrößerte sich die Zahl der Marburger Juden auf den Höchststand von 382 Personen im Jahre 1905. 1897 wurde die neue Synagoge in der Universitätsstraße eingeweiht, die 230 Männerplätze, 175 Frauenplätze sowie ein rituelles Frauenbad (Mikweh) aufwies.

Die Sozialstruktur der Gemeinde war städtisch-universitär geprägt: Die Marburger Juden gehörten weitgehend der Akademiker-, Bankiers- und Kaufleuteschicht an. Eines der bekanntesten Mitglieder der jüdischen Gemeinde Marburg war in dieser Zeit der Philosophie-Professor Hermann Cohen (1842-1918), der von 1876 bis 1912 an der Philipps-Universität lehrte und zusammen mit Paul Natorp einer der Mitbegründer der "Marburger Schule" des Neukantianismus und erster Direktor des neugegründeten Philosophischen Seminars der Philipps-Universität Marburg war. Wie sehr die Marburger Juden den auch hier grassierenden Antisemitismus unterschätzten, verdeutlicht folgende Erklärung des Vorstandes der "Israelitischen Gemeinde Marburgs", die als Anzeige am 30. März 1933 in der nationalsozialistisch orientierten Oberhessischen Zeitung veröffentlicht wurde: "Die Mitglieder der Jüdischen Gemeinde Marburgs haben mit Abscheu davon Kenntnis genommen, daß im Auslande Greuelnachrichten über Mißhandlungen Deutscher Juden verbreitet und zum Boykott Deutscher Waren aufgefordert wird. Wir rücken sämtlich weit ab von all diesen durchsichtigen Lügen. Wahrheitsgemäß und aus innerem Bedürfnis heraus erklären wir, daß bis zum heutigen Tage keinem Juden in Marburg auch nur ein Haar gekrümmt wurde und bitten von dieser Erklärung den zu ihrer Verbreitung erforderlichen Gebrauch zu machen. In Krieg und Frieden haben sich die Marburger Juden als Deutsche und Marburger gefühlt. An seinem Sports- und Vereinsleben haben sie bis zum heutigen Tage tätigen Anteil genommen. Eine große Anzahl der Marburger Juden hat an der Front für Deutschlands Größe gekämpft und geblutet. Die Größe und das neue Erstarken Deutschlands liegt auch ihnen am Herzen. Wir wissen, daß die nationale Regierung jedem Anständigen Gerechtigkeit widerfahren läßt und protestieren mit ihr gegen jegliche Ächtung und Verkleinerung Deutschlands." Der Boykott jüdischer Geschäfte wurde trotz dieser Erklärung vom "Marburger Aktionskomitee zur Abwehr der Greuel- und Boykotthetze des Weltjudentums", dem Kampfbund für den deutschen Mittelstand, und den NSDAP-Untergliederungen durchgeführt. Der Marburger Antisemitismus gipfelte dann 1938 in der Brandschatzung der Synagoge durch die SA, der folgenden Verhaftung jüdischer Männer und deren Abtransport in das Konzentrationslager Buchenwald. Drei weitere Deportationen 1942 bedeuteten das Ende der jüdischen Gemeinde in Marburg.

Diese Zeichnung der Marburger Synagoge in der Universitätsstraße zierte einst eine Postkarte: "Gruß aus Marburg".

Die Jüdische Gemeinde Marburg nach dem Holocaust

Nach dem Ende des Zweiten Weltkrieges fanden sich in Marburg jedoch wieder Juden osteuropäischer Herkunft ein, vor allem Überlebende der Konzentrationslager. Anfang 1946 bildeten 234 Personen die jüdische Flüchtlingsgemeinde, die im selben Jahr einen Synagogenraum in der Landgraf-Philipp-Straße einweihen und die (vermutlich vor dem Synagogenbrand 1938 geretteten) Thorarollen wieder in Besitz nehmen konnten. Die Gemeinde schrumpfte jedoch in den Folgejahren bis 1949 auf 70 Personen zusammen, da die meisten Flüchtlinge nach Palästina oder in die USA auswanderten. Diese Entwicklung hat ihre Entsprechung in ganz Deutschland, als von den 280.000 "displaced persons", wie die jüdischen Überlebenden genannt wurden, ca. 250.000 in den Jahren nach 1945 auswanderten. Einmal im Jahr fand jedoch eine Zusammenkunft ehemaliger Marburger Juden statt, so daß der *Minjan* erfüllt wurde (unter "Minjan" versteht man die Vorschrift, daß zu einem vollständigen jüdischen Gottesdienst 10 erwachsene Männer anwesend sein müssen). Der Tiefpunkt der Gemeindeentwicklung war im Jahre 1983 erreicht, als die jüdische Gemeinde gerade noch 20 Personen zählte. Der Umschwung setzte mit der Perestroika- bzw. Glasnost-Politik in der Sowjetunion ein: Zunehmend gelang osteuropäischen Juden nunmehr die Ausreise bzw. die Flucht vor immer offenerem Antisemitismus in den Ländern Osteuropas. 1989 konnte der wachsenden Gemeinde Rechnung getragen und mit Unterstützung der Stadt Marburg ein Stockwerk im Haus Pilgrimstein 25 bezogen werden. Dieses Stockwerk besteht aus einem Raum, der nach dem aus Marburg stammenden Rabbiner Dr. Leopold Lucas benannt ist, und aus einem weiteren, der als Synagoge dient. Hier findet sich der Thoraschrein (*Aron Hakodesch* - Heiliger Schrank), in dem die bereits erwähnten Thorarollen aufbewahrt werden, ein Lesepult und die Ewige Lampe, so daß alle Kriterien für einen regulären jüdischen Kultraum erfüllt sind. Wenngleich all diese Ausstattungen nicht unabdingbar zum Abhalten eines jüdischen Gottesdienstes und nach jüdischem Gesetz auch nicht vorgeschrieben sind (lediglich bei Gottesdiensten, bei denen ein Abschnitt aus der Thora vorgelesen wird, muß eine Thorarolle vorhanden sein, da Juden das geoffenbarte Wort Gottes nicht auswendig vortragen dürfen), so ist ein eigener Synagogenraum mit den entsprechenden Gegenständen doch von erheblicher Bedeutung. Dieser neue Betraum konnte am 1. September 1989 vom hessischen Landesrabbiner Chaim Lipschitz eingeweiht werden.

Die Jüdische Gemeinde heute

Mittlerweile zählt die jüdische Gemeinde Marburg wieder 71 Mitglieder mit stark steigender Tendenz. In den Flüchtlingsunterkünften im Landkreis Marburg-Biedenkopf warten ständig Neuankömmlinge auf die Anerkennung als Juden durch den Landesrabbiner. Seit September 1992 findet erstmals wieder ein Religionsunterricht für Kinder in den Räumen am Pilgrimstein statt. Einmal im Monat am Shabbat, am Freitagabend und am Samstagmorgen, wird in der Synagoge am Pilgrimstein unter der Leitung des Vorsitzenden der jüdischen Gemeinde, Amnon Orbach, Gottesdienst gefeiert. Um dem Gottesdienst folgen zu können, erlernt die hohe Anzahl der Neuangekommenen neben der deutschen Sprache auch die hebräische. Zur Erleichterung des Übergangs dienen Gebetsbücher in russischer und hebräischer Sprache. Bei diesen Shabbat-Gottesdiensten ist inzwischen regelmäßig der Minjan erfüllt, so daß ein vollständiger Gottesdienst gefeiert werden und beispielsweise das *Kaddisch-Gebet* gesprochen werden kann. Ungefähr 30 Personen besuchen diesen Gottesdienst, wobei auch Nicht-Juden zugelassen sind. Durch diese Regelung beweist die jüdische Gemeinde ihren offenen Charakter und ihren Willen zum Austausch mit ihren christlichen Nachbarn. Die gemeinsame Feier des Pessach- (Passah-) Festes zusammen mit den Mitgliedern der Gesellschaft für Christlich-Jüdische Zusammenarbeit unterstreicht diese Offenheit: 1993 konnten zu dieser Feier, die jedoch normalerweise auf Mitglieder der beiden Organisationen beschränkt ist, mit über 90 Teilnehmenden erheblich mehr als in den vergangen Jahren begrüßt werden.

Das Haus im Pilgrimstein 25 ist zunehmend Orientierungspunkt für viele der Neuangekommenen aus Osteuropa und erfüllt von Begegnung, Gespräch und Belehrung. Nicht nur Sprachkurse, Religionsunterricht und Gottesdienst finden hier statt, sondern auch Lesungen und Vorträge werden durchgeführt - oftmals in Zusammenarbeit mit der Gesellschaft für Christlich-Jüdische Zusammenarbeit Marburg. Gastprofessoren und -dozenten aus Israel, die Lehraufträge in der Hochschule für Jüdische Studien in Heidelberg (getragen vom Zentralrat) wahrnehmen, sind oftmals auch Gast der jüdischen Gemeinde Marburg. Fest etabliert hat sich auch ein Lesekreis für jüdische Literatur, der regelmäßige interne und öffentliche Veranstaltungen durchführt. Außerdem hat sich unter dem Religionslehrer Benny Pollak ein Arbeitskreis "Judenumskunde" konstituiert, der sich wöchentlich trifft und eine religiöse Unterweisung für Erwachsene darstellt. Das Interesse an Sprachkursen in Neuhebräisch (Iwrith) ist inzwischen so groß, daß zwei Parallelkurse für Anfänger angeboten werden können. Diese beiden regelmäßigen Veranstaltungen, Judentumskunde und Iwrith, sind für eine Gemeinde, deren Basis im Moment aus ausgewanderten Osteuropäern ohne tiefgehende jüdische Kultur besteht, besonders wichtig.

In diesem neu sanierten Fachwerkhaus im Pilgrimstein 25 konnte 1989 im ersten Stock der neue Betraum der Jüdischen Gemeinde eingeweiht werden, der nach außen durch die Farbgestaltung der Fenster ausstrahlt.

Juden in Deutschland heute

Die jüdische Gemeinde Marburg ist Mitglied im *Landesverband jüdischer Gemeinden in Hessen* und über diesen im *Zentralrat der Juden in Deutschland.* Lediglich große Gemeinden, wie diejenigen in München, Frankfurt, Köln oder Berlin, sind direkte Mitglieder des Zentralrates, der 1950 gegründet und lange Jahre von Heinz Galinski als Vorsitzendem geleitet wurde. Nach seinem Tod 1992 wurde Ignaz Bubis von der Ratsversammlung, dem obersten Gremium des Zentralrates, zu dessen Vorsitzenden gewählt. Insgesamt repräsentiert der Zentralrat zwischen 30.000 und 40.000 Juden in Deutschland, die in 65 Gemeinden und 16 Landesverbänden organisiert sind. Die Unsicherheit im Bezug auf die tatsächlichen Zahlen beruht auf dem starken Zustrom, den die jüdischen Gemeinden in der Bundesrepublik aus den osteuropäischen Ländern verzeichnen. Anfang 1993 wurde geschätzt, daß allein aus den Ländern der ehemaligen Sowjetunion rund 15.000 bis 20.000 Juden in Deutschland leben. Daneben dürfte es weitere rund 40.000 Juden geben, die nicht in Gemeinden organisiert sind. Die größte jüdische Gemeinde in Deutschland findet sich in Berlin (knapp 8.000 Mitglieder 1992 - die Gemeinde soll aufgrund des Auswanderungszustroms inzwischen auf rund 10.000 Mitglieder angewachsen sein), gefolgt von Frankfurt/Main (ca. 5.500), München (ca. 4.000), Düsseldorf (ca. 1.700), Hamburg (ca. 1.700) und Köln (1.300). Mit dieser Verteilung ist schon ein wesentliches soziologisches Charakteristikum der Juden in Deutschland angesprochen: "Judentum in Deutschland" heißt weitgehend "städtisches Judentum". Über die Hälfte der in Gemeinden organisierten Juden Deutschlands lebt in diesen sechs bundesdeutschen Städten.

Die Ausrichtung der jüdischen Gemeinde Marburg

Die soziale und religiöse Zusammensetzung der jüdischen Gemeinde Marburg hat Zufallscharakter. Nach dem Holocaust hat sich in Marburg keine gewachsene Gemeindestruktur mehr gebildet. Die Zuwanderer aus Osteuropa entstammen den verschiedensten sozialen Schichten und weisen unterschiedliche Berufe auf, die sie hier in Marburg freilich kaum ausüben können. Ob dieser Zuwanderungsstrom hier in Marburg ein dauerhaftes Sammelbecken findet, bleibt abzuwarten. Denkbar ist freilich auch, daß die jüdische Gemeinde Marburg nach den ersten Erfahrungen der Flüchtlinge nur eine Durchgangsstation bleiben wird - bevor die endgültige Weiterreise nach Israel oder in die USA (analog zur Nachkriegszeit) betrieben wird. Eine Untersuchung zur "sozialen Integration" und "kulturell-religiösen Selbstbehauptung" der aus Osteuropa immigrierten Juden vom Herbst 1992 ergab jedoch, daß fast 90% der neuangekommenen Juden trotz des verstärkt sich artikulierenden Rechtsextremismus beabsichtigen, in Deutschland zu bleiben. Religiös ist die jüdische Gemeinde Marburg keiner der Hauptrichtungen des Judentums zuzuordnen, was weitgehend die Situation der jüdischen Gemeinden in der Bundesrepublik wiederspiegelt. War es in der Zeit vor dem Nationalsozialismus nicht außergewöhnlich, in großen Städten bis zu drei Synagogen zu finden - eine der Orthodoxen, eine der Konservativen, eine der Reformorientierten oder Liberalen -, so wurde nach dem Zweiten Weltkrieg die "Einheitsgemeinde" proklamiert. Vorrangig war nun nicht mehr die

Bewahrung der jeweiligen Richtung im Judentum, sondern das Überleben als jüdische Gemeinde selbst. Insofern schlossen sich die jüdischen Strömungen in gegenseitiger Toleranz zur Einheitsgemeinde zusammen, wenngleich die orthodoxe Richtung in der Bundesrepublik wie in Marburg kaum eine Rolle spielt. Lediglich die sehr kleine "Adass Jisrael" Gemeinde Berlins versteht sich als eher orthodox und trägt das Konzept der Einheitsgemeinde nicht mit. Vor allem in großen jüdischen Gemeinden in Deutschland bleiben natürlich immer noch Differenzen zwischen den verschiedenen Richtungen, die die Einheitsgemeinde mittragen, aber deswegen noch lange nicht ihre eigene Auffassung aufgegeben haben. Die jüdische Gemeinde Marburg versteht sich als "moderne" Gemeinde, die den Schwierigkeiten als extreme Minderheit Rechnung trägt. Koscheres Fleisch beispielsweise muß aus Frankfurt "importiert" werden, was vor allem im Sommer erhebliche Probleme bereitet. Eine enge Zusammenarbeit unterhält die jüdische Gemeinde Marburg mit der Gesellschaft für Christlich-Jüdische Zusammenarbeit Marburg, die ebenfalls im Gebäude Pilgrimstein 25 untergebracht ist. Nicht zuletzt werden Veranstaltungen der jüdischen Gemeinde im Mitteilungsorgan der Gesellschaft veröffentlicht. Das Pessach- bzw. Passahfest zur Erinnerung an den Exodus aus Ägypten wird gemeinsam in geschlossener Gesellschaft gefeiert. Das Chanukkah-Fest ist hingegen offen für alle Besucherinnen und Besucher und wird als Vorweihnachtsfeier zusammen mit der Gesellschaft für Christlich-Jüdische Zusammenarbeit auch schon mal in einem christlichen Gemeindehaus festlich begangen. Antisemitische Aktionen, wie sie in der Bundesrepublik leider wieder an der Tagesordnung sind, sind in Marburg in jüngster Vergangenheit nicht registriert worden, wenngleich sich die Einschätzung des (jüdischen) Bundeswehr-Hochschullehrers für Politikwissenschaften Prof. Dr. Michael Wolffsohn als Wunschdenken herausgestellt hat: "Bundesdeutsche Umfragen zeigen seit 1949 einen deutlichen Rückgang antisemitischer Einstellungen... Heute ist bekannt, daß einheimische Neonazis von kommunistischen Geheimdiensten geheuert und gesteuert wurden."

Kontakt: Jüdische Gemeinde Marburg, Pilgrimstein 25, 35037 Marburg, 06421/32881.
Gesellschaft für Christlich-Jüdische Zusammenarbeit Marburg, ebd., Geschäftsführer: Herr Sage.

Zentrale: Zentralrat der Juden in Deutschland, Rüngsdorferstr. 6, 53173 Bonn, 0228/357023.
Landesverband der Jüdischen Gemeinden in Hessen, Hebelstr. 6, 60318 Frankfurt/Main, 069/444049.

Periodika: *Mitteilungen der Gesellschaft für Christlich-Jüdische Zusammenarbeit Marburg* (zweimonatlich).

Literatur:

Bundeszentrale für politische Bildung (Hg.): *Deutsche Juden - Juden in Deutschland*, Bonn 1991.

Dettmering, Erhart (Hg.): *Zur Geschichte der Synagoge und der jüdischen Gemeinde in Marburg* (Marburger Stadtschriften zur Geschichte und Kultur 39), Marburg 1992.

Dachs, Gisela: "Jüdisch und deutsch", in: *DIE ZEIT*, Nr. 52, 18. 12. 92
Koppelmann, Stefan: *Das Judentum. Eine Einführung in Geschichte und Religion* (REMID-Schriftenreihe "Religion in der Gegenwart - Religionswissenschaftliche Einführungen" Bd. 1), Marburg 1993.
Koppelmann, Stefan: *Bedingungen jüdischen Lebens in der Bundesrepublik Deutschland* (REMID-Schriftenreihe "Religionen vor Ort - Religionswissenschaftliche Feldforschungen" Bd. 2), Marburg 1993.

Katholisch-apostolische Gemeinde Marburg

Eines der schönsten Kirchengebäude in Marburg ist die rote Sandstein-Kirche der *Katholisch-apostolischen Gemeinde* Am Renthof 29. Schon der Baustil zeigt an, daß es sich hier um eine Gemeinschaft handelt, die eine Tradition in Marburg verkörpert. In der Tat sind die Katholisch-apostolischen Gemeinden - als "Kirche" bezeichnet zu werden, wird von den Mitgliedern abgelehnt - in Marburg seit 1848 mit einer eigenen Gemeinde vertreten. In den 60er Jahren des 19. Jahrhunderts zählte sie in Marburg bereits 200 bis 300 Gemeindeglieder, was auf eine schnelle, überzeugende Missionierung schließen läßt. Viel zum Aufschwung dieser Gemeinde hat auch die Tatsache beigetragen, daß sich ihr bekannte Marburger Geschäftsleute anschlossen und die Außenwirkung erhöhten.

Die Geschichte der Katholisch-apostolischen Gemeinden

Die Katholisch-apostolische Gemeinden sind ein Ergebnis der Aufbruchstimmung im Protestantismus des 19. Jahrhunderts und der daraus resultierenden "Erweckungsbewegung". So bildete sich in England um den Bankier und Parlamentssprecher Henry Drummond (1786-1860) ein Kreis von Laien und Priestern, die seit 1826 auf dessen Landgut "prophetische Konferenzen" abhielten. Zu dieser Gruppe stieß Anfang der 30er Jahre auch der ehemalige Priester Edward Irving (1793-1834), der aufgrund von Zungenreden und Prophezeiungen von der national-schottischen reformierten Gemeinde in London seines Amtes enthoben worden war. Nach ihm wurden die Anhänger der späteren Gemeinden von außen auch als "Irvingianer" bezeichnet. In England und Schottland hatten sich zu diesem Zeitpunkt bereits freie Gemeinden gegründet, die auf diese Geistesgaben nicht verzichten wollten und sich mit ihren jeweils entlassenen Priestern solidarisierten. Das Geschichtsbild dieser Kreise war relativ einfach: Mit der Fusion von Kirche und Staat im 4. Jahrhundert war die christliche Kirche im Niedergang begriffen, in der Lehre wurden Irrtümer in den Dogmenrang erhoben, während das Warten auf die Wiederkehr des Herrn in den Hintergrund gedrängt wurde. Die Reformation hatte hier zwar noch eine Rückbesinnung auf die Bibel bewirkt, aber letztlich nur weitere Kirchenspaltungen hervorgebracht. Dem andauernden Niedergang der westlichen Gesellschaft kann lediglich durch die Gründung von Gebetsgemeinschaften (wie sie denn auch in Schottland, England und Süddeutschland in ganz erheblichem Umfang vorkamen) begegnet werden, wobei die biblischen Geistesgaben wieder in den Vordergrund treten müssen. Die zentrale Bibelstelle, ohne die ein Verständnis dieses Denkens nicht möglich ist, findet sich im 1. Korintherbrief 12, 28: "Und Gott hat in der Gemeinde eingesetzt erstens Apostel, zweitens Propheten, drittens Lehrer, dann Wundertäter, dann Gaben, gesund zu machen, zu helfen, zu leiten und mancherlei Zungenrede." (Lutherübersetzung 1984). Entsprechend konzentrierte sich auch der Kreis um Henry Drummond auf die baldige Wiederkunft Christi und gestaltete seine Gemeindestrukturen nach den urchristlichen Vorgaben. Der Rechtsanwalt John Bate Cardale wurde im Rahmen der Weissagungen in den Versammlungen als erster "Apostel" berufen, ehe er wiederum Weihnachten 1832 einen "Evangelisten" und Henry Drummond zum "Engel" ordinierte ("Engel" entspricht den Funktionen eines "Bischofs"). Edward Irving wurde 1833 zum "Engel" seiner Gemeinde berufen, später auch zum "Propheten" für Schottland, starb jedoch bereits 1834. Schon dieser frühe Tod Irvings, als die Theologie der Katholisch-apostolischen Gemeinden noch kaum ausgebildet und das zweite Apostolat noch nicht komplett aufgerichtet war, zeigt an, wie unzutreffend die Bezeichnung "Irvingianer" für die gesamte Bewegung ist. 1833 wurde Henry Drummond zusätzlich "Apostel" der neuen Gemeinde. Die letzten Apostel wurden 1835 auf einer Reise des Apostels Cardale und des Propheten Taplin durch die sieben Londoner Gemeinden und 17 weitere Gemeinden in England, mit denen sie sich verbunden fühlten, zur Zwölfzahl berufen. In London wurden die zwölf Apostel 1835 nunmehr in ihre Aufgabe eingeführt, die wahre katholische (im Sinne von "allumfassend") und apostolische (im Sinne von Matth. 28 Missionare für die Völker) Kirche zu rekonstruieren. Der Anspruch, "katholisch" zu sein, wird dann verständlicher, wenn man berücksichtigt, daß bereits in einem frühen Stadium der "prophetischen Konferenzen" Geistliche verschiedener Kirchen unter den Teilnehmern waren. Hieraus entstand das Bedürfnis, durch die Wiederaufrichtung urchristlicher Verhältnisse alle kirchengeschichtlichen Trennungen zu überwinden und eine Einheit zu bilden. Die zwölf Apostel legten nun mit sieben von ihnen berufenen Propheten die Vorgehensweise und den Aufbau der neuen Gemeinden fest. Sie veröffentlichten ein "Testimonium" als "Zeugnis an die Patriarchen, Erzbischöfe, Bischöfe und anderen Vorsteher der Kirche Christi in allen Ländern und an die Kaiser, Könige, Fürsten und anderen Regenten der getauften Nationen" - sozusagen an die zwölf Stämme der Christenheit. Darin machten sich die Apostel als Vorbereiter des wiederkehrenden Christus bekannt und riefen zur Einheit der Kirche unter ihrer Führung auf. Ab 1839 wurden die zwölf apostolischen Bezirke Europas, Nordamerikas und des Nahen Ostens von den Aposteln missioniert und Gemeindegründungen in urchristlicher Tradition vorangetrieben. Die Apostel gingen davon aus, daß Christi Wiederkehr nahe bevorstünde. Als 1855 die ersten beiden Apostel starben, entschieden sich die verbliebenen aus ihrer Naherwartung heraus, keine neuen Apostel zu benennen. Dies führte in 60er Jahren des 19. Jahrhunderts zu starken inneren Konflikten, aus denen schließlich die Neuapostolische Kirche entstand. Die Katholisch-apostolischen Gemeinden revidierten ihre Entscheidung jedoch nicht, die Wiederkehr Christi blieb ebenfalls aus und so gerieten die Gemeinden nach 1901, als der letzte Apostel, Francis Woodhouse, verschied, in eine ernsthafte Krise: Nur Apostel waren nämlich dazu berechtigt, andere Personen in die niedrigeren Ämter einzuführen, so daß sich die Zahl der Bischöfe, Priester, Diakone und Propheten mit dem Tod der jeweiligen, noch eingesetzten Amts- und Funktionsinhaber immer weiter verringerte. 1971 schließlich starb der letzte ordinierte Priester. Frauen durften im übrigen in diesen Gemeinden zu keinem Zeitpunkt Lehrämter übernehmen, andere geistliche Ämter - wie das Diakonissenamt - stand ihnen jedoch offen. Gerade das Auslaufen der Ämter war für die Katholisch-apostolischen Gemeinden ein wichtiger Wendepunkt: Waren doch die Ordnungen und Ämter der Gemeinden genauestens nach der Bibel - und damit den Kirchenordnungen der ersten drei Generationen von Christen - ausgerichtet. Seit dem Ende des Apostolats in den Katholisch-apostolischen Gemeinden verstehen sich die Angehörigen dieser Gemeinden als "Erstlinge Christi", die sich durch das Gebet und das Wort Gottes reinigen und auf die Wiederkunft vorbereiten. Die Katholisch-apostolischen Gemeinden legen jedoch Wert darauf, daß aus ihren Kreisen niemals ein festes Datum für die Wiederkehr Christi genannt wurde, was diese Gemeinden von diversen adventistischen Strömungen unterscheidet.

Merkmale der Katholisch-apostolischen Gemeinden

Obwohl sich die Katholisch-apostolischen Gemeinden weder der protestantischen noch der römisch-katholischen Richtung des Christentums zuordnen, sondern sich selbst als Wiedererrichtung der urchristlichen katholischen Kirche verstehn, vereinen sie unter ihrem Dach diverse Symbole, die sonst nur noch in der Römisch-katholischen Kirche, den orthodoxen oder den anglikanischen Kirchen zu finden sind: Weihrauch, Sakramentslampen und Weihwasser gehören zur obligatorischen Ausstattung ihrer Gotteshäuser. Die Ohrenbeichte wurde ebenfalls übernommen. Neben den allgemein üblichen christlichen Feiertagen feiern die Katholisch-apostolischen Gemeinden einen gesonderten Bußtag am Pfingstsamstag sowie das Fest der Allerheiligen. Eine Neuerung wurde jedoch bei den Sakramenten geschaffen. Von den Protestanten wurden die beiden Sakramente Taufe und Abendmahl übernommen und durch die "heilige Versiegelung" erweitert. Sie wurde ausschließlich durch Apostel vollzogen und bestand aus einer Handauflegung unter Mitwirkung geweihten Salböls, wodurch bei den jeweils Versiegelten der Heilige Geist wirksam werden sollte. Dieses dritte Sakrament wird also aufgrund des Auslaufens des Apostolats seit 1901 nicht mehr gespendet. Der Organisationsaufbau der Gesamtheit aller Gemeinden ging im übrigen streng von der Ortsgemeinde aus, die gleichzeitig eine Bischofsgemeinde war - auch die in Marburg. Das zentrale Merkmal der Katholisch-apostolischen Gemeinden ist das Verständnis von den Ämtern der Kirche: Das Amt und der Amtsinhaber sind zunächst mit der Gabe der Charismen (Zungenreden, Krankenheilungen, Prophetien) verbunden. Ansonsten gilt das vierfache Amt: Apostel, Propheten, Evangelisten sowie Hirten/Lehrer. Den von Gott berufenen und eingesetzten Aposteln standen jedoch *Coadjutoren* bzw. *Apostelhelfer* zur Seite, während die Propheten als eigenständige "Ratgeber der Apostel" fungierten. Während die Aufgabe des Evangelisten die Predigt des Wortes "mit Zeichen und Wundern" war, hatte der Hirte und Lehrer die konkrete geistliche Leitung über die Getauften. Unter der Ebene dieses vierfachen Amtes ist das "dreifache Gemeindeamt" zu finden: Diakone, Priester und Bischöfe.

Die Katholisch-apostolischen Gemeinden in Deutschland

Am Ende des Apostolats der Katholisch-apostolischen Gemeinden 1901 zählten sich zu ihnen weltweit rund 1.000 Gemeinden mit rund 200.000 Gemeindegliedern. Schwerpunkte der erfolgreichen Missionierung waren dabei England, Schottland, Nordamerika, Australien, Neuseeland und Deutschland, wenngleich auch in der Schweiz, in Frankreich, in den baltischen Staaten und in Rußland eine erhebliche Verbreitung zu verzeichnen war. Zu einer Gemeindegründung in Deutschland, in Berlin, kam es bereits 1848, nachdem schon früher zwei Theologieprofessoren, Heinrich Thiersch und Ernst Adolf Roßteuscher, zu ihr gestoßen waren. 1855 gab es in Norddeutschland bereits 1.004 "Versiegelte", 1876 in Preußen 24 Gemeinden mit 3.079 Mitgliedern. Zu den Katholisch-apostolischen Gemeinden zählten im vereinigten Deutschland rund 100 Gemeinden mit rund 12.000 Mitgliedern. Die Tendenz ist logischerweise ein starkes Sinken der Mitgliederzahlen. Dies liegt vor allem daran, daß die Gemeinden nichts daran setzen, ihr Aussterben zu verhindern: Man konnte früher Glied einer Katholisch-apostolischen Gemeinde werden, indem man als Kind katholisch-apostolischer Eltern in sie "hineingeboren" wurde und durch Kindertaufe aufgenommen war oder indem man als Erwachsener einen Mitgliedsantrag stellte. Nach einer entsprechenden Prüfung wurde man in letzerem Fall an den Hirten der jeweiligen Ortsgemeinde überstellt und war deren Gemeindeglied. Nunmehr gibt es keine Möglichkeiten mehr, Glied einer Katholisch-apostolischen Gemeinde zu werden, da dieses Hirtenamt nicht mehr existiert. Lediglich die Kinder von katholisch-apostolischen Eltern können noch aufgenommen werden; durch Subdiakone, die noch vom letzten Bischof (1964) gesegnet worden waren, sind noch Taufen von Laien möglich.

Die Katholisch-apostolische Gemeinde Marburg

Eine der prominentesten Gemeindeglieder der Katholisch-apostolischen Gemeinden in Deutschland war der Marburger Kirchenhistoriker Prof. Dr. Heinrich Wilhelm Josias Thiersch, der sich noch vor der ersten Gemeindegründung in Deutschland, nämlich 1847, den Katholisch-apostolischen Gemeinden anschloß. Thiersch war seit 1843 außerordentlicher und ab 1845 ordentlicher Professor, nach seinem Anschluß an die Katholisch-apostolischen Gemeinde legte er 1849 seine Professur nieder, ehe ihm 1850 die Lehrerlaubnis entzogen wurde. Thiersch selbst verstand sich als Vertreter der Religionsfreiheit, der sich bereits 1845 darüber beklagt hatte, daß die Baptisten in Marburg durch die Behörden schikaniert wurden. Gerade als Kirchenhistoriker hatte er ein Bild der Urkirche vor Augen, das jenseits der Konfessionsspaltungen lag. Gleichzeitig konnte er zugestehen, daß "Kirche" sich nicht an den Konfessionsgrenzen scheiden ließe und sich somit in allen Konfessionen finde. Nach mehreren Kontakten mit zwei Evangelisten der Katholisch-apostolischen Gemeinden war die Begegnung mit dem Apostel Thomas Carlyle ausschlaggebend für seinen Beitritt zum "Werk Gottes". Im Januar 1848 wurde Thiersch dann durch Handauflegen des Apostels Carlyle zum Priester der Gemeinden ordiniert. Ab 1850 gab es wöchentliche Eucharistiefeiern in Marburg - in der Wohnung Thierschs. Auch in der Marburger Gemeinde sollen infolge der apostolischen Handauflegung die Geistesgaben der Prophetie und der Krankenheilung aufgetreten sein, was die jeweiligen offiziellen Kirchenvertreter und die staatlichen Behörden auf den Plan rief. Verhöre und polizeiliche Verbote waren ebenso wie Exkommunikationen einzelner Gemeindeglieder durch die evangelisch-lutherische Kirche häufig vorkommende Druckmittel. Bereits in frühen Jahren - sein Biograph R.-F. Edel spricht vom Jahr 1863 - wurde Thiersch dann vom Konsistorium der lutherischen Kirche, in der er weiter Mitglied geblieben war, ausgeschlossen, da er sich weigerte, sich von der "Möglichkeit eines Werkes Gottes außer jenen Grenzen" der Landeskirche loszusagen (so Superindendent Kümmel).

Ein sichtbares Zeichen der raschen Ausbreitung der Katholisch-apostolischen Gemeinde in Marburg war die Einweihung der Kirche am Renthof im Jahre 1870. Durch den Umstand, daß immerhin noch Kinder von katholisch-apostolischen Eltern Mitglied in der Gemeinde werden können, gibt es in Marburg immer noch 40 bis 45 Gemeindeglieder - mit einer erstaunlichen Altersstruktur, in der sich die Anzahl der Mitglieder unter 18 Jahren und die der Mitglieder über 60 Jahren nahezu die Waage halten. An jedem Sonntag finden zwei Gottesdienste in der Kirche am Renthof statt, die von 20 bis 35 Personen besucht werden; mittwochs wird in Marburg zusätzlich eine *Litanei* abgehalten. Für die Gemeindeglieder ist die Feier der verbleibenden beiden Sakramente, der Taufe und des Abendmahls, ausschließlich in anderen Kirchen möglich, was dadurch ermöglicht wird, daß die Mitglieder der Katholisch-apostolischen Gemeinden häufig noch in ihrer alten Kirche Mitglied sind. Ein Austritt aus der überkommenen Konfession war niemals eine Beitrittsbedingung für die Katholisch-apostolischen Gemeinden.

Das Kirchengebäude der Katholisch-apostolischen Gemeinde Am Renthof 29, das 1870 eingeweiht wurde, ist die einzige Ausstrahlung, die die Gemeinde noch im Bewußtsein der Öffentlichkeit hält.

Die Zurückgezogenheit der Gemeinden

An den ökumenischen Zusammenschlüssen wie dem Ökumenischen Rat der Kirchen, der Arbeitsgemeinschaft Christlicher Kirchen oder der Evangelischen Allianz haben die Katholisch-apostolischen Gemeinden keinerlei Interesse. Für die verbliebenen Gemeindeglieder ist mit dem Abschluß des Apostolats 1901 der Auftrag der Gemeinden erfüllt - eine Mission findet nicht mehr statt. Entsprechend gibt es in der Bundesrepublik auch keine Zentrale mehr, die den verschiedenen Ortsgemeinden organisatorisch zur Seite stehen würde. Wer die bundesweite Zeitschrift, die *Smyrna-Stimmen*, herausgibt und an die Mitglieder - und nur diese dürfen sie einsehen - versendet, bleibt im Dunkel. Die einzige Struktur, die bundesweit noch existiert, scheint eine Vermögensverwaltung zu sein, die auch die Verwaltung des freiwillig abgeführten Zehnten (des Einkommens und Vermögens) regelt. Insgesamt fühlen sich die Katholisch-apostolischen Gemeinden mit den Christen aller Konfessionen verbunden, mit Ausnahme derer, die sich in der Neuapostolischen Kirche organisieren, da diese das Apostolat für nicht-abgeschlossen erklärten und neue Apostel berufen. Diese frühe charismatische Bewegung hat jedoch Vorbildfunktion für einige Kreise der Pfingstbewegung inne, die z. T. in ihre Gottesdienste Gebetsdienste aus der Liturgie der Katholisch-apostolischen Gemeinden einführten und sich durchaus der Tradition des 19. Jahrhunderts bewußt sind. Als erstaunlichstes Merkmal der Katholisch-apostolischen Gemeinden bleibt jedoch ihre Zurückgezogenheit: In vollständigem Vertrauen auf das erneute Eingreifen Gottes leisten die Gemeinden lediglich Fürbitte für die Vollendung der Kirche und enthalten sich jeglicher Aktivitäten, die das "Werk des Herrn" voranbringen könnten.

Kirchengebäude:	Am Renthof 29, 35037 Marburg, 06421/66237.
Zentrale:	keine.
Periodika:	*Smyrna-Stimmen* (nur für Mitglieder).

Literatur:

Edel, Reiner-Friedemann: *Auf dem Weg zur Vollendung der Kirche Jesu Christi. Die oekumenische Sendung der katholisch-apostolischen Gemeinden an der Gesamtkirche Jesu Christi dargestellt in Leben und Wirken des Prof. Dr. Heinrich W. J. Thiersch*, Marburg 1971.

Hutten, Kurt: *Seher, Grübler, Enthusiasten. Das Buch der traditionellen Sekten und religiösen Sonderbewegungen*, Stuttgart [13]1984, S. 17-35.

Pfarrgemeinden der Katholischen Kirche

Marburgs Stadtgeschichte beginnt im 12. Jahrhundert urkundlich greifbar zu werden, als die Thüringer Landgrafen Marburg als vorgeschobenen Posten gegenüber Amöneburg - dem Erzbistum Mainz gehörend - ausbauen ließen. Die Stadtsiedlung nahm dann in der zweiten Hälfte des 12. Jahrhunderts Gestalt an. Über ein vorchristliches Marburg wissen wir nichts - insofern war Marburg von Anfang an eine christliche Siedlung und dies hieß im Mittelalter: eine katholische Siedlung. Kirchlich war Marburg zunächst Bestandteil der Pfarrei Oberweimar, wenngleich um 1200 bereits die spätromanische "St. Kilians-Kapelle" am heutigen Schuhmarkt stand, in der bis 1527 Gottesdienste abgehalten wurden. Im übrigen kann man davon ausgehen, daß am Standort der heutigen Lutherischen Pfarrkirche um 1200 bereits die Marburger Hauptkirche, eine romanische "St. Marien-Kirche" ihren Platz hatte. 1227 gelang es dann, Marburg von der Mutterkirche Oberweimar zu lösen, was noch im selben Jahr vom Erzbischof Siegfried von Mainz bestätigt wurde.

Zum Begriff "katholisch"

Der Begriff "katholisch" wird in mehrfacher Hinsicht gebraucht. Zunächst bezeichnete der Begriff lediglich, daß die "katholische" Kirche über die ganze Welt verbreitet ist - im Gegensatz zu regionalen häretischen Gruppen. Im weiteren Sinne bedeutet "katholisch", daß durch die Trägerin durch die Zeiten hindurch die gleichbleibende Wahrheit verkündet werde. Deshalb wird im allgemeinen Sprachgebrauch die wertende Hintergrundbedeutung von "rechtgläubig" mit dem Begriff assoziiert, was die Verwendung schwierig macht. Spätestens seit der Reformation - eigentlich seit dem Kirchenschisma zwischen Rom und Konstantinopel im Jahre 1054 - ist "katholisch" jedoch zu einem Begriff konfessioneller Auseinandersetzungen geworden, der den Alleinvertretungsanspruch der Papstkirche in Rom verdeutlichen soll. Die Spezifizierung "römisch-katholisch" für die Konfession, die sich ja auch im "rk" der Lohnsteuerkarten ihrer Mitglieder ausdrückt, ist nun gerade in Deutschland angebracht, da hier 1871 nach dem I. Vatikanischen Konzil (1869/70) die "Alt-Katholiken" gegründet wurden, die z. B. die Lehre von der Unfehlbarkeit des Papstes nicht mittragen wollten. Das Bistum der *Alt-Katholiken* in Deutschland umfaßt immer noch rund 30.000 Gläubige, die mit anderen Abspaltungen von der Römisch-katholischen Kirche in der *Utrechter Union* organisiert sind (insgesamt rund 500.000 Gläubige). Unabhängige nationale katholische Kirchen gibt es noch in Portugal, auf den Philippinen (rund 2,5 Mio. Mitglieder) und in Polen (rund 25.000 Mitglieder). Alt-Katholiken gibt es in Marburg jedoch lediglich vier an der Zahl, die allesamt der Gemeinde in Kassel angehören und in Marburg keinerlei Anspruch auf eine eigenständige alt-katholische Gemeinschaft erheben. Bei der *Katholisch-apostolischen Gemeinde,* die auf eine Mission nach außen verzichtet, liegt der Anspruch auf "apostolisch", nicht auf der "Katholizität". Für Marburg ist somit der Gebrauch des Begriffes "Katholisch" für die *Römisch-katholische Kirche*" durchaus zutreffend und erleichtert den Sprachgebrauch. Spricht man hingegen von dieser Kirche im allgemeinen, ist der Begriff "Römisch-katholisch" korrekter.

Die Römisch-katholische Kirche in Deutschland

Ende 1991 bekannten sich nach Angaben der Bundestags-Zeitung "Das Parlament" 28.200.000 Personen zur Römisch-katholischen Kirche. Sie lag damit knapp hinter den evangelischen Landeskirchen, die rund 29.050.000 Kirchensteuerzahler aufwiesen. Als Konfessionskirche, die die Römisch-katholische Kirche spätestens seit dem Augsburger Religionsfrieden von 1555 darstellt, vertritt sie eine Reihe von Lehrmeinungen, die weitgehend erst im 19. Jahrhundert festgeschrieben wurden: 1854 wurde in der päpstlichen Bulle "Ineffabilis Deus" die "immaculata conceptio Mariae", die Unbefleckte Empfängnis Marias, dogmatisiert. Im I. Vatikanischen Konzil wurde dann die Unfehlbarkeit des Papstes in Glaubens- und Sittenangelegenheiten festgeschrieben, sofern dieser "ex cathedra", d. h. unter ausdrücklicher Inanspruchnahme seiner uneingeschränkten Lehrautorität, spreche. 1950 wurde die Assumptio Mariae, die leibliche Aufnahme Marias in den Himmel, unter Inanspruchnahme genau dieser Lehrautorität von Papst Pius XII. verkündet. Im Gegensatz zu den evangelischen Kirchen kennt die Römisch-katholische Kirche sieben Sakramente: Taufe, Firmung, Eucharistie, Buße, Krankensalbung, Priesterweihe und Ehe. Neben den Priestern haben in der Römisch-katholischen Kirche Mitglieder von Orden eine gewisse Sonderstellung, die sich in einer Verpflichtung zur sexuellen Enthaltsamkeit, zur Armut und zum Gehorsam verpflichten. Zu den bekanntesten Orden zählen die Benediktiner, Zisterzienser, Prämonstratenser, Franziskaner, Kapuziner, Dominikaner, Karmeliten, Augustinereremiten, Theatiner, Jesuiten, Redemptoristen und Oratorianer.

Die Heilige Elisabeth und der Deutsche Ritterorden

Die 1227 einsetzende Geschichte der selbständigen Katholischen Kirche in Marburg ist eng verbunden mit den mittelalterlichen Intrigen, die die hessisch-thüringischen Fürsten zu ihrem Machtgewinn sponnen und denen sie auch die jeweiligen Strömungen innerhalb der Kirche unterordneten. Die Verehrung der *Elisabeth von Thüringen* und die Niederlassung des *Deutschen Ritterordens* in Marburg haben dabei den Gebäudebestand Marburgs bis heute mit eindrucksvollen Hinterlassenschaften angereichert. Nachdem Landgraf Ludwig IV. von Thüringen 1227 auf dem Weg zu einem Kreuzzug gestorben war, kam seine aus Ungarn stammende Frau Elisabeth 1228 im Gefolge ihres Beichtvaters Konrad von Marburg in die Stadt an der Lahn. Der Magister Konrad von Marburg vollzog in der Region im päpstlichen Auftrag die Verfolgung und Ausrottung der verschiedenen Ketzerbewegungen, die sich der persönlichen Armut verpflichtet hatten. So versuchte er auch erfolgreich, mit Elisabeth bereits zu deren Lebzeiten das Armutsideal in der Kirche zu beheimaten und so der ketzerischen Armutsbewegung den Boden zu entziehen. Dies war umso wichtiger, da die *Tertiarier* im Franziskanerorden, zu denen Elisabeth wohl nicht zu zählen ist (wenngleich sie ihnen nahestand), zu der Zeit einerseits eine hohe Anziehungskraft hatten und andererseits immer knapp dem Ketzerverdikt entgingen. Nach ihrem Tode 1231 ließ er Elisabeth ungewöhnlich lange aufbahren, wobei Pilger ihren Leichnam bereits verstümmelten, um sich ein Souvenir zu sichern. Gleichzeitig wurde von diversen Wundern berichtet und Konrad von Marburg beantragte die Heiligsprechung. Nach dessen gewaltsamen Tode forcierte der Thüringer Landgraf und Schwager Elisabeths, Konrad, das Verfahren, indem er mit dem Versprechen in den Deutschen Ritterorden eintrat, er werde eine Elisabethkirche als Wallfahrtsstätte errichten, falls er der nächste Hochmeister des Ordens und Elisabeth heiliggesprochen würde. 1235 war die Heiligsprechung abgeschlossen und dem Deutschen Ritterorden wurde das Patronat der Marburger Kirchen zugesprochen - Konrad wurde im übrigen 1239 in der Tat Hochmeister des Ordens. In den Folgejahren wurde die Elisabethkirche gebaut, dem Deutschen Ritterorden zahlreiche Gebäude geschenkt - von seiner Macht zeugen immer noch die Gebäude in der Deutschhausstraße - und das Pilgerwesen zum Grab der nunmehr heiligen Elisabeth derart ausgebaut, daß die Bevölkerung Marburgs zwischen dem 13. und 16. Jahrhundert von rund 1.500 auf 4.000 bis 6.000 Einwohner anwuchs. Marburg soll im Mittelalter durch das Pilgerwesen zum Grab Elisabeths neben Rom, Jerusalem und Santiago di Compostella die meistbesuchte Wallfahrtsstätte dargestellt haben. Selbst der Stauferkaiser Friedrich II. (Kaiser von 1220 bis 1250) besuchte 1236 das Grab Elisabeths in Marburg. Die Kirche selbst, die gleichzeitig die Ordenskirche des Deutschen Ritterordens darstellte, wurde 1283 fertiggestellt, nachdem 1248 der Hochchor abgeschlossen werden konnte. Die Pilgerfahrten nach Marburg machten auch die Einrichtung eines Friedhofs notwendig: Er liegt westlich der Elisabethkirche um das sog. *Michelchen* herum, der St. Michaelskapelle, die um 1270 errichtet worden war. Hier soll übrigens am 3. 10. 1529 Martin Luther gepredigt haben, als er anläßlich des Marburger Religionsgespräches in der Stadt weilte.

Die Enteignung der Orden in der Reformationszeit

Die 1234 enteigneten *Franziskaner* - ihre Gebäude waren dem Deutschen Ritterorden übertragen worden - hatten Marburg keineswegs verlassen, sondern sich in der heutigen Oberstadt eine neue Existenz aufgebaut: Noch die heutigen Namen "Barfüßerstraße" und "Barfüßertor" weisen auf den volkstümlichen Namen der Franziskaner hin. Ihre Gebäude am Straßeneck "Am Plan" wurden im Rahmen der Reformation 1528 der neugegründeten Universität übereignet. Die Franziskaner waren im übrigen die letzte Opposition gegen die Reformation, die letztlich (1528) die Stadt verließen, anstatt sich, wie viele andere Ordensangehörige, der neuen Lehre anzuschließen. Zuvor waren bereits die letzten 20 Dominikanermönche aus ihrem Kloster ausgezogen, das ebenfalls der Universität übergeben wurde: Der Vorgängerbau der heutigen "Alten Universität" am Rudolphsplatz. Es sollte 260 Jahre dauern, ehe in Marburg wieder eine Gemeinde der Katholischen Kirche gegründet werden durfte. Von Vertreibungen katholischer Bürger und Bürgerinnen durch die Reformation findet man jedoch keine Berichte: Die Bevölkerung scheint die Ablösung der zu diesem Zeitpunkt erdrückenden Herrschaft der Orden und Klöster wohl eher begrüßt zu haben. Bereits 1525 formulierte die Marburger Bürgerschaft 36 Beschwerdeartikel gegen die hohen Belastungen, die die Geistlichen, Mönche und Ordensleute der Stadt verursachten. Beispielsweise wurde beklagt, nicht einmal die Armen- und Krankenpflege sei durch die Ordensleute gewährleistet, da sich diese jeden Nächstendienst üppig entlohnen lassen würden. In diesen Artikeln wurde Landgraf Philipp geradezu aufgefordert, die beschriebenen Mißstände zu beseitigen, "damit kein ufrur unter dem volg entsteen moge" (Artikel 1).

Die Wiederzulassung der Katholischen Kirche

Das vom Deutschen Ritterorden noch vor dem Bau der Elisabethkirche errichtete Elisabethhospital beinhaltete eine Kapelle, deren Reste heute noch als Ruinen am Pilgrimstein (Ecke Steinweg) zu betrachten sind. Hier war es dann auch, wo 1788 für rund 20 Jahre die 1787 wieder zugelassene Gemeinde der Katholischen Kirche ihre Gottesdienste feiern konnte. Ganz verschwunden waren die Katholiken auch während des faktischen Verbotes der Katholischen Kirche seit 1527 nicht aus Marburg: Die Elisabethkirche blieb nämlich auch nach Einführung der Reformation in Marburg die Eigenkirche des Deutschen Ritterordens. Dieser hatte in seiner Verfassung festgeschrieben, daß sich sowohl lutherische als auch reformierte und katholische Mitglieder in ihm organisieren konnten. Zur Zeit der Wiederzulassung des katholischen Gottesdienstes in Marburg standen rund 150 katholische Christen etwa 4.000 Lutheranern und 1.000 Reformierten gegenüber. Vermutlich besuchten die wenigen Katholiken vorher die katholischen Gottesdienste in den kurmainzischen Dörfern und heutigen Stadtteilen Marburgs, Schröck und Bauerbach. Die neu zugelassene Gemeinde hatte sich jeglicher öffentlicher Religionsausübung (durch Prozessionen etc.) zu enthalten und unterlag der Aufsicht des lutherischen Konsistoriums in Marburg. Entsprechend gestalteten sich die ersten Jahre der neuen Gemeinde: Weder durften Trauungen noch Taufen oder Beerdigungen vom katholischen Geistlichen durchgeführt werden, da dies die bisherigen Rechte (gemeint sind hierbei die Gebühren, die für die Erledigung der Kasualien erhoben wurden) der protestantischen Pfarrer eingeschränkt hätte. Nach der Auflösung des Deutschen Ritterordens 1809 durch Napoleon Bonaparte wurde die Elisabethkirche wie alle Besitzungen des Ordens säkularisiert. König Jerome Napoleon von Westfalen verfügte ein Jahr später, daß die Elisabethkirche künftig von der lutherischen und der katholischen Konfession gleichermaßen als "Simultankirche" ge-

Seit 1827 ist die Kugelkirche in der Marburger Oberstadt die Gottesdienstkirche der katholischen Gemeinde. Seit der Einrichtung des Dekanates Marburg ist sie als Kirchengebäude des Pfarramtes St. Johannes die Kirche des Dechanten.

werden solle. Dabei konnte die Gemeinde der Katholischen Kirche, die ja bis dahin ihre Gottesdienste in der Kapelle des Hospitals abhalten mußte, die drei Chöre nutzen, die lutherische Gemeinde behielt jedoch die Kirchenschiffe. 1827 hob die kurhessische Regierung diese Aufteilung wieder auf, teilte der Gemeinde der Katholischen Kirche die Kugelkirche zu und überließ die Nutzung der Elisabethkirche der evangelisch-lutherischen Gemeinde.

Die Kugelkirche und das Kugelhaus in der Kugelgasse sind übrigens das Resultat eines kurzen Gastspiels in Marburg: Als letzter Orden war 1476 die Gemeinschaft der "Brüder vom gemeinsamen Leben" nach Marburg gekommen. Dieser Reformorden kam aus den Niederlanden - und nach der Form ihrer Kopfbedeckung und des Umhangs (Gogel oder Kugel vom lateinischen cuculla) bürgerte sich der Kurzname "Kugelherren" ein. Der Orden hatte letztlich nur 50 Jahre Zeit, um eine Kirche und ein Kloster zu errichten, die von Landgraf Philipp 1527 ebenfalls der Universität übereignet wurden. Eine gottesdienstliche Nutzung erlebte die Kugelkirche vor 1827 nur noch im 17. Jahrhundert, als die hugenottischen Flüchtlinge aus Frankreich diese für kurze Zeit zur Verfügung gestellt bekamen. Die Zahl der katholischen Gläubigen war in den ersten 60 Jahren seit der Wiederzulassung des katholischen Gottesdienstes sehr niedrig: 1845 zählte man unter den 6.850 Einwohnern Marburgs lediglich 45 Personen, die der Katholischen Kirche angehörten. Die Verstädterung und die Schaffung von Arbeitsplätzen durch den Bau der Main-Weser-Bahn ließ zahlreiche Menschen aus den umliegenden katholischen Dörfern nach Marburg umziehen, so daß bereits 1852 rund 300 Personen katholischen Glaubens gezählt wurden.

Die Katholische Kirche im 20. Jahrhundert

Am Ende des Ersten Weltkrieges hatte Marburg etwa 2.000 katholische Bürger und Bürgerinnen, 1933 fanden sich unter den 28.000 Einwohnern und Einwohnerinnen bereits 3.000 Mitglieder der Katholischen Kirche. Die Sozialstruktur der Gemeinde war jedoch immer noch sehr ländlich geprägt, da ihr Anwachsen vor allem auf dem Zuzug aus den umliegenden Dörfern zurückzuführen war. Der Anteil katholischer Beamter und städtischer Beschäftigter wuchs zwar ständig an, im akademischen Bereich waren Katholiken jedoch die Ausnahme: Der Lehrkörper der Philipps-Universität war ganz überwiegend protestantisch, während die Studierenden und die Universitäts-Angestellten dem konfessionellen Bevölkerungsdurchschnitt entsprachen. Auch unter den Selbständigen und Freiberuflern war die Gemeinde der Katholischen Kirche stark unterrepräsentiert, was ihren "dörflichen" Charakter unterstreicht. Umso wichtiger waren die katholischen Verbände, wie beispielsweise die Kolpingsfamilie, der Vinzenzverein, die katholischen Burschenschaften oder der Elisabethverein, die sich um das soziale Leben und die Fürsorge der katholischen Gläubigen kümmerten.

Nach dem Zweiten Weltkrieg fanden sich viele Menschen aus dem Sudetenland, Schlesien und Ostpreußen sowie aus den ausgebombten Städten im Westen im weitgehend unversehrt gebliebenen Marburg ein, was ein Ansteigen der katholischen Gläubigen auf rund 20.000 Personen bewirkte. Hiervon blieben viele in der Universitätsstadt, so daß sich die Einwohnerzahl Marburgs 1961 verglichen mit

1939 auf rund 60.000 verdoppelte, die Anzahl der Katholiken sich jedoch auf 9.000 verdreifacht hatte. Als Folge des Zuwachses wurde im Jahr 1956 das eigenständige Dekanat Marburg gegründet und vom Dekanat Amöneburg abgetrennt, zu dem die Marburger Gemeinde seit ihrer Wiedergründung gehörte. Die Dörfer Bauerbach, Ginseldorf und Schröck wurden jedoch erst nach der Eingliederung in das politische Stadtgebiet Marburgs 1974 an das Dekanat Marburg angeschlossen. 1959 konnte die katastrophale Raumknappheit dadurch etwas gemildert werden, daß mit St. Peter und Paul in der Biegenstraße die zweite Pfarrkirche eingeweiht wurde - gleichzeitig der erste Kirchenbau der Katholischen Kirche in Marburg seit Einführung der Reformation. Es folgten 1963 der Bau der Liebfrauenkirche (eigentlich: "Unsere Liebe Frau von der Heimsuchung") in der Großseelheimer Straße und im heutigen Stadtteil Cappel der Bau der Kirche St. Franziskus. 1968 konnte die Kirche St. Martin in Wehrda fertiggestellt und so dem Zuzug katholischer Bürger und Bürgerinnen in das ursprünglich fast rein protestatische Dorf Rechnung getragen werden.

Die soziologische Struktur der Gemeinden der Katholischen Kirche in Marburg wurde durch die Situation nach dem Zweiten Weltkrieg erheblich verändert: Die in der Zwischenkriegszeit so prägenden dörflichen Oberhessen gerieten - wie in ganz Marburg - auch in den Gemeinden der Katholischen Kirche in die Minderheit. Die Zahl der Akademiker und der Hochschullehrer nahm hingegen ständig zu und prägen inzwischen auch - zusammen mit den zahlreichen Studierenden - die Sozialstruktur der Katholiken Marburgs. Wie irrelevant inzwischen die Konfessionszugehörigkeit für die Erlangung hoher Ämter in Marburg geworden ist und zugleich wie ausgewogen sich das Verhältnis von Protestanten und Katholiken in der Universitätsstadt gestaltet, kann man daran ersehen, daß beispielsweise mit Prof. Dr. Dietrich Simon ein aktiver Katholik und früherer Bundesvorsitzender des Familienbundes der Deutschen Katholiken zum Universitätspräsidenten gewählt wurde und mit Frau Dr. Christa Czempiel die frühere Beraterin des Zentralkomitees Deutscher Katholiken seit 1985 Stadtverordnetenvorsteherin Marburgs ist.

Weithin sichtbar ist der Turm der 1963 in moderner Architektur erbauten katholischen Kirche "Unsere Liebe Frau von der Heimsuchung" in der Großseelheimer Straße.

Die Pfarrgemeinden des Dekanats

Das Dekanat Marburg der Katholischen Kirche, das von Fronhausen bis Vöhl (bei Korbach) reicht, ist im Stadtgebiet Marburg in sechs Pfarrämter aufgegliedert, zu denen teilweise "Filialgemeinden" gehören. Hierbei orientiert sich die lokale Gliederung weniger an den heute gültigen Stadtgrenzen als an historisch entstandenen Abgrenzungen. Beispielsweise sind dem Pfarramt St. Peter und Paul die Filialgemeinden St. Maria Königin in Cölbe und St. Martin in Wehrda angeschlossen, die vom gemeinsamen Pfarrer betreut werden. 1992 hatten die sechs Pfarrämter folgende Mitgliedszahlen (in Klammern die Zahlen für 1989): St. Johannes 4.483 (3.924), St. Peter und Paul 5.152 (5.286), Liebfrauen 2.675 (2.654), Cappel 1.657 (1.449), Schröck 1.231 (1.440) und Bauerbach 1.360 (1.360). Von diesen Mitgliederzahlen müssen jedoch einige abgezogen werden, da beispielsweise bei der Pfarrgemeinde St. Peter und Paul rund 450 Mitglieder der Cölber St. Maria Königin-Kirche eingerechnet sind. Insgesamt wurden Mitte 1993 von rund 75.500 Einwohnern und Einwohnerinnen Marburgs rund 14.950 mit katholischer Religionszugehörigkeit gezählt. Während in den Innenstadtgemeinden davon schätzungsweise rund 8 % bis 9 % an den sonntäglichen Gottesdiensten teilnehmen, sind dies in den dörflichen Pfarrgemeinden Bauerbach und Schröck immerhin 30 % bis 50 % aller Mitglieder. Feiertage, die besonders festlich begangen werden, sind Epiphanias/Erscheinung des Herrn (6. Januar), Mariä Lichtmeß/Darstellung des Herrn (2. Februar), Aschermittwoch (als Beginn der Fastenzeit), Ostern, Fronleichnam, Peter und Paul (29. Juni), Fest der Aufnahme Mariens in den Himmel (15. August) sowie Allerheiligen (1. November) und Allerseelen (2. November). Der öffentlich begangene Fronleichnamstag ist dabei wohl der auffälligste Feiertag, der auch ein "Proprium" der Katholischen Kirche darstellt, also von anderen christlichen Konfessionen nicht geteilt wird. Die Bezeichnung "Fronleichnam" leitet sich vom mittelhochdeutschen Begriff "Vronlichnam", d. h. "Leib des Herren" ab. Das Fest wird seit dem Spätmittelalter gefeiert, als die Gläubigen großen Wert auf die Zurschaustellung des Eucharistiebrotes als Verkörperung Christi legten. Das Abendmahlsverständnis der Katholischen Kirche ist zwar inzwischen wieder "innerlicher" geworden, das Fronleichnamsfest wurde jedoch beibehalten und zu einer öffentlichen Demonstration katholischer Gläubigkeit. Normalerweise zieht die Gemeinde nach der Heiligen Messe durch den jeweiligen Ort, wobei in einer Monstranz Jesus Christus in dem gewandelten Brot mitgeführt wird. Neben solchen Großveranstaltungen ist das Leben der Gemeinden und Mitglieder der Katholischen Kirche das ganze Jahr hindurch von den vielfältigen Aktivitäten einer Volkskirche bestimmt. Die zahlreichen Vereine und Verbände, wie die *Deutsche Pfadfinderschaft St. Georg*, der *Caritasverband* Marburg, der *Sozialdienst katholischer Frauen* oder die *Kolpingsfamilie* ermöglichen ein vielseitiges Engagement der Mitglieder. Die Aktiven der Pfarrgemeinden der Katholischen Kirche sind in der Innenstadt weitgehend vom akademischen Milieu bestimmt, das auch - dem Charakter der Universitätsstadt entsprechend - eine erhebliche Fluktuation beinhaltet.

Die Katholische Hochschulgemeinde und Erzbischof Johannes Dyba

Um die ansonsten eher ruhige *Katholische Hochschulgemeinde* (KHG) kam es rund 10 Jahre nach dem Eklat in ihrer evangelischen Schwestergemeinde 1989 ebenfalls zu Auseinandersetzungen über die Besetzung des Studentenpfarramtes. Seit 1983 war das Studentenpfarramt durch einen Vertrag zwischen der Diözese Fulda und dem Deutschen Orden mit einem Pater des Ordens besetzt. Dieses Verfahren - die Übertragung eines Gemeindepfarramtes an einen Orden - ist durchaus nicht ungewöhnlich: In Wetter/Sterzhausen findet sich mit Pater Wolfgang Zapora ein weiterer Seelsorger des Deutschen Ordens, der eine Pfarrgemeinde betreut. Der betreffende Studentenpfarrer Pater Günter Loock war theologisch und politisch eher der "Alternativszene" verbunden, was dazu führte, daß Erzbischof Johannes Dyba von der Diözese Fulda den Vertrag mit der Leitung des Deutschen Ordens kündigte und somit dessen Versetzung erreichte. Dieser Schritt, der vom studentischen Gemeinderat der KHG scharf kritisiert wurde, führte zu zahlreichen Solidaritätsaktionen mit dem bisherigen Studentenpfarrer - und fast zur Spaltung der Gemeinde. Wäre Pater Günter Loock ein Pfarrer einer Territorialpfarrei der Katholischen Kirche gewesen, hätte der Erzbischof im übrigen kaum Möglichkeiten in der Hand gehabt, ihn von der Stelle zu entfernen. Die Pfarrgemeinde selbst hat nämlich eine relative Eigenständigkeit in der Katholischen Kirche, der Dechant als Leiter des Dekanats ist weniger Dienstvorgesetzter der jeweiligen Pfarrer, sondern eher Koordinator der verwaltungstechnischen Aufgaben. Der Bischof bzw. Erzbischof einer Diözese, im Marburger Fall Johannes Dyba in Fulda, kann gegen einen Pfarrer eines Dekanats nur bei erheblichen dienstrechtlichen Vergehen einschreiten. Der hierarchische Aufbau des Klerus der Katholischen Kirche darf also keinesfalls mit einer willkürlichen Herrschaft von oben nach unten verwechselt werden - auch wenn dies in der Öffentlichkeit häufig entsprechend dargestellt wird. Die Wellen in der KHG haben sich inzwischen wieder geglättet, und das Gemeindeleben wird mit zahlreichen Veranstaltungen und Arbeitskreisen während der Vorlesungszeit gestaltet. Auch Gastgruppen wie "amnesty international", "Pax Christi" oder die "ErzeugerInnen-VerbraucherInnen-Gemeinschaft Marburg" finden im Roncalli-Haus in der Johannes-Müller-Straße feste Räume und Arbeitsmöglichkeiten. Ökumenische Beziehungen der KHG finden vor allem mit der Schwestergemeinde der ESG statt, mit der auch traditionell das Semesterprogramm gemeinsam herausgegeben wird. Die beiden Studierendengemeinden unterhalten gemeinsam einen "Ökumene-Ausschuß ESG/KHG", einen "Ökumenischen Arbeitskreis", einen Chor und eine Frauengruppe und veranstalten gemeinsam eine ökumenische Semesterfreizeit, ökumenische Frühschichten, ökumenische Friedensgebete, einen Tanz in den Mai etc.

Pfarrämter

Katholisches Dekanat und Pfarramt St. Johannes, Dechant Dr. Winfried Leinweber, Ritterstr. 12, 35037 Marburg, 06421/25261.

Pfarramt St. Peter und Paul, Pfarrer Albert Köchling, Biegenstr. 18, 35037 Marburg, 06421/23415.

Pfarramt Liebfrauen (Unsere Liebe Frau von der Heimsuchung), Pfarrer Albrecht Vey, Großseelheimer Str. 10, 35037 Marburg, 06421/42052.

Pfarrkuratieamt St. Franziskus (Cappel), Pfarrer Alois Bilo, Sommerstr. 7, 35043 Marburg, 06421/41242.

Pfarramt St. Cyriakus (Bauerbach), Pfarrer Thomas Günst, Lohgasse 12, 35043 Marburg, 06421/22356.

Pfarramt St. Michael und St. Elisabeth (Schröck), Pfarrer Hartmut Wegner, Kettelerstr. 12, 35043 Marburg, 06424/1549.

Institutionen

Katholische Klinikseelsorge, c/o Universitätsklinik, Baldingerstraße, 35043 Marburg, 06421/28-3598.

Katholische Klinikseelsorge, c/o Psychiatrisches Krankenhaus, 35039 Marburg, 06421/404-396.

Katholische Hochschulgemeinde, Studentenpfarrer Dr. Norbert Ernst, Johannes-Müller-Str. 19, 35037 Marburg, 06421/22018.

Katholisch-Theologisches Seminar, Deutschhausstr. 24, 35037 Marburg, 06421/64335.

Caritative Einrichtungen

Alten- und Pflegeheim St. Luise, Ritterstr. 1, 35037 Marburg, 06421/25156.

Alten- und Pflegeheim St. Elisabeth, Lahnstr. 8, 35037 Marburg, 06421/66093.

Gertrudisheim - Kinder und Jugendheim, In der Badestube 39, 35039 Marburg, 06421/42071.

St. Martin-Haus - Ökumenisches Sozialzentrum, Waidmannsweg 11, 35039 Marburg.

Caritasverband Marburg e.V., Sozial- und Altenberatung, Schückingstr. 28, 35037 Marburg, 06421/26342.

Caritasverband Marburg e.V., Sozialstation Ost, Sudetenstr. 6, 35039 Marburg, 06421/45577.

Sozialdienst Katholischer Frauen, Universitätsstr. 40, 35037 Marburg, 06421/14480.
Ehe-, Familien-, Lebensberatung, Deutschhausstr. 30, 35037 Marburg, 06421/64373.

Verbände

Kolpingsfamilie Marburg, c/o Pfarramt St. Peter und Paul, Biegenstr. 18, 35037 Marburg, 06421/23415.

Kolpingsfamilie Schröck, c/o Heinrich Nau, Buchenrotsweg 11, 35043 Marburg.

Katholischer Deutscher Frauenbund - Zweigverein Marburg, c/o Helga Jogsch, Fichtestr. 4, 35039 Marburg.

Katholische Frauengemeinschaft Deutschlands, c/o Maria Pfeffer, Himbornstr. 7, 35043 Marburg.

Deutsche Pfadfinderschaft St. Georg, c/o Pfarramt St. Johannes, Ritterstr. 12, 35037 Marburg, 06421/25261.

Katholische Studentenverbindung Rhenania, Calvinstr. 1 1/2, 35037 Marburg.

Katholische Studentenverbindung Thuringia, Hainweg 2, 35037 Marburg.

Katholische Studentenverbindung Unitas Franko-Saxonia, Sybelstr. 1, 35037 Marburg.

Katholische Studentenverbindung Palatia, Hainweg 19, 35037 Marburg.

Literatur:
Dinkler-von Schubert, Erika: Art. "Elisabeth von Tübingen", in: *Theologische Realenzyklopädie* IX, Berlin/New York 1982, S. 513-520.
Fach, Ilina: "Die heilige Elisabeth 1207-1231", in: Deutscher Gewerkschaftsbund Kreis Marburg-Biedenkopf (Hg.): *Frauen in Marburg. Standpunkte und Spurensuche. Ein Lesebuch,* Marburg 1990, S. 10-14.
Müller-Brodmann, Hans: *Die alten Kirchen und Klöster der Stadt Marburg/L.,* Marburg 1952.

Kirche Jesu Christi der Heiligen der Letzten Tage (Mormonen)

Sollten Sie in der Marburger Fußgängerzone oder an der Haustür von zwei jungen Männern in dunklen Anzügen und mit angloamerikanischem Akzent angesprochen werden, können Sie sicher sein, auf die Missionare der *Mormonen* gestoßen zu sein. Bis 1985 gab es eine eigenständige Marburger Gemeinde mit Gemeinderäumen in der Frankfurter Straße, bis 1992 unterhielten die Missionare der Mormonen eine eigene Niederlassung in der Frauenbergstraße. Obwohl die Marburger Mitglieder der *Kirche Jesu Christi der Heiligen der Letzten Tage* keine eigenständige Gemeinde mehr bilden, sondern zusammen mit Mitgliedern aus anderen Orten zur Wetzlarer Bischofsgemeinde gehören, sollen die Mormonen hier vor allem aus zwei Gründen aufgeführt werden: Zum einen ist die Kirche Jesu Christi der Heiligen der Letzten Tage mit rund 30 Mitgliedern in Marburg keineswegs die kleinste unter den Marburger Religionsgemeinschaften und zum anderen sind die Missionare der Mormonen eine der aktivsten unter den Marburger Glaubensgemeinschaften.

Die Entstehungsgeschichte der Mormonen

Der Gründer der Kirche "Jesu Christi der Heiligen der Letzten Tage" war Joseph Smith (1805-1844), ein Farmerssohn aus Vermont. Nach der Übersiedlung der Familie in den Staat New York kam der junge Joseph Smith mit einer Vielzahl von verschiedenen Konfessionen in Kontakt, die sich in engagiertem Wettbewerb untereinander befanden: Methodisten, Presbyterianer, Baptisten etc. Verwirrt durch diesen "Jahrmarkt der Konfessionen" bat der 14jährige Joseph Smith 1820 in einem Wald Gott selbst um Hilfe bei der Entscheidung, welcher Kirche er sich anschließen solle. Hier erlebte er erstmals eine Vision, in der ihm von Gott und Jesus Christus geboten wurde, keine der Kichen auszuwählen, da sie verderbt und lediglich Menschenwerk seien. Über drei Jahre später erschien ihm nachts am Bett dreimal ein engelhafter Bote namens Moroni, der ihm mitteilte, Gott habe ihn (Joseph) auserwählt, ein Buch - aus goldenen Platten bestehend - zu übersetzen, das einen Bericht über die früheren Bewohner Amerikas enthalte. Nach einer weiteren Vision am folgenden Tag ging Joseph Smith zu der bezeichneten Stelle an einem Hügel, wo sich die Platten vergraben fanden.

Eine neuerliche Vision beschied ihm jedoch, die Platten dort noch 4 Jahre ruhen zu lassen, allerdings jährlich vorbeizukommen, um die neuesten Anweisungen in Empfang zu nehmen. 1827 durfte Joseph Smith - inzwischen verheiratet - die Platten an sich nehmen und sie mittels eines "Urim und Tummim", eines priesterlichen Orakelinstrumentes aus der Zeit des alten Israels (vgl. Dtn. 33,8; Esra 2,63; Ex. 28,30; 1. Sam. 14,41) mit unbekanntem Aussehen, entziffern. Seine Visionen erregten jedoch inzwischen öffentlichen Aufruhr, so daß Joseph Smith gezwungen war, mit

Joseph Smith, 1805-1844, Gründer der Kirche Jesu Christi der Heiligen der Letzten Tage und "Übersetzer" der goldenen Platten, die 1830 als "Buch Mormon" veröffentlicht worden waren und die Geschichte Nordamerikas in neuem Lichte erscheinen ließ.

seiner Familie nach Pennsylvania zu übersiedeln, wo er bis 1830 die "Übersetzung" vollendete. 1829 erlebte er erneut eine Vision, zusammen mit dem Lehrer Oliver Cowdery (der ihm als Schreiber zur Seite stand), in der den beiden von Johannes dem Täufer verkündet wurde, daß ihnen nunmehr das Aaronische Priestertum übertragen werde. Dieses "Aaronische Priestertum" würde damit die Priestertradition des alten Israel bezeichnen, das Moses selbst seinem Bruder Aaron verliehen hatte. Nach der Ordination zum Priesteramt und gegenseitigen Taufe noch im Wald fühlten beide die Fähigkeit, zu prophezeien, woraufhin Joseph Smith als prophetischer Mittler und Sprachrohr Gottes fungierte. Einige Wochen später soll den beiden ein weiteres Priestertum übertragen worden sein, nämlich das Melchisedekische aus der Hand von Petrus, Jakobus und Johannes, den "drei Säulen" der urchristlichen Gemeinde in Jerusalem. Dieses "Melchisedekische Priestertum" gilt als das höchste Priestertum (vgl. Hebr. 7 und Gen. 14), älter als Israel und beerbt von Christus.

Nach der Übersetzung der "goldenen Platten" mußte Joseph Smith diese wieder zurückgeben - nicht ohne sie einigen Zeugen aus seinem engeren Kreis gezeigt zu haben - und das "Buch Mormon" konnte veröffentlicht werden. Am 6. April 1830 gründeten Joseph Smith, Oliver Cowdery und 4 weitere Personen die "Kirche Jesu Christi der Heiligen der Letzten Tage", wobei Oliver Cowdery von Joseph Smith als "Ältester" der Kirche ordiniert wurde. Kurz darauf zogen die Anhänger nach Kirtland in Ohio, wo sie einen Tempel erbauten und missionierten, ehe sie aufgrund öffentlichen Aufruhrs gegen die neue Gemeinschaft gezwungen waren, nach Illinois zu ziehen. Dort legten sie am Mississippi einen Sumpf trocken und gründeten die Stadt Nauvoo ("die Schöne"). Joseph Smith jedoch wurde 1844 während eines Gefängnisaufenthaltes in Carthage (Illinois) von aufgebrachten Gegnern erschossen.

Unter der Führung seines Nachfolgers Brigham Young zogen die inzwischen rund 15.000 Mormonen 1846 von Illinois nach Westen. In der Gegend des großen Salzsees ließen sie sich nieder und gründeten Salt Lake City sowie ein autonomes Staatswesen: Utah (seit 1896 Mitglied der Vereinigten Staaten). Bereits 1877 lebten dort 140.000 Menschen in 360 Gemeinden. Noch immer befindet sich in Salt Lake City mit seinem sechstürmigen Tempel aus weißem Granit (in 40 Jahren erbaut) das Zentrum der Kirche Jesu Christi der Heiligen der Letzten Tage.

Das Buch Mormon

Das *Buch Mormon. Ein weiterer Zeuge für Jesus Christus* ist rund 500 Seiten stark und enthält vier Bücher Nephi sowie die Bücher Jakob, Enos, Jarom, Omni, Mosia, Alma, Helaman Mormon, Ether, Moroni sowie die Worte Mormons. Das Gesamtbuch Mormon handelt von der Geschichte der Völker im alten Amerika: So seien die Jarediten bei der Zerstreuung der Völker nach dem Turmbau zu Babel (vgl. Gen. 11) nach Amerika gekommen. Im Jahre 600 v. Chr. sei ein weiterer Einwanderungsschub aus Jerusalem (vor dessen erster Zerstörung) eingewandert, die späteren Gruppen der Nephiten und Lamaniten. Von diesen Gruppen überlebten letztendlich nur die Lamaniten, die Vorfahren der "Indianer". Die Nephiten wiederum besuchte Jesus Christus nach seiner Auferstehung und Himmelfahrt und lehrte sie das Evangelium - sie stellten ja einen Teil Israels dar. Das Buch Mormon ist nach dem Propheten Mormon benannt, der die jeweiligen Platten sammelte, z. T. selbst verfaßte und an seinen Sohn Moroni weitergab. Dieser beendet die Sammlung, versiegelte und vergrub sie etwa im Jahre 421 n. Chr. und übergab sie 1827 (dann als Engel) an Joseph Smith. Von den Mormonen wird immer wieder betont, daß die Bibel die primäre Offenbarungsschrift darstelle und das Buch Mormon - entsprechend dem Untertitel - eben nur "ein weiterer Zeuge für Jesus Christus" sei. Als Bibel wird hierbei der katholische Kanon - in Deutschland in der Einheitsübersetzung - benutzt, d. h. die sog. Apokryphen des Alten Testaments wie Tobit, Judit, die 2 Makkabäer, Jesus Sirach, die Weisheit und Baruch, sind Bestandteil ihrer Bibel. Hierbei vertreten die Mormonen die Verbalinspiration der Schrift jenseits der wissenschaftlich-theologischen Diskussion; dies bedeutet beispielsweise, daß die historische Person Moses die fünf Bücher Mose geschrieben hätte. Es drängt sich bei einer genaueren Betrachtung der Mormonen-Publikationen der Eindruck auf, daß das Buch Mormon doch eine erheblich höhere Relevanz für die Glaubens- und Lehrentscheidungen der Mormonen hat als die Bibel. Dies umso mehr, als auch zwei andere Werke von Joseph Smith, "Lehre und Bündnisse" und "Die köstliche Perle", als Sammelwerke seiner Offenbarungen einen hohen Stellenwert bei den Argumentationen der Mormonen haben.

Was vertreten die Mormonen?

Die Kirche Jesu Christi der Heiligen der Letzten Tage rechnet sich dem Christentum zu, was von den übrigen christlichen Kirchen meist bestritten wird. Das Nicht-Verhältnis zwischen Mormonen und den übrigen christlichen Kirchen drückt sich auch darin aus, daß die Kirche Jesu Christi der Heiligen der Letzten Tage nicht Mitglied im Ökumenischen Rat der Kirchen ist und dies wohl auch nicht anstrebt. Von den protestantischen Kirchen trennt die Mormonen vor allem ihr Offenbarungsverständnis. Das "Sola-Scriptura-Prinzip", also die alleinige Autorität der Heiligen Schrift, wird von den Mormonen durch das Hinzufügen der Bücher des Buches Mormon außer Kraft gesetzt. Hinzu kommen die fortlaufenden Offenbarungen, die der jeweilige Kirchenführer als Prophet verkündet. So proklamierte 1852 der Nachfolger Joseph Smith's, Brigham Young, die Lehre der Polygamie (der Männer), nachdem auch Joseph Smith bereits mehrere Ehefrauen hatte. In der Tat gab es in den USA kein Gesetz gegen die Vielehe, was erst auffiel, als die ersten Mormonen die Polygamie praktizierten. Das Polygamie-Verbot, das 1862 erlassen wurde, wurde von einem Teil der Mormonen wiederum als Eingriff in die Religionsfreiheit abgelehnt. Erst nach diversen Repressionen durch den Staat - und nach einem erheblichen öffentlichen Ansehensverlust - gab der Kirchenführer der Mormonen 1899 eine Offenbarung bekannt, nachdem die Menschen für die Polygamie noch zu schwach seien und ihre Freiheit nicht zu schätzen wüßten. Eine weitere Offenbarung betrifft die Schwarzen unter den Mormonen: Schwarze Mitglieder können erst seit 1978 das Priestertum empfangen - bis dahin wurden sie als Nachkommen Hams, des verstoßenen Sohn Noahs, für nicht-würdig erachtet. Jedoch nicht der immer lauter werdende Vorwurf des Rassismus überzeugte die Mormonen von der Gleichwertigkeit der Schwarzen, sondern eine weitere Offenbarung, die an ihren Kirchenführer erging.

Das Menschenbild

Voraussetzung diverser Eigenheiten der Gemeinschaft ist das Menschenbild der Mormonen: Die Mormonen sind der Auffassung, daß alle Menschen präexistent sind, diese dann geboren werden und auf Erden wandeln, um hier weitere für die Ewigkeit entscheidende Erfahrungen und Entwicklungen zu durchleben. Nach dem physischen Tode kehren die Geister zurück zur Geisterwelt, um dort die Zeit bis zur Wiederkunft Jesu zu verbringen. Entsprechend haben Mormonenehepaare in der Regel viele Kinder, um möglichst vielen Geistwesen die Gelegenheit zu geben, über diese Erde zu gehen. Dies bedeutet jedoch in letzter Konsequenz auch, daß die Verwandten und Vorfahren in die Kirche Jesu Christi aufgenommen werden sollen, um später nach der Wiederkehr Christi am 1000jährigen Reich (vgl. Off. 21) teilhaben zu können. Entsprechend forschen die Mitglieder der Kirche Jesu Christi der Heiligen der Letzten Tage in Ahnenregistern nach ihren Vorfahren und verstorbenen Verwandten, da jeder Mormone die Verstorbenen seiner Linie in einem Tempel "siegeln" lassen kann, indem er die Namen seiner Vorfahren dort einreicht. Nach der Nennung des Namens der Verstorbenen im Tempel taucht dessen Nachfahre mit seinem ganzen Körper in das Taufbecken ein, was von außenstehenden Betrachtern häufig als "Totentaufe" bezeichnet wird (vgl. FR vom 5. 8. 93). Da hierbei jedoch keine Toten getauft werden, ist diese Bezeichnung irreführend: Die Mormonen sprechen vom "Vollziehen des stellvertretenden Werkes für die Verstorbenen". Diese Handlung hat zur Folge, daß die namentlich bekannten Ahnen posthum als Mitglieder der Mormonen aufgenommen werden, jedoch die Gelegenheit haben, diese Aufnahme in der Geisterwelt abzulehnen. In der Zentrale in Salt Lake City verfügen die Mormonen über eine Sammlung von rund 1,9 Milliarden Namen, auf die laufender Zugriff besteht. Für Mittelhessen existiert seit 1991 ein Genealogie-Zentrum im Gemeindehaus Wetzlar, das auch Nicht-Mitgliedern offensteht, die nach ihrer Familienlinie forschen wollen.

Die Tempel und ihre Bedeutung

Insgesamt gab es 1992 weltweit 44 Mormonen-Tempel, sechs weitere waren in Planung. Eindeutiger Schwerpunkt war hierbei Nordamerika, wo sich 19 Tempel fanden und vier weitere entstehen sollten. In Europa wurden bisher 5 Tempel errichtet: In Stockholm, in London, in Zollikofen (Schweiz) und zwei in Deutschland: Einer steht in Friedrichsdorf in Hessen (1987 geweiht) und einer in Freiberg (Sachsen), der 1985 noch in der damaligen DDR geweiht werden konnte.

Während der Tempel in Sachsen zur Zeit das Zentrum für ganz Osteuropa darstellt, ist derjenige in Hessen augenblicklich für Westdeutschland und die Beneluxländer zuständig. Da die Tempel für die Mormonen eine ausgesprochen hohe Bedeutung haben, sind sie in Anlehnung an die Anweisungen zum Bau des Salomonischen Tempels in Jerusalem (vgl. 1. Kön. 6-8) gebaut - entsprechend werden nur die edelsten Materialien verwandt: Allein für den Tempel in Friedrichsdorf wurden 19 Mio. DM eingesetzt. Lediglich zwischen Fertigstellung und Weihe können die Mormonen-Tempel von Nicht-Mitgliedern besichtigt werden, danach stehen sie nur

Der 1987 geweihte Tempel der Kirche Jesu Christi der Heiligen der Letzten Tage im hessischen Friedrichsdorf.

noch Mitgliedern offen, die über einen "Tempel-Empfehlungsschein" verfügen. Dieser stellt eine Erlaubnis dar, für ein Jahr lang den Tempel besuchen zu dürfen und wird vom lokalen Bischof und dem regionalen Kirchenpräsidenten ausgestellt, nachdem die Würdigkeit der jeweiligen Person geprüft wurde. In der Wetzlarer Gemeinde, die ja eine Bischofsgemeinde ist, verfügten Ende Mai 1993 rund ein Drittel aller Mitglieder über einen solchen "Tempelempfehlungsschein", wobei zu beachten ist, daß dieser Schein frühestens ab einem Alter von 18 Jahren erhalten werden kann. Obwohl die Kirche Jesu Christi der Heiligen der Letzten Tage betont, daß es nicht darum gehe, Geheimhaltung zu wahren, dringt über die Riten und "Heiligen Handlungen" in den Tempeln relativ wenig nach außen. Bekannt ist lediglich, was dort geschieht: Trauungen, die vor dem Standesamt "bis zum Tode" geschlossen wurden, werden hier "auf Zeit und Ewigkeit gesiegelt". Dies bedeutet, daß sich die Ehepaare bis in alle Ewigkeit aneinander binden (Scheidungen sind im übrigen möglich, wenn sie vom Präsidenten der Kirche in Salt Lake City geprüft und genehmigt worden sind). Außerdem werden hier die verstorbenen Verwandten von Mormonen gesiegelt, d. h. in die Gemeinschaft aufgenommen, falls sie nicht später in der Geisterwelt die Mitgliedschaft ablehnen.

Wachstum und Verbreitung der Mormonen

1946 überschritt die Mitgliederzahl der Mormonen die Millionengrenze, bereits 1963 waren es zwei Millionen, acht Jahre später (1971) drei Millionen, 1978 waren es vier Millionen, vier Jahre später fünf Millionen (1982). Weltweit wurde für Ende 1991 die Gesamtzahl aller Mitglieder der Kirche Jesu Christi der Heiligen der Letzten Tage mit rund 8.200.000 angegeben. Aus dem Verhältnis von getauften Kindern (frühestens ab dem Alter von acht Jahren) und Bekehrten-Taufen ergibt sich, daß das Wachstum der Mormonen vor allem auf Bekehrungen zurückzuführen ist - und damit eine erhebliche Dynamik aufweist: Auf ein getauftes Kind kamen 1991 rund vier Neubekehrte, die sich taufen ließen. Die über 330.000 Bekehrungen sind die Frucht der rund 45.000 Vollzeitmissionare, die 1991 für die Kirche Jesu Christi der Heiligen der Letzten Tage unterwegs waren. In den letzten 40 Jahren ist zudem eine Verlagerung der regionalen Schwerpunkte der Mormonen zu beobachten: 1950 lebten noch über 80% aller Mitglieder in den USA, 1978 nur noch 70% und 1991 waren es nur noch wenig über die Hälfte aller Mitglieder. Insgesamt ist die Gemeinschaft nunmehr in 135 Staaten vertreten, wobei auffällig ist, daß in den afrikanischen Ländern nur knapp 50.000 Mitglieder leben - vielleicht die Nachwehen der langen Benachteiligung von Schwarzen innerhalb der Kirche. Von den 308.000 europäischen Mitgliedern (Ende 1991) lebten fast die Hälfte in Großbritannien (150.000). Das Land mit den zweitmeisten Mitgliedern ist dann schon Deutschland (36.000), dann folgen Portugal (29.000) und Spanien (22.000). 1993 wird ein besonders hohes Wachstum in Portugal und Rußland beobachtet.

Die Mormonen in Deutschland

Bereits 1836 wurde das erste deutsche Mitglied der Mormonen getauft, 1843 wurde eine deutsche Gemeinde im damaligen Mormonenzentrum in Nauvoo gegründet. 1852 wurde die erste deutsche Mission in Hamburg gestartet und im selben Jahr konnte dort die erste Gemeinde mit 21 Mitgliedern eingetragen werden. Die polizeilichen Behinderungen der Mormonenmission wurden allerdings erst Anfang dieses Jahrhunderts aufgegeben. 1925 wurden 11.000 Mormonen in Deutschland gezählt, unter den Nationalsozialisten war ihre Arbeit jedoch stark eingeschränkt. Erst nach dem Zweiten Weltkrieg baute die Kirche Jesu Christi der Heiligen der Letzten Tage in Deutschland eine durchgängige Organisation auf, die inzwischen aus 16 Diözesen ("Pfähle" genannt), sechs Missionen (Hamburg, Berlin, Dresden, Düsseldorf, Frankfurt/Main, München) und 178 Gemeinden besteht. Die Mitgliederzahl wuchs von 26.000 Mitgliedern 1982 in der BRD auf rund 36.000 Mitgliedern in Gesamtdeutschland, wobei aus der DDR lediglich 4.000 Mitglieder hinzukamen. Bei den Mitgliedszahlen sind allerdings auch die US-amerikanischen Soldaten mitberücksichtigt, die beispielsweise in Frankfurt allein zwei eigenständige Soldatengemeinden mit ihren Familien (als *Servicemen-Gemeinden*) bilden.

Die Wetzlarer Gemeinde

1992 wurde der Grundstein des Gemeindehauses in Wetzlar gelegt und an Weihnachten desselben Jahres bezogen. Zusammen mit dem Grundstück im Wetzlarer Neubaugebiet "Blankenfeld" kostete dieser Bau die Kirche Jesu Christi der Heiligen der Letzten Tage rund 2,6 Millionen DM. Durch dieses neue Zentrum konnten Aktivitäten der über 280 Mitglieder den Kreisen Marburg-Biedenkopf, Gießen Stadt und Land, Lahn-Dill und Limburg-Weilburg in Wetzlar zusammengefaßt werden. Die Zahl der Mitglieder zeigt eine aufsteigende Tendenz: Noch vor zehn Jahren wurden für den Einzugsbereich lediglich etwas über 200 Personen gezählt. In Marburg hingegen, wo es schon seit über 100 Jahren Mitglieder der Mormonen gibt, scheint die Resonanz der Bevölkerung auf die Missionsbestrebungen der Mormonen eher verhalten zu sein: Hier ist die Zahl 30 im vergangenen Jahrzehnt in etwa gleichgeblieben. Die Mitglieder der Mormonen gehören - zumindest in der Gemeinde Wetzlar - weniger der Akademikerschaft an als vielmehr der Mittelschicht mit einer Tendenz zu den abhängig Beschäftigten. Aus den oben angeführten Gründen ist der Gesamtaltersdurchschnitt der Gemeinde relativ jung, da die Familien sehr viele Kinder (drei bis sieben an der Zahl) haben. Obwohl Frauen keine Möglichkeit haben, das Priestertum zu erhalten oder andere Ämter innezuhaben, sind sie über die Frauenorganisation (Frauenhilfsvereinigung, zu der jedes weibliche Mitglied ab 18 Jahren gehört) in der Primarvereinigung (Kinder-Organisation), in der Jugendorganisation und in der Sonntagsschule als Lehrerinnen und Leiterinnen eingebunden. Auch in der Gemeinde Wetzlar sind die Frauen, vergleichbar anderen Mormonen-Gemeinden, in der Überzahl - ungefähr im Verhältnis sechs zu vier.

Kontakt:	Oswald Uckermann, Nauborner Str. 27, 35578 Wetzlar, Tel. und Fax: 06441/24777 (Öffentlichkeitsbeauftragter). Gemeindehaus Wetzlar, Im Amtmann 2, 35578 Wetzlar.
Zentrale:	Kirche Jesu Christi der Heiligen der Letzten Tage (Mormonen), Porthstr. 5-7, 60435 Frankfurt/Main, 069/548022-65 und -66, Fax: 069/ 54802300.
Periodika:	*Der Stern*, hg. v. d. Kirche Jesu Christi der Heiligen der Letzten Tage, Industriestr. 21, Postfach 1568, 61381 Friedrichsdorf, 06172/710334.

Literatur:

Tröger, Sigrid und Karl-Wolfgang: *Kirchenlexikon. Christliche Kirchen, Freikirchen und Gemeinschaften im Überblick*, Berlin 1990.

Lectorium Rosicrucianum - Internationale Schule des Rosenkreuzes

Das *Lectorium Rosicrucianum* unterhält in Marburg selbst kein eigenständiges Zentrum, tritt jedoch häufig durch Vorträge und Kurse in Erscheinung. Vielen Marburgern und Marburgerinnen dürften zwar mehrfach die in Lila gehaltenen Plakate mit dem Emblem des Lectorium Rosicrucianum aufgefallen sein, eine missionarische Begegnung ist jedoch ausgeschlossen. Die Kontaktaufnahme ist - im Gegensatz zu den meisten anderen religiösen Gemeinschaften - auch eher schwierig, da sich die Rosenkreuzer-Organisationen als Mysteriengemeinschaften verstehen. Entsprechend werden bei den öffentlichen Vorträgen des Lectorium Rosicrucianum nicht einmal die Namen des jeweiligen Vortragenden genannt, da die einzelne Person völlig hinter der Gemeinschaft zurücktritt.

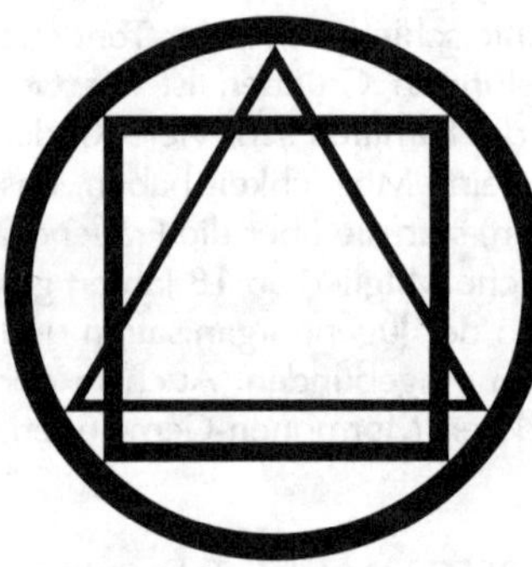

Eines der Symbole des Lectorium Rosicrucianum. Der Kreis symbolisiert die Ewigkeit, in die sich in Form des Dreiecks die drei göttlichen Kräfte einsenken: Vater, Sohn und Heiliger Geist. Mittels dieser Kräfte wird auf einem neuen Fundament, dem Viereck, der höhere Mensch aufgebaut.

Die Rosenkreuzer des 17. und 18. Jahrhunderts

Das Lectorium Rosicrucianum bezeichnet sich selbst als "Internationale Schule des Rosenkreuzes", gelegentlich aber auch als "Geistesschule des Goldenen Rosenkreuzes". Die Bezeichnung "Rosenkreuz" führt zurück ins 17. Jahrhundert: 1614 wurde in Kassel eine anonyme Schrift mit dem Titel "Allgemeine und Generalreformation der ganzen weiten Welt" veröffentlicht, mit einem Anhang "Fama Fraternitatis des löblichen Ordens des Rosenkreuzes an alle Gelehrten und Häupter Europas geschrieben". Dieser Anhang kann als Beginn der Rosenkreuzer-Literatur gelten, die in den Folgejahren eine wahre Blüte erlebte. Bereits in der Fama Fraternitatis wird die Geschichte des Christian Rosencreutz erzählt, der von 1378 bis 1484 gelebt haben soll. Dieser soll nach diversen Reisen im gesamten Mittelmeerraum versucht haben, die Gelehrten Europas von einer neuen Harmonie der mystischen Erkenntnisse aus Judentum, Islam und Christentum zu überzeugen. Da dieser Plan fehlgeschlagen sei, habe er eine Bruderschaft gegründet, die die Erkenntnisse für die Nachwelt tradiert habe. 1604 sei von Mitgliedern der Bruderschaft die Grabstelle Christian Rosencreutzes und in ihr diverse Schriften des Meisters gefunden worden, die es nunmehr zu veröffentlichen gelte. Der Titel der wichtigsten Rosenkreuzer-Schrift verweist bereits auf die fiktive Autorenschaft des Christian Rosencreutz: "Chymische Hochzeit

Christiani Rosencreutz anno 1459". Während andere Rosenkreuzer-Gemeinschaften Christian Rosencreutz als wahren Verfasser der Schrift annehmen, geht das Lectorium Rosicrucianum vom Forschungskonsens aus, daß der lutherische Theologe und spätere Hofprediger Johann Valentin Andreae (1586-1654) der Autor der Schrift ist. Andreae war während des 30jährigen Krieges und in der Zeit danach der führende Theologe in der württembergischen Kirche. In seiner Tübinger Studienzeit (1601-1614) war er Mitglied eines Freundeskreises, auf den wohl auch die anderen Rosenkreuzer-Schriften der "Fama Fraternitatis" und der "Confessio Fraternitatis" (1615) zurückgehen. Worauf sich der Name "Rosenkreuz" bezieht, ist unklar - Anklänge an das Familienwappen Andreaes, ein Andreaskreuz mit vier Rosen zwischen den Kreuzbalken, sind jedoch unübersehbar. Vom Lectorium Rosicrucianum wird das "Rosenkreuz" übrigens symbolisch interpretiert: Die Rose stelle das ewige Prinzip im einzelnen Menschen dar, auf dessen Basis die Gotteskindschaft verwirklicht werden könne - das Kreuz hingegen verweise auf die irdische Persönlichkeit. Die anonymen Schriften Johann Valentin Andreaes, der immer wieder beschwor, sie nicht verfaßt zu haben, lösten in ganz Europa eine wahre Modewelle aus - trotz oder gerade wegen des 30jährigen Krieges. Diverse Bewegungen, die Geheimlehren, Alchemie und Okkultismus studieren wollten, nannten sich nunmehr "Rosenkreuzer", so seit 1622 ein Kreis in Den Haag oder später in Nürnberg, wo 1667 Leibniz auf eine alchemistisch orientierte Rosenkreuzer-Gruppe traf. In England verband sich bei den "Rosicrucians" mit dem Rosenkreuzerdenken magisches und spirituelles Gedankengut, während in Frankreich "rose-croix" zur Bezeichnung des achten Grades französischer Freimaurer wurde. Eine Synthese von Okkultismus, Rosenkreuzerideen und Freimaurertum gelang J. G. Schrepfer in der Leipziger "Schottenloge" des 18. Jahrhunderts. Der "Orden der Gold- und Rosenkreuzer" mit Elementen aus Alchemie, jüdischer Kabbala und christlicher Mystik fand in Deutschland und Europa Verbreitung. Der preußische König Friedrich Wilhelm II. (1786-1797) hatte sich schon 1781 den Rosenkreuzern angeschlossen und machte den evangelischen Theologen J. Chr. Wöllner, der zugleich Rosenkreuzer und Freimaurer war, zu seinem Berater und 1788 zum Minister des Geistlichen Departements. Zur selben Zeit beeinflußte auch der General J. R. v. Bischoffwerder als Rosenkreuzer den preußischen Hof.

Entstehung und Organisation des Lectorium Rosicrucianum

Das Lectorium Rosicrucianum wurde 1934 offiziell als *Rozenkruisers Genootschap* in Holland gegründet, wobei die Anfänge der Organisation bereits auf das Jahr 1924 zurückgehen. Gründer und Großmeister der Geistesschule waren Jan van Rijckenborgh (1896-1968), dessen bürgerlicher Name Jan Leene lautete, und sein Bruder Z. W. Leene. Van Rijckenborgh hatte vorher bereits Kontakt zu einer anderen Rosenkreuzer-Gemeinschaft gepflegt: *The Rosicrucian Fellowship* von Max Heindel (1865-1919), die von diesem 1909 gegründet worden war. Die Rosicrucian Fellowship hat ihr Zentrum in Kalifornien und wurde seit Ende der zwanziger Jahre als *Rosenkreuzer-Gemeinschaft* in Deutschland aktiv, wo sie jedoch 1936 verboten und 1945 wiedergegründet wurde. Die Gründung des Lectorium Rosicrucianum ist im übrigen die jüngste der drei großen Rosenkreuzer-Organisationen, die in der BRD aktiv sind: 1915 hatte Harvey Spencer Lewis die zweite große Rosenkreuzer-Gemeinschaft ins Leben gerufen: Den *Antiquus Mysticus Ordo Rosae Crucis* (AMORC), den *Alten Mystischen Orden des Rosenkreuzes.* Nach dem Tode des Bruders van Rijckenborghs leitete dieser die Gemeinschaft des Rozenkruisers Genootschap zusammen mit Catharose de Petri (geb. 1902), mit bürgerlichem Namen H. Stok-Huyser. Während des Zweiten Weltkrieges war die Arbeit der Gemeinschaft nur in der Illegalität möglich, nach dem Zweiten Weltkrieg konnte die Geistesschule jedoch wieder reguläre Strukturen aufbauen. Seit den 50er Jahren dehnten sich die Aktivitäten des Lectorium Rosicrucianum auf die BRD aus und seit 1958 existiert am Sitz der deutschen Verwaltung Süd im württembergischen Calw eine Konferenzstätte, der 1964 ein Tempel, der Christian-Rosenkreuz-Tempel, hinzugefügt wurde. Calw hat für die Rosenkreuzer eine hohe symbolische Bedeutung, da hier Johann Valentin Andreae, der Autor der Alchimischen Hochzeit des Christian Rosenkreuz, von 1620 bis 1639 Pfarrer und Superintendent war. Am Tempel wurden eigene Formen eines Tempeldienstes entwickelt, zu dessen Elementen u. a. das Abendmahl und die Taufe gehören.

Nach außen erstrecken sich die Aktivitäten des Lectorium Rosicrucianum eher auf Vorträge, Seminare, Kurse oder Buchveröffentlichungen. Neben dem *Christian-Rosenkreuz-Heim* in Calw-Wimberg im Schwarzwald gibt es seit 1965 in Deutschland eine zweite Konferenzstätte, das *Van-Rijckenborgh-Heim* mit dem *Van-Rijckenborgh-Tempel.* Außerhalb Deutschlands gehören u. a. noch das Foyer Catharose de Petri in Caux über Montreux in der Schweiz und das Schloß Neustein in Steinfeld/Drau in Österreich zu den Konferenzstätten des Lectorium Rosicrucianum. Um

Der Christian-Rosenkreuz-Tempel in Calw-Wimberg, einer der zwei Tempel des Lectorium Rosicrucianum in der Bundesrepublik.

an diesen Konferenzen teilnehmen zu können, muß man in der Regel das Mindestalter von 18 Jahren erfüllen, Jugendlichen zwischen 6 und 18 Jahren wird die *Universelle Lehre* jedoch ebenfalls, dem Alter entsprechend angepaßt, vermittelt. Das Lectorium Rosicrucianum versteht sich als Kanal für die Offenbarungen, damit die immerwährenden Veränderungsprozesse im Entwicklungsgang der Menschheit besser verstanden werden und die Menschen an diesem Prozeß intelligent mitwirken können. Dies erklärt jedoch auch, warum das Lectorium Rosicrucianum keinerlei Wert auf missionarische Aktivitäten legt: Die Mitgliedschaft in der Organisation ist zweitrangig gegenüber der Befreiung des Seelenfunkens im einzelnen Menschen. Wer allerdings Mitglied werden möchte, muß die Kenntnis der Lehre und ein seriöses bürgerliches Leben nachweisen. Die Lebensführung der Mitglieder ist darauf ausgerichtet, ohne Alkohol, Fleischverzehr und Fernsehen die Rückkehr zum Urquell alles Geschaffenen zu erreichen. Der Unterschied zu AMORC, dem Antiquus Mysticus Ordo Rosae Crucis, besteht vor allem darin, daß das Lectorium Rosicrucianum erheblichen Wert auf erlebte Gemeinschaft legt. Die individuelle Erkenntnis, die sich bei AMORC jeder privat aneignen kann, indem er die jeweilige Literatur studiert, reicht für das Lectorium Rosicrucianum nicht aus.

Die Lehren des Lectorium Rosicrucianum

Das Lectorium Rosicrucianum ordnet sich der Tradition des Christentums zu, vor allem der gnostischen Strömung, die in esoterischer Richtung interpretiert wird. Diese christliche Gnosis war eine wesentliche Richtung im griechischsprachigen Christentum bis zum 4. Jahrhundert, bis ihre Auffassungen als häretisch verurteilt wurden. Sie vertrat einen alles beherrschenden Dualismus zwischen Gut und Böse, Himmel und Erde und daraus folgend eine radikale Weltverneinung. Die menschlichen Wesen auf der Erde gelten als gefallene Lichtfunken, deren Streben es sein muß, zum Lichtzentrum der höheren Sphären zurückzukehren. Christus (vom Menschen Jesus wird in der Regel nur nebensächlich gesprochen) ist als Botschafter des Lichtzentrums auf die Erde gekommen, um die verborgenen Lichtfunken in den Menschen mit sich ins Lichtzentrum zurückzuführen. Diese Funktion des Christus nimmt nun die Bruderschaft des Rosenkreuzes wahr, indem sie mit Worten und Strahlungskräften das Geistfunktenatom im Herzen des einzelnen Menschen zu erwecken versucht. Wenn der Seelenfunke eines Menschen so erweckt wurde, kann die Seele zur Wiedergeburt kommen, wachsen und sich letztlich mit dem *All-Einen* vereinigen, das das Universum mit seinem Licht durchdringt. Die Geistesschule des Rosenkreuzes betont, daß sie nicht dazu da sei, nur Lehrsätze weiterzugeben, sondern ein Kraftfeld zu vermitteln, ein Strahlungsfeld aus dem universellen Geist, von dem unaufhörlich Strahlungen - reine astrale Lichtströme - ausgingen. Weitere Bezugspunkte des Lectorium Rosicrucianum sind das Urchristentum und die verschiedenen Mysterienschulen, zurück bis zu den Mysterien der ägyptischen Gottheiten Isis und Osiris. So wird von einer "ägyptischen Urgnosis" gesprochen, zu deren Zeit die Söhne Gottes (die "Erhabenen des Hermes") als Könige und "Priester des Ordens von Melchisedek" unter den Menschen wohnten. Das Lectorium Rosicrucianum öffnet sich so eine gnostische Geisteslinie von mystischer Vorzeit über die ägyptischen Mysterienschulen, eine "chinesische Gnosis" Lao Tses, das Evangelium Jesu Christi, das Druidentum, Gralsbruderschaften bis hin zu den Ketzerbewegungen der Katharer. In all diesen Bewegungen manifestierte sich die universelle Lehre in einer Kette von Bruderschaften. Das Lectorium Rosicrucianum wiederum versteht sich nur als Instrument der "Universellen Bruderschaft, die sich seit dem Fall der Menschheit darum bemüht, die verirrten Kinder Gottes, wenn möglich, wieder nach Hause zu bringen." Besondere Verbundenheiten pflegt das Lectorium Rosicrucianum hierbei mit der "Bruderschaft des Heiligen Grals" und der "Bruderschaft der Katharer", die sich seit dem Zusammentreffen der Großmeister des Lectorium Rosicrucianum mit dem letzten Patriarch der Katharer-Bruderschaft, Antoine Gadal (1877-1962) im Jahre 1956 in einem "Dreibund des Lichtes" dieser drei Bruderschaften manifestierte. Immer wieder wird in den Schriften darauf hingewiesen, daß mit dem Ablauf des *Fische-Zeitalters* und dem Anbruch des *Wassermann-Zeitalters* die gesamte Menschheitsgeschichte zur Entscheidung drängt. Ähnlich wie bei anderen esoterischen Gemeinschaften werden dabei den Planeten unseres Sonnensystemes Einfluß auf die Menschheit eingeräumt, ja "sich zusammenballende interplanetare Kraftkonzentrationen um unser Erdenfeld" festgestellt. Grundlagen der Lehren sind hierbei die Bibel und die zahlreichen Schriften Jan van Rijckenborghs und Catharose de Petris, die im eigenen Verlag, der Rozekruis Pers (Haarlem), publiziert werden.

Van Rijckenborgh hat in seinem Werk "Der kommende neue Mensch" eine ausgeprägte Anthropologie entwickelt: Das Bewußtsein des Menschen befindet sich demnach im Hirn-Rückenmark-System, der Schlangenfeuer-Säule. Es stellt den inneren Kern der dialektischen, stofflichen Existenz des Menschen dar: Das "Bluts-Ich", das die "irdische Seele" darstellt. "Es ist im Körper nachweisbar, nämlich im Leber-Milz-System. Dort hat es nicht nur bildlich, sondern buchstäblich seinen Aufenthaltsort. Die Leber, die Milz, die Nieren und Nebennieren, wie auch der Plexus solaris, das Sonnengeflecht, das bekannte Becken-Hirnzentrum, bilden die Domäne des Bluts-Ichs, des Begierdenwesens. Durch die Leber, das supreme Organ, lebt der Mensch ... Wir sagten, daß der Kern des Ich-Wesens in diesem System wohnt. Er liegt in der Milz beschlossen. Während des Wachzustandes ist er wie eine Spirale in der Milz aufgerollt, aber während des Schlafzustandes tritt er nach außen: Die Spirale entrollt sich als ein wolkenartiges Band aus der Milz, und diese Wolke formt sich im Atemfeld zu einer Gestalt, nämlich zur Gestalt des wirklichen, dialektischen Menschen, des Begierdenwesens, des wahren Blut-Ichs." (Der kommende neue Mensch, S. 34). Dieses Naturwesen muß nach Auffassung des Lectorium Rosicrusianum zugunsten des Aufbaus eines höheren Menschen überwunden werden.

Die Aktivitäten in Marburg

Nach öffentlichen Vorträgen werden vom Lectorium Rosicrucianum in Marburg Einführungskurse in die *Universelle Lehre* angeboten, die jeweils aus einem Vortragszyklus von elf wöchentlichen Veranstaltungen bestehen. Hierbei werden die Vortragsthemen unter dem Aspekt der universellen Weisheitslehre behandelt, um die Interessierten "an das gnostisch-esoterische Gedankengut, so wie es in den Mysterienschulen aller Zeiten bewahrt wurde", heranzuführen. Neben theoretischen Einführungen wie "Die Zwei Naturordnungen", "Karma, Reinkarnation - Auferstehung" oder "Der alchymische Prozess: Transfiguration" wird die Stellung des Individuums im Weltenlauf thematisiert mit Vorträgen wie "Die Suche nach Wahrheit", "Der Mensch im Mikrokosmos", oder "Bindungen und Unfreiheiten des Menschen". Als Lösungsweg wird dann der Aufbau eines höheren Menschen auf der Basis des Geistfunkenatoms, des letzten Überrestes des gefallenen ursprünglichen Menschen aufgezeigt und schließlich die Möglichkeiten der "Transfiguration", des Persönlichkeitswechsels. Marburg und die Marburger Mitglieder werden vom Zentrum der Gemeinschaft in Gießen betreut, das seit 1983 besteht. Die Marburger Mitglieder des Lectorium Rosicrucianum sind zahlenmäßig zu wenige, um ein eigenes Zentrum zu unterhalten, jedoch konnten nach anfänglichen Vorträgen seit 1983 nunmehr seit 1987 die Einführungskurse in Marburg stattfinden. Zu solchen Vorträgen kommen neben den Mitgliedern rund 10-15 Personen, die sich für die Darstellungen der Ideen des Rosenkreuzes interessieren und an den angebotenen Diskussionen im Anschluß lebhaft teilnehmen. Das Gießener Zentrum mit seinen Marburger und Gießener Mitgliedern verzeichnet eine leicht steigende Mitgliederentwicklung, wobei es momentan 75 Personen zählt. Angesichts der bundesweit ca. 3.700 Mitglieder ist dies für den Marburger-Gießener Raum eine erstaunliche Verankerung. Die bundesweiten Mitgliederzahlen des Lectorium Rosicrucianum sind im Steigen begriffen - 1989 wurden erst um die 3.000 Mitglieder gezählt. Die Mitglieder der Marburger-Gießener Gemeinschaft stammen nach Angaben der Organisation aus allen sozialen Schichten. Ein leichtes Übergewicht scheint beim Lectorium Rosicrucianum jedoch bei jüngeren und weiblichen Mitgliedern zu liegen.

Kontakt:	Lectorium Rosicrucianum - Zentrum Gießen, Lichtenauer Weg 15a, 35396 Gießen.
Zentrale:	Deutsche Verwaltung Süd: Haarlemer Str. 19, 75365 Calw-Wimberg, Tel.: 07051/5651.
	Deutsche Verwaltung Nord: Querlandweg 5, 31848 Bad Münder.
	Internationaler Hauptsitz: Bakenessergracht 11-15, NL-2011 JS Haarlem.
Publikationen:	DRP-Verlag, Postfach 1307, 51674 Wiehl (= Vertrieb der Literatur des Rozekruis Pers in Haarlem).
Periodika:	*Pentagramm. Zeitschrift der internationalen Schule des Goldenen Rosenkreuzes Lectorium Rosicrucianum.*

Literatur:

Dülmen, Richard van: Art. "Andreae, Johann Valentin", in: *Theologische Realenzyklopädie* II, Berlin/New York 1978, S. 680-683.

Eco, Umberto: *Das Foucaultsche Pendel,* München [2]1992.

Meier-Hüsing, Peter: *Religiöse Gemeinschaften in Bremen. Ein Handbuch,* Marburg 1990, S. 177-184.

Rijckenburg, Jan van: *Der kommende neue Mensch,* Haarlem [4]1992.

Schilling, Hannelore: *Im Zeichen von Rose und Kreuz. Historische und Moderne Rosenkreuzer* (Evangelische Zentralstelle für Weltanschauungsfragen. Informationen Nr. 71) Stuttgart 1977.

Neuapostolische Kirche

Mit rund 500 Gemeindemitgliedern und drei eigenständigen Gemeinden ist die *Neuapostolische Kirche* eine der größeren Gemeinschaften in Marburg. Die Universitätsstadt liegt dabei durchaus im Trend, denn die Neuapostolische Kirche ist bundesweit nach den Landeskirchen der Evangelischen Kirche in Deutschland, der Römisch-katholischen Kirche und den (allerdings unorganisierten) Moslems die viertgrößte Religionsgemeinschaft in Deutschland. Die Neuapostolische Kirche in Marburg praktiziert keine "offensive Mission", sondern bemüht sich um die Ausstrahlung ihrer kontinuierlichen Gemeindearbeit, was zur Folge hat, daß die Öffentlichkeit vielleicht weniger Notiz nimmt als von wesentlich kleineren Gemeinschaften.

Die Geschichte der Neuapostolischen Kirche

Die Neuapostolische Kirche hat sich historisch aus den Katholisch-apostolischen Gemeinden entwickelt. In den Jahren 1832 bis 1835 wurden 12 Apostel und andere Amtsträger durch Weissagungen aus den Reihen Katholisch-apostolischer Gemeinden in England berufen. Nach dem Tode der ersten Apostel 1855 beschlossen die verbliebenen Apostel jedoch, keine Nachfolger zu berufen, sondern das Apostolat auslaufen zu lassen. Als im Jahr 1860 nur noch sieben Apostel lebten, gab es in Deutschland Weissagungen, die zwei weitere Apostel beriefen. Weder diese Berufungen noch die weiteren Apostelberufungen 1862 und 1863 erhielten die Anerkennung der Apostel der Katholisch-apostolischen Gemeinden, sondern hatten erste Ausschlüsse zur Folge. Nach ihrem Ausschluß aus der Katholisch-apostolischen Gemeinde gründeten 1863 der Prophet Heinrich Geyer zusammen mit den beiden zuletzt berufenen Aposteln Ernst Louis Preuß (1827-1878) und Friedrich Wilhelm Schwartz (1815-1895) in Hamburg die "Allgemeine Christliche Apostolische Mission". 1907 wurde die Bezeichnung "Neuapostolische Gemeinde" gewählt, seit 1930 trägt die Kirche offiziell den Namen "Neuapostolische Kirche". Vor allem Schwartz ist es zu verdanken, daß sich die Bewegung rasch in den Niederlanden und in Westdeutschland ausbreitete; er wurde mit dieser Missionsleistung zum eigentlichen Gründer der neuapostolischen Bewegung. 1885 wurden die katholisch-apostolischen Kirchengewänder und Zeremonien abgeschafft und schlichtere Gottesdienstformen gewählt. Schwartz folgte 1895 der Apostel für Braunschweig, Fritz Krebs (1832-1905), als Leiter der Kirche, auf den die wichtigsten organisatorischen Strukturen zurückgehen. Unter ihm wurde das Amt des "Stammapostels" als unumstrittenes Führungsamt über allen Aposteln geschaffen, das Prophetenamt hingegen aufgelöst. Aussagen des Stammapostels wurde nunmehr der gleiche Autoritätsgrad wie denen der biblischen Apostel eingeräumt, was die Machtkonzentration und die Hierarchisierung der Bewegung abschloß. Die neuapostolische Bewegung war beim Tod von Krebs 1905 auf 488 Gemeinden angewachsen, die sich in den sechs Apostelbezirken in Deutschland und den Niederlanden gebildet hatten. Außerhalb Deutschlands und der Niederlande konnte die neuapostolische Bewegung zunächst nicht Fuß fassen. 1905 folgte dem verstorbenen Stammapostel dessen Vertrauter Hermann Niehaus (1848-1932) nach, der die Bewegung bis 1930 führte und seinem

Nachfolger Johann Gottfried Bischoff rund 1.600 Gemeinden in Europa und rund 200 außerhalb Europas (vor allem unter deutschen Auswanderern in Übersee) hinterließ. Vor allem in ländlich geprägten Regionen und unter dem Kleinbürgertum konnte sich die neuapostolische Bewegung ausbreiten, so daß 1925 bereits 138.000 neuapostolische Christen in Deutschland gezählt werden konnten.

Seit 1930 wurde von der inzwischen zu einer der mitgliederstärksten deutschen Religionsgemeinschaften gewachsenen Organisation die Selbstbezeichnung "Neuapostolische Kirche" eingeführt, nachdem seit 1907 der Begriff "Neuapostolische Gemeinden" für die Gesamtbewegung gewählt worden war. Im Unterschied zu zahlreichen anderen Kirchen und Religionsgemeinschaften hatte die Neuapostolische Kirche unter den Nationalsozialisten kein Verbot, allerdings einige Einschränkungen ihrer Aktivitäten zu erleiden. Der neuapostolische Grundsatz, sich strikt politisch neutral zu verhalten und jegliche politische Betätigung zu unterlassen, führte zu einer Tolerierung in den stalinistisch geführten Ländern, so auch in der DDR. Die dem Bischoff im Amt folgenden Stammapostel der Neuapostolischen Kirche, die in der Regel auf Empfehlung des Vorgängers (soweit möglich!) durch die Apostelversammlung gewählt werden, waren: Walter Schmidt (1960-1975), Ernst Streckeisen (1975-1978), Hans Urwyler (1978-1988) und Richard Fehr (seit 1988). Unter Stammapostel Ernst Streckeisen wurde die Zentrale der Kirche 1975 nach Zürich in die Schweiz verlegt.

Die Verbreitung der Neuapostolischen Kirche

Die Neuapostolische Kirche ist in allen Kontinenten - in über 170 Ländern - vertreten, wo sich ihre Gläubigen in rund 40.000 Gemeinden versammeln. Ende 1992 zählte die Neuapostolische Kirche weltweit rund 7,2 Millionen, in Deutschland selbst rund 402.000 Mitglieder. Die eigenen Angaben für Deutschland liegen damit erwähnenswert unter den 430.000 Mitgliedern, die die sich beharrlich durch die Literatur (z. B. Das Parlament Nr. 17-18, 17./18. April 1992; Fischer Weltalmanach 1993) ziehen. Jedoch ist Deutschland eindeutiger Schwerpunkt der Kirche in Europa, wo sich insgesamt rund eine halbe Million (506.000) zur Neuapostolischen Kirche bekennen. Für den europäischen und deutschen Bereich ist seit einigen Jahren eine Stagnation der Mitgliederzahlen zu bemerken. Entsprechend ist auch das Wachstum der Kirche weltweit weitgehend auf Missionserfolge in den Ländern der "3.Welt" und in den Staaten des ehemaligen "Ostblocks" zurückzuführen, wo die Auflösung der Gesellschaftsstrukturen einerseits eine Orientierungslosigkeit bei weiten Teilen der Bevölkerung hervorruft und sich andererseits eine oftmals Jahrzehnte unterdrückte Religiosiät neu artikulieren kann. In Südafrika

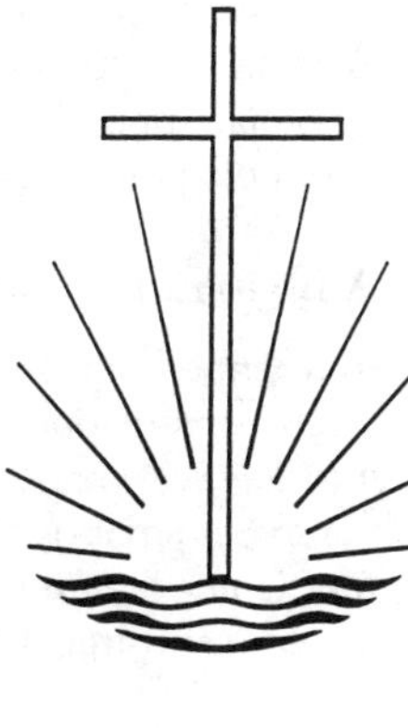

Das Kreuz der Neuapostolischen Kirche mit der über dem Wasser aufgehenden Sonne, das seit 1960 verwandt wird. Veranschaulicht werden soll damit die Dreieinigkeit Gottes als Vater (Sonne), Sohn (Kreuz) und Heiliger Geist (Wasser).

waren beispielsweise 1977 rund 110.000 neuapostolische Christen zu finden, in den benachbarten Staaten Sambia und Malawi zusammen rund 70.000 (1974). Entsprechend gibt es zahlreiche schwarze Apostel, die in den afrikanischen Staaten die Gotteskinder betreuen. Das weltweite Wachstum der Neuapostolischen Kirche hat in den letzten 10 Jahren erheblich zugenommen: 1983 wurden noch rund zwei Millionen Mitglieder und 1988 rund vier Millionen Mitglieder genannt.

Zusammenarbeit mit anderen christlichen Kirchen

An ökumenischen Zusammenschlüssen, also an einer Zusammenarbeit mit anderen christlichen Konfessionen, hat die Neuapostolische Kirche keinerlei Interesse. Im Gegensatz zu den Siebenten-Tages-Adventisten bewirbt sich die Neuapostolische Kirche deshalb auch nicht um eine Mitgliedschaft in der Arbeitsgemeinschaft christlicher Kirchen (AcK). Die Kritik der Organisation an den großen ökumenischen Zusammenschlüssen entzündet sich vor allem daran, daß beispielsweise der Ökumenische Rat der Kirchen (ÖRK) zu sozial ausgerichtet sei und eine Verweltlichung verkörpere, die von der Neuapostolischen Kirche abgelehnt wird. Dem setzt sie eine radikale Parusieerwartung, also die Erwartung einer jederzeit möglichen Wiederkehr Christi, und eine entsprechende Vorbereitung auf dieses Ereignis - die "Erste Auferstehung" (vgl. Off. 20,6) - entgegen. Hierbei beruft sie sich - ebenso wie die Gemeinschaften Jehovas Zeugen, Katholisch-Apostolische Kirche oder Universelles Leben - nicht auf historische Kirchenspaltungen (Katholizismus - Orthodoxie - Protestantismus), sondern direkt auf das Urchristentum. Die ablehnende Haltung der Neuapostolischen Kirche der Ökumene gegenüber korrespondiert mit einer scharfen Gegnerschaft der Großkirchen zur neuapostolischen Bewegung. Aufgrund der Einführung des Apostel- bzw. Stammapostelamtes wird die Neuapostolische Kirche meist unter der Rubrik "Sekten" geführt. Beispielhaft ist die Einordnung von Kurt Hutten im Standardwerk *Seher, Grübler, Enthusiasten. Das Buch der traditionellen Sekten und religiösen Sonderbewegungen*: Während die katholisch-apostolischen Gemeinden, die Siebenten-Tags-Adventisten und Zeugen Jehovas als adventistische Organisationen unter der Überschrift "Von dannen er wiederkommen wird..." zusammengefaßt sind, rangiert die Neuapostolische Kirche zusammen mit den Mormonen unter dem Abschnitt "Unter den Fittichen des vollmächtigen Amtes". Als gewichtigster Trennfaktor zu anderen christlichen Kirchen gilt in der Tat das Amtsverständnis der Neuapostolischen Kirche, wobei von den anderen Kirchen das historische Auslaufen des Apostolats und die Ebenbürtigkeit unter den Aposteln als biblische Gegenbeweise zur neuapostolischen Praxis herangezogen werden.

Der Aufbau der Neuapostolischen Kirche

Die Ämter innerhalb der Kirche stellen eine Mischung zwischen urchristlichen bzw. biblischen Ämtern und modernen Organisationserfordernissen dar: Unumstrittener Führer ist der Stammapostel, ein Amt, das seit 1988 von Richard Fehr bekleidet wird. Unter dem Stammapostel leiten über 20 Bezirksapostel die verschiedenen Regionen der Erde. Unter diesen sind weltweit rund 250 Apostel tätig - in Hessen zwei -, die die weiteren Amtsträger berufen und das Sakrament der Heiligen Versiegelung ausführen. Die Bischöfe fungieren als Stellvertreter der Apostel und sind jeweils einem Apostel zugeordnet. Die Bezirksvorsteher bzw. Bezirksältesten leiten nun die unteren Ebenen - in Hessen gibt es davon 14. Ihre Stellvertreter sind die Bezirksevangelisten. Die lokalen Gemeinden wiederum werden von einem Gemeindevorsteher geleitet, der das Amt eines Hirten, Gemeindeevangelisten oder Priesters trägt. Die Ämterhierarchie wird von den Priestern, Diakonen und Unterdiakonen abgeschlossen. Der strikt hierarchische Aufbau ist der Geschlossenheit der Organisation sicherlich förderlich, stellt jedoch auch ein Gefahrenmoment dar, wenn die Hierarchiespitzen Fehlentscheidungen treffen oder nach dem Tode eines Stammapostels eine innerorganisatorische Orientierungslosigkeit entsteht. Als eine solche Fehlentscheidung darf man die Ankündigung des damaligen Stammapostels Johann Gottfried Bischoff betrachten, noch vor seinem Tode werde die Wiederkunft Christi geschehen. Als sich 1960 der Tod des Stammapostels ereignete, die Wiederkehr Christi jedoch ausblieb, löste dies in der Kirche eine "große Betroffenheit" aus, die erst nach einigen Abspaltungen bzw. Austritten überwunden werden konnte. Mit Ausnahme der Apostel und Bischöfe sind alle Ämter Ehrenämter, eine besondere Ausbildung für die jeweiligen Ämter gibt es nicht.

Der seit 1988 amtierende Stammapostel der Neuapostolischen Kirche, Richard Fehr. Der Stammapostel hat dieselbe Autorität wie die biblischen Apostel inne.

Was vertritt die Neuapostolische Kirche?

In der Lehre hat die Neuapostolische Kirche einen gewissen Grundkonsens mit den anderen christlichen Kirchen: Abgesehen von dem - inzwischen einmaligen - Ämteraufbau sind die drei Sakramente erwähnenswert: Die "Heilige Wassertaufe" wird an Menschen jeglicher Altersstufe - also auch an Kindern - vollzogen. Die "Heilige Versiegelung" gilt als Spendung des Heiligen Geistes, besteht aus der Handauflegung und einem Gebet und darf nur durch einen Apostel durchgeführt werden. Hierbei beruft sich die Neuapostolische Kirche auf das Pfingstereignis, bei dem nach Apg. 2 der Heilige Geist über die urchristliche Gemeinde kam, wie auf die biblischen Berichte aus Apg. 8,14 ff. und Apg. 19,6. Es wird jedoch betont, daß man sich - im Gegensatz zu pfingstlerischen und charismatischen Gemeinden - von jeglicher Form von "Zungenreden" oder "Verzückung" distanziere. Die Heilige Versiegelung, die auch an Kindern jeglicher Altersstufe vollzogen wird, sei lediglich auf Vermittlung des Heiligen Geistes angelegt und nicht als Zugangsberechtigung zu außergewöhnlichen Fähigkeiten. Nach der Abschaffung des Prophetenamtes 1905 sind auch die anderen "bezeugenden Gaben" wie Weissagung, Zungenreden, Visionen und Träu-

me Zug um Zug in den Hintergrund getreten und spielen seit einigen Jahrzehnten keine Rolle mehr in der Neuapostolischen Kirche. Das dritte Sakrament der Neuapostolischen Kirche ist das "Heilige Abendmahl", das nach der Sündenvergebung an jedem Sonntags-Gottesdienst gefeiert wird.
Zentral für die Lehre der Neuapostolischen Kirche ist die Bibel sowie das "neuapostolische Glaubensbekenntnis", das in den ersten drei Glaubensartikeln nahzu identisch mit dem Apostolischen Glaubensbekenntnis der meisten westlichen christlichen Kirchen ist. In den weiteren sieben Artikeln wird beispielsweise bekannt, daß "der Herr Jesus seine Kirche durch lebende Apostel regiert bis zu seinem Wiederkommen, daß er seine Apostel gesandt hat und noch sendet mit dem Auftrag, zu lehren, in seinem Namen Sünden zu vergeben und mit Wasser und dem Heiligen Geist zu taufen". Desweiteren wird die Wassertaufe als Bestandteil der Wiedergeburt, das Abendmahl als Gedächtnismahl und das Empfangen des Heiligen Geistes zur Erlangung der Gotteskindschaft festgelegt. Ausdrücklich wird der Glaube an die Wiederkunft Christi und die Errichtung des Friedensreiches bekannt sowie die Verpflichtung zum Gehorsam gegenüber weltlicher Obrigkeit, "soweit nicht göttliche Gesetze dem entgegenstehen". Ethische Vorschriften, wie sie in anderen Gemeinschaften und Kirchen häufig zu finden sind, gibt es in der Neuapostolischen Kirche nicht; die Mitglieder haben in ihrer persönlichen Lebensführung und in ihren politischen Entscheidungen alle Freiheiten. Für die Verstorbenen werden dreimal im Jahr "Gottesdienste zum Gedächtnis für die Entschlafenen" abgehalten, in denen die Lebenden stellvertretend für die bereits Gestorbenen die Sakramente entgegenneh-

Die 1906 eingeweihte erste von inzwischen drei Kirchen der Neuapostolischen Kirche in der Heusingerstr in Marburg.

men und vor Gott für deren Aufnahme bitten. Die verstorbenen Apostel wirken im Totenreich weiter, ebenso wie Christus vor der Auferstehung unter den Toten wirkte.

Die Neuapostolische Kirche in Marburg

Seit 1906 existiert im Biegenviertel, in der Heusingerstraße, eine neuapostolische Gemeinde, die heute rund 270 Glieder zählt. Die Mission der Neuapostolischen Kirche war in der Folgezeit so erfolgreich, daß in Cappel 1929 eine weitere Gemeinde gegründet werden konnte, in der sich heute rund 70 Personen versammeln. Die jüngste Gemeindegründung fand 1955 im Stadtteil Ockershausen statt, die bis heute auf rund 160 Gläubige angewachsen ist und die 1962 die neue Kirche im Stiftsfeld eingeweihen konnte. Daß es sich bei den drei Gemeinden der Neuapostolischen Kirche um stabile und gewachsene Strukturen handelt, zeigt die Tatsache, daß die Mitgliederzahlen in den vergangenen zehn Jahren nur gering gestiegen sind, aber offensichtlich auch keine Mitgliederfluktuation zu beobachten war. Die Gestaltung der Gottesdiensträume und der Gottesdienste selbst, die mittwochs und sonntags stattfinden, ist eher schlicht gehalten. Neben der ausführlichen und in freier Rede gehaltenen Predigten ist das sonntägliche Abendmahl im Gottesdienst von besonderer Bedeutung. Im Sonntagsgottesdienst versammeln sich in der Regel rund 70 % der Gemeindeglieder. Für Kinder von 3-6 Jahren gibt es eine Sonntagsschule, für ältere Kinder den Kindergottesdienst. Der gemeindeeigene Religions- und Konfirmandenunterricht wird von den Kindern bzw. Jugendlichen besucht, die in den drei Marburger Gemeinden einen erwähnenswerten Anteil ausmachen: Von den rund 500 Gemeindegliedern sind über 60 Kinder unter 14 Jahren und rund 50 Jugendliche. Angesichts dieser zahlreichen Kinder und Jugendlichen stellt sich die Struktur der Marburger Gemeinden recht ausgewogen dar: Rund 140 Gemeindeglieder zählen über 60 Jahre - 28 % aller Mitglieder, was auf fest gewachsene Gemeinden schließen läßt. Die Sozialstruktur der Neuapostolischen Kirche ist aufgrund der Dominanz von Philipps-Universität und der Behringwerke AG entsprechend stark von Angestellten und Beamten geprägt, was jedoch nicht dem Durchschnitt neuapostolischer Christen in der Bundesrepublik entspricht.

Kontakt:	Bezirksvorsteher Willi Sommer, Im Grund 1, 35043 Marburg, 06421/47899. Gemeinde Kernstadt, Heusinger Str. 5, 35037 Marburg, 06421/63136. Gemeinde Ockershausen, Im Stiftsfeld 5-7, 35037 Marburg, 06421/33313. Gemeinde Cappel, Dorfwiesenweg 9, 35043 Marburg. Neuapostolische Kirche in Hessen, Verwaltung, Gutleutstr. 298a, 60327 Frankfurt/Main, 069/2739940.
Zentrale:	Neuapostolische Kirche International, Postfach, CH-8044 Zürich
Publikationen:	Verlag Friedrich Bischoff GmbH, Gutleutstr. 298, Postfach 110242, 60327 Frankfurt/Main.
Periodika:	*Unsere Familie. Die Zeitschrift der Neuapostolischen Kirche.*

Literatur:
Hutten, Kurt: *Seher, Grübler, Enthusiasten. Das Buch der traditionellen Sekten und religiösen Sonderbewegungen*, Stuttgart [13]1984, S. 470-512.
Reimer, Hans-Diether: *Artikel über die Neuapostolische Kirche*. Sonderdruck aus dem Materialdienst 1972-1985, Stuttgart 1985 (Materialdienst der Evangelischen Zentralstelle für Weltanschauungsfragen).
Tröger, Sigrid und Karl-Wolfgang: *Kirchenlexikon. Christliche Kirchen, Freikirchen und Gemeinschaften im Überblick*, Berlin 1990.

Selbständige Evangelisch-Lutherische Kirche in Marburg

Auch in Marburg gibt es Beteiligte des historischen "Experiments" der Trennung von Staat und Luthertum, anfänglich gar von der preußischen Obrigkeit strafrechtlich verfolgt: Die *Selbständige Evangelisch-Lutherische Kirche*. Sie hat sich - wie so viele Freikirchen - in der zweiten Hälfte des 19. Jahrhunderts gegründet, jedoch nicht aufgrund der Zugehörigkeit zur evangelischen Erweckungsbewegung, sondern als Bewahrerin des konfessionellen Luthertums. Der Hintergrund ist in der preußischen Kirchen- und Religionspolitik des 19. Jahrhunderts zu suchen, die mit der Ausdehnung Preußens für weite Teile des Deutschen Reichs Geltung erlangte. So auch vor rund 120 Jahren in Marburg, als einige überzeugt lutherische Familien gegen das Bündnis von Thron und Altar - mit dem Landesfürsten als obersten Bischof und loyalen Konsistorien als Kirchenleitung - protestierten. Im Frühsommer 1876 begann das Gemeindeleben der "renitenten evangelisch-lutherischen Gemeinde Marburgs" mit der Eintragung zweier Taufen.

Die Entstehung selbständiger lutherischer Kirchen

Bereits 1830 hatte der preußische König Wilhelm III. die eigenständigen lutherischen und reformierten Kirchen in Preußen zwangsweise zur sog. unierten Kirche zusammengeschlossen, nachdem er bereits 1817 die "preußische Union" mit einheitlicher Gottesdienstordnung gegründet hatte. Die Überwindung des Konfessionalismus hatte durchaus seine Logik im preußischen Staatsverständnis, das die Vereinheitlichung nach innen - und das hieß auch eine einheitliche Kontrolle der Religion - als Voraussetzung für die Expansion nach außen ansah. Wie wenig denn auch die theologischen und organisatorischen Differenzen innerhalb der protestantischen Konfessionen von den "einfachen" Gemeindegliedern wahrgenommen worden waren, zeigt die Tatsache, daß sich nur wenig Protest gegen den Schritt des preußischen Staates erhob. Lediglich die orthodoxen Lutheraner bildeten eine "Evangelisch-Lutherische Kirche von Preußen", die 1845 schließlich anerkannt wurde und sich 1866 in "Evangelisch-lutherische Kirche in Altpreußen" umbenannte. 1873/ 74 bildete sich die "Renitente Kirche" in Niederhessen als Protest gegen die Einsetzung eines Gesamtkonsistoriums in Kassel und die Berufung einer durch Laienwahl hervorgegangenen Synode. In Hessen-Darmstadt wiederum konstitutierte sich 1877 aus Protest gegen eine neue Kirchenverfassung die "Selbständige Evangelisch-Lutherische Kirche". 1878 entstand im Hannoverschen Gebiet die "Evangelisch-Lutherische Freikirche in Hannover" unter Leitung des Pfarrers Theodor Harms (1819-1885), wobei die nach der Einführung der Zivilehe vorgenommene Änderung des Trauformulars der Landeskirche zum Anlaß der Trennung von der Staatskirche genommen wurde. Bereits vorher hatten sich 1876 in Sachsen fünf Gemeinden zur "Synode der Evangelisch-Lutherischen Freikirche in Sachsen" zusammengeschlossen. Im Zuge der Zeit ging diese politische Opposition des orthodoxen Luthertums eine Verbindung ein mit den neuen Frömmigkeitsidealen der Erweckungsbewegung, die nunmehr gegen die liberale und rationale Theologie gerichtet war. Die drei regionalen lutherischen Freikirchen - die Evangelisch-Lutherische Kirche von Preußen, die Selbständige Evangelisch-Lutherische Kirche und die Evangelische Freikirche - bildeten 1892 gemeinsam eine Mission in Südafrika, die *Bleckmarer Mission.* 1930 erlangte die Evangelisch-Lutherische Kirche in Altpreußen - auch als "Altlutheraner" bezeichnet - die Anerkennung als Körperschaft des Öffentlichen Rechts; vor dem Zweiten Weltkrieg hatte allein sie rund 60.000 Mitglieder.

Werden und Aufbau der Selbständigen Evangelisch-Lutherischen Kirche

1947 schlossen sich die "Hannoversche Evangelisch-lutherische Freikirche", die "Evangelisch-lutherische Hermannsburg-Hamburger Freikirche", die "Selbständige Evangelisch-lutherische Kirche in Hessen" und die "Renitente Kirche ungeänderter Augsburger Konfession in Hessen" zur "Selbständigen Evangelisch-Lutherischen Kirche" zusammen. Nach dem Zweiten Weltkrieg hatte die Evangelisch-Lutherische Kirche von Preußen - mit bedingt durch die neue politische Ordnung - erheblich an Bedeutung verloren, so daß mit der Selbständigen Evangelisch-Lutherischen Kirche und der Evangelischen Freikirche Verhandlungen über die uneingeschränkte Kanzel- und Abendmahlsgemeinschaft aufgenommen wurden. Seit 1958 bestand eine *Arbeitsgemeinschaft freier evangelisch-lutherischer Kirchen in Deutschland,* bestehend aus der *Selbständigen Evangelisch-Lutherischen Kirche,* der *Evangelisch-Lutherischen Freikirche* und der *Evangelisch-lutherischen (altlutherischen) Kirche.* 1972 fand die Vereinigung der drei Gemeinschaften zur *Selbständigen Evangelisch-Lutherischen Kirche* (SELK) statt, der sich 1976 auch die *Evangelisch-Lutherische Bekenntniskirche* anschloß.

Das Kreuzsymbol mit eingefügtem Schriftzug der Selbständigen Evangelisch-Lutherischen Kirche.

Hierdurch war das Feld der lutherischen Freikirchen, das sich im 19. Jahrhundert so bunt wie die politische Landkarte Deutschland darstellte, recht übersichtlich geworden. Der vorerst letzte Zusammenschluß fand Ende 1991 statt, als sich die *Evangelisch-lutherische (altlutherische) Kirche* (ELAK) der ehemaligen DDR der SELK anschloß. Seither gliedert sich die SELK - momentan geleitet von Bischof Dr. Jobst Schöne - in vier Sprengel, denen jeweils ein Propst vorsteht. Diese wiederum sind in elf Kirchenbezirke aufgeteilt, die von je einem Superintendenten geleitet werden. Auf der nächsten Ebene befinden sich dann die 185 Gemeinden, in denen 148 Pfarrer rund 41.500 Gemeindeglieder betreuen. Durch die ca. 3.000 Gemeindeglieder, die die ELAK in die SELK einbrachte, ist zwar für die letzten Jahre noch ein leichter Anstieg der Gesamtmitgliederzahlen der SELK in Deutschland zu verzeichnen, insgesamt jedoch muß ein kontinuierliches Abnehmen der Mitglieder zu festgestellt werden.

Was vertreten die Gemeinden der SELK?

Dem zunehmenden Pluralismus in Theologie und Kirche der großen protestantischen Strömungen setzt die SELK die lutherische Betonung des Kreuzestodes Christi entgegen. Außerdem steht sie in harter Konfrontation zu dem, was sie als "Überfremdung des kirchlichen Auftrags durch politische und gesellschaftliche Meinungen" bezeichnet - eine Kritik, die auch häufig von evangelikaler und pietistischer Sicht an den evangelischen Landeskirchen geübt wird. Die "moderne Theologie" wird von der SELK als "etwas völlig anderes ... als das im Bekenntnis der Kirche ausgesprochene Evangelium" offiziell verworfen. So werden Lehrzuchtverfahren gegen Pfarrer angedroht, die beispielsweise die leibliche Auferstehung Christi oder die wahrhaftige Gegenwart Christi im Altarsakrament anzweifeln. Konsequent ist denn auch, daß die Pfarrerausbildung - Frauen können nicht Geistliche werden - in einer eigenen Hochschule, der *Lutherischen Theologischen Hochschule* in Oberursel/ Taunus, beginnt und endet. In den mittleren Semestern des Studiums kann jedoch durchaus eine staatliche Universität besucht werden. Das *Sola-Scriptura-Prinzip* der Reformation, d. h. die alleinige Gültigkeit der Bibel als Offenbarungsquelle, begegnet im Schrifttum der SELK immer wieder. Sie vertritt hierbei das Bibelverständnis der Verbalinspiration, d. h. daß der Heilige Geist den Bibeltext dem jeweiligen Autor "Wort für Wort, Silbe für Silbe" als Gottes Wort "eingehaucht" hat. Hinzu kommt noch der hohe Stellenwert des "Konkordienbuches", in dem die Anhänger der *Confessio Augustana* ihre Glaubensgrundlagen 1580 dargelegt hatten. Durch ihr lutherisches Sakramtentsverständnis, das vor allem den Gnadencharakter betont, ist die SELK auch eine Vertreterin der Kindertaufe. Die hohe Wertschätzung der Sakramente - und darunter vor allem des Abendmahls - hat dazu geführt, daß gerade hierin die scharfe Trennung lutherischer Freikirchen von anderen evangelischen Kirchen vollzogen wird: Zunächst kann nur Mitglied der SELK werden bzw. bleiben, wer die Realpräsenz Christi in Brot und Wein vorbehaltlos bejaht, was dann der Grund dafür ist, daß das Abendmahl als "geschlossene Kommunion" gefeiert wird, d. h. daß nur Mitglieder der SELK zugelassen sind. Im Gottesdienst machen sich die Unterschiede zu herkömmlichen lutherischen landeskirchlichen Gemeinden besonders bemerkbar: Durchaus üblich ist zwar, daß der Pfarrer (im Talar mit Beffchen) die Liturgie singt und die Gemeinde mit dem Kreuzeszeichen segnet, in vielen SELK-Gemeinden kniet er jedoch zudem vor dem Altar und verneigt sich vor dem Kruzifix. Ebenso knien die Gemeindeglieder beim Sündenbekenntnis, bei der Absolution und bei der Abendmahlsfeier und einige schlagen - wie in katholischen Gottesdiensten - das Kreuz. Sowohl das Kreuzschlagen als auch das Tragen des weißen Chorrockes beim Abendmahl durch den Pfarrer werden aber nicht als verpflichtend angesehen und sind häufig davon abhängig, was sich in einer Gemeinde eingebürgert hat. So ist es ein Kennzeichen der Gemeinden der SELK, Symbole sehr hoch einzustufen und das Wissen einzusetzen, "daß die Menschen nicht nur durch Worte, sondern auch durch Melodien, Farben, Gebärden und Formen angesprochen werden können" (so Walter Geis: *Die Lutherischen Freikirchen in Deutschland*, o. O., o. J., S. 4). In diesem Sinne betonen die Gemeinden der SELK die Beichte als "Gnadenmittel", d. h. eigentlich als Sakrament. Während die lutherischen Landeskirchen nur die Taufe und das Abendmahl als Sakrament kennen, wird in Gemeinden der SELK die "Einzelbeichte" (eines Gläubigen vor dem Pfarrer in der Sakristei) oder die "Gemeinsame Beichte" als Beichtgottesdienst praktiziert, wobei die Absolution (Lossprechung von den Sünden) durch den Pfarrer unter Handauflegung geschieht.

Beziehungen zum Luthertum

In Deutschland stellen die diversen lutherischen Kirchen zusammengenommen die stärkste lutherische Präsenz in einem Land dar. Als lutherische Kirchen in Deutschland verstanden sich 1987 (in Klammern Mitgliederzahlen 1987): Die Evangelisch-Lutherische Landeskirche Hannover (3.460.000), die Nordelbische Evangelisch-Lutherische Kirche (2.671.000), die Evangelisch-Lutherische Kirche in Bayern (2.603.000), die Evangelische Landeskirche in Württemberg (2.428.000), die Evangelisch-Lutherische Landeskirche Sachsens (1.659.000), die Evangelisch-Lutherische Kirche in Thüringen (833.000), die Evangelisch-Lutherische Landeskirche in Braunschweig (507.000), die Evangelisch-Lutherische Kirche in Oldenburg (501.000), die Evangelisch-Lutherische Landeskirche Mecklenburgs (496.000), die Evangelisch-Lutherische Landeskirche Schaumburg-Lippe (66.000), die Selbständige Evangelisch-Lutherische Kirche (37.000), die Evangelisch-Lutherische (Altlutherische) Kirche (7.500), die Evangelisch-Lutherische Kirche in Baden (4.400), die Evangelisch-Lutherische Freikirche (2.800), die Lutherische Klasse in der Lippischen Landeskirche (42.000).

Ökumenische Beziehungen zu den lutherischen Landeskirchen unterhält die SELK kaum: Sie ist weder in der Vereinigung der Evangelisch-Lutherischen Kirchen Deutschlands (VELKD), dem Zusammenschluß der lutherischen Landeskirchen mit Ausnahme Württembergs und Oldenburgs, vertreten, noch in der Evangelischen Kirche in Deutschland (EKD). Aufgrund ihrer Abgrenzungen zu den anderen lutherischen und den reformierten Kirchen hat die SELK kein Interesse an den Dachorganisationen Lutherischer Weltbund oder Ökumenischer Rat der Kirchen (ÖRK). Lediglich die historisch gewachsenen Beziehungen zur *Lutherischen Kirche - Missouri Synode* und zur *Evangelisch-lutherischen Wisconsin Synode* in den USA, zur *Evangelisch-Lutherischen Kirche von Australien* oder zur *Lutherischen Kirche im Südlichen Afrika* bestehen fort (die südafrikanische Kirche ist übrigens eine schwarze

Kirche und nicht identisch mit der kurzzeitig vom Lutherischen Weltbund wegen Apartheidstrukturen suspendierten weißen Kirche). Diese Organisationen wurden häufig durch deutsche Lutheraner - auf dem Weg der Mission oder der Auswanderung - gegründet, oftmals als Resultat der Verfolgung der heimischen lutherischen Freikirchen. Einen Gaststatus genießt die SELK jedoch in der *Arbeitsgemeinschaft christlicher Kirchen in Deutschland* (AcK), während es mit dem Zusammenschluß evangelikaler Gruppen und Personen, der Deutschen Evangelischen Allianz, zwar eine gelegentliche Zusammenarbeit, aber keine Mitgliedschaft gibt. In Deutschland teilt die SELK nur mit einer Kirche, der Evangelisch-Lutherischen Kirche in Baden, die Kanzel- und Abendmahlsgemeinschaft.

Die Marburger renitente Gemeinde, jetzt Gemeinde der SELK

Im Marburger Land hatte der Widerstand gegen die Einsetzung eines gemeinsamen Konsistoriums für alle Konfessionen in Kassel einige Jahre nach der Annektierung Hessen-Kassels durch Preußen ebenfalls ein Echo gefunden: So in der Schwestergemeinde der Marburger Gemeinde, der Gemeinde in Dreihausen/Heskem 1873/74 unter der Führung des - numehr vom Kasseler Konsistorium auf Weisung des Berliner Kultusministeriums entlassenen - Pfarrers Heinrich Schedtler. Dieser versorgte auch diejenigen Marburger Gemeindeglieder, die am lutherischen Bekenntnisstand festhalten wollten. Als dritte Gemeinde kam diejenige im Dorf Warzenbach hinzu,

Die Auferstehungskirche der SELK am Barfüßertor. Das Gebäude neben dem alten Marburger Friedhof war zuletzt als Turnhalle genutzt worden, ehe die SELK es renovierte und zur Kirche umbaute.

die unter Einwirkung der "Hermannsburger Mission" diesselben Ziele verfolgte. 1885 wurde der frühere "Judenmissionar" Christian Eisenberg zum Pfarrer der Gemeinden Marburg und Warzenbach berufen - als Betsaal für die Marburger Gemeinde diente bis 1907 ein Raum in der Neustadt 19. Mit dieser Berufung hatte die Marburger Gemeinde ein eigenes Pfarramt erlangt. 1913 wurden die Gemeinden Marburg, Warzenbach und Treisbach (beide bei Wetter) in eine *Parochie* (Pfarrbezirk) vereinigt, was bis heute andauert (lediglich von 1960-1976 kam vorübergehend die Gemeinde Grünberg hinzu). Von 1913 bis 1959 wirkte im Marburger Pfarrbezirk Pfarrer Heinrich Martin, der bereits ab 1909/1910 zur Versorgung der Gemeinden herangezogen worden war und der 1925 Superintendent der "Selbständigen Evangelisch-Lutherischen Kirche in Hessen" und 1947 - nach der Vereinigung mit anderen lutherischen Freikirchen - erster Kirchensuperintendent der neuen "Selbständigen Evangelisch-Lutherischen Kirche" wurde. 1931 konnte übrigens erstmals der Gottesdienst der Marburger Gemeinde im "Michelchen", der alten kleinen Kapelle gegenüber der Elisabeth-Kirche, gefeiert werden. Einen eigenes Gotteshaus erwarb die Selbständige Evangelisch-Lutherische Gemeinde Marburg erst 1956, als ein - bis dahin als Turnhalle genutztes - Gebäude im Barfüßertor 6 erworben und zur "Auferstehungskirche" umgebaut wurde.

1960 wurde zudem das Gebäude in der Savignystr. 11a gekauft, das hinfort als Pfarrwohnung diente (und durch Mieteinnahmen der anderen Wohnungen die beanspruchten Finanzen aufstockte). Bereits in den 60er Jahren war eine hohe Fluktuation der Gemeindeangehörigen zu bemerken, durch die Universitätsstruktur Marburgs bedingt. Heute zählen zur Marburger Gemeinde rund 50 Mitglieder - Ende der 50er Jahre waren es noch rund 90 Mitglieder bei einer insgesamt niedrigeren Gesamtbevölkerung. Zur Pfarrei Marburg gehören immer noch die Gemeinden in Warzenbach und Treisbach, die rund 50 bzw. 40 Gemeindeglieder zählen. Die Gemeindeaktivitäten der Marburger Gemeinde finden meist in enger Kooperation mit den Gemeinden in Warzenbach und Treisberg statt, so ein alljährliches Missionsfest, das die Arbeit der Bleckmarer Mission darstellen hilft und finanziell unterstützt. Der wöchentliche Bibel-Gesprächskreis zählt neben den regelmäßigen Sonntags-Gottesdiensten in der Auferstehungskirche, zu denen sich zwischen 10 und 20 Personen versammeln, zu den institutionalisierten Gemeindeveranstaltungen. Verglichen mit den 600 bis 700 Gemeindemitgliedern in Dreihausen, die zahlenmäßig wohl weitgehend konstant bleiben, ist die Marburger Gemeinde stetig im Sinken begriffen. Rund ein Drittel der Gemeindeglieder ist älter als 65 Jahre, während lediglich 10 % der Gemeindeglieder Kinder unter 14 Jahren sind. Trauungen und Taufen finden kaum noch statt. Während die Mitglieder der SELD im Hinterland hauptsächlich im Handwerk und in der Landwirtschaft arbeiten, sind in Marburg Arbeiter und Angestellte, z. T. im Pensionsalter, überdurchschnittlich vertreten. Im Unterschied zu den meisten anderen Freikirchen gibt es damit keine Dominanz durch Akademiker. Die SELK in Marburg kämpft mit denselben Problemen, mit denen die SELK auch bundesweit konfrontiert ist: Die lutherische Identität wirkt nicht so stark, daß Gemeindemitglieder sich nicht bei einem Wohnortwechsel, wenn keine SELK-Gemeinde vor Ort ist, einer der Landeskirchen anschließen. Auch bei einer Heirat ist es ungewiß, ob das SELK-Gemeindemitglied konvertiert oder seine Kirchenmitgliedschaft beibehält.

Kontakt: Pfarrer Manfred Brockmann, Savignystr. 11a, 35037 Marburg, 06421/21777.
Zentrale: Selbständige Evangelisch-Lutherische Kirche, Schopenhauerstr. 7, 30625 Hannover, 0511/557808.
Periodika: *Lutherische Kirche* (über Zentrale).

Literatur:

Gaßmann, Günther: Art. "Lutherische Kirchen", in: Theologische Realenzyklopädie XXI, Berlin/New York 1991, S. 599-616.
Geis, Walter: *Die Lutherischen Freikirchen in Deutschland*, o. O., o. J., (8 S.).
Tröger, Sigrid und Karl-Wolfgang: *Kirchenlexikon. Christliche Kirchen, Freikirchen und Gemeinschaften im Überblick*, Berlin 1990.

Gemeinschaft der Siebenten-Tags-Adventisten

Unter den zahlreichen neueren Religionsgemeinschaften und christlichen Konfessionen, die sich im Zuge der zunehmenden Orientierungslosigkeit nach dem Ersten Weltkrieg und der gleichzeitigen Öffnung der Gesellschaft in der Weimarer Republik in Marburg herausbildeten, fand sich seit 1920 auch die "Gemeinschaft der Siebenten-Tags-Adventisten" (STA). Die Gemeinschaft, die auch im Marburger Hinterland durch Gemeinden präsent ist, gehört jedoch inzwischen schon zu den "etablierten" Gemeinschaften, die eine zunehmende Akzeptanz von den großen christlichen Kirchen erfährt.

Die Entstehungsgeschichte der Siebenten-Tags-Adventisten

Auch die STA sind ein sichtbares Ergebnis der Aufbruchsbewegung im europäischen und nordamerikanischen Protestantismus des 19. Jahrhunderts. In Schwaben beispielsweise berechnete der evangelische Prälat Albrecht Bengel die Wiederkunft Christi für das Jahr 1836, in den USA kam der Baptisten-Prediger William Miller (1782-1849) zu dem Schluß, selbige müsse zwischen dem 21. März 1843 und dem 21. März 1844 stattfinden. Miller, zu dessen Bewegung sich Anfang der 40er Jahre auch rund 300 Geistliche aller Konfessionen bekannten, hatte 1843 keineswegs zum Kirchenaustritt aufgerufen, sondern die Adventgläubigen aufgerufen, in ihren jeweiligen Kirchen von der nahen Wiederkunft zu zeugen. Die Kirchen schlossen die Adventgläubigen allerdings z. T. aus, was zusammen mit den Kirchenaustritten rund 100.000 Personen in den USA betraf. Die Adventbewegung soll insgesamt zwischen zwei und drei Millionen Menschen erfaßt haben, sie brach infolge des Nicht-Eintreffens der Prophezeiungen zusammen.

William Miller (1782-1849), die herausragende Person der adventistischen Bewegung im 19. Jahrhundert in den USA.

Eine kleine Gruppe organisierte sich jedoch 1858, neun Jahre nach dem Tod Millers, in der Gruppe der "Evangelical Adventists", die sich aber Anfang des 20. Jahrhunderts auflöste. 1861 wiederum gründeten sich die Advent Christians, die in den USA immer noch rund 30.000 Mitglieder zählen. Einige andere Miller-Anhänger, unter ihnen James White (1821-1881) und Joseph Bates (1792-1872), formierten sich 1863 zur Gemeinschaft der Siebenten-Tags-Adventisten. Bereits der Name ist hierbei an der anhaltenden Erwartung der Ankunft (lat.: adventus) Jesu Christi in der Endzeit orientiert. Die Lehre von der Heiligung des Shabbats, des "Siebenten-Tags", wurde von den Siebenten-Tags-Baptisten übernommen, die in den USA seit 1671 vertreten waren. Hohe Bedeutung für die Bewegung der STA hatte seit den 40er Jahren bereits die Ehefrau von James White, Ellen Gould White (1827-1915), die von 1844 an zahlreiche Visionen hatte - angeblich bis zu ihrem Tode 1915 rund 2.000 "Gesichte und prophetische Träume". Bereits vor der offiziellen Gründung 1863 hatte die Bewegung der STA Konferenzen veranstaltet (1848-50), eine eigene Zeitschrift herausgegeben (seit 1849/50), ein Verlagshaus errichtet (1855) und ein Finanzkomitee einberufen (1855). 1861 war die "Michigan Conference of Seventh-day Adventists" als Zusammenschluß shabbattreuer Gemeinden im Staate Michigan, ins Leben gerufen worden und 1862 ein festes Gehalt für die Prediger der Bewegung vereinbart worden. All diese Umstände machen zweierlei deutlich: Die Bewegung der STA weigerte sich lange Zeit, eine Kirchengründung herbeizuführen, da man auch innerhalb der etablierten Konfessionen wirken wollte. Zum zweiten war die Gründung der Gemeinschaft der STA keine enthusiastische Angelegenheit, sondern eine geradezu "bürgerliche" Vereinsgründung.

Die Verbreitung der STA nahm vor allem in den letzten 30 Jahren erheblich zu: 1863 bei der Gründung waren es noch 3.500 Mitglieder, 1903 schon 69.072 und 1963 1.428.352. 1974 zählten die STA 2.390.124 Gemeindeglieder, innerhalb von 18 Jahren sollte sich diese Zahl jedoch mehr als verdreifachen: Weltweit wurden Anfang 1992 7.274.181 getaufte Gemeindeglieder in 33.399 Gemeinden registriert, die von 124.900 Pastoren und Angestellten betreut wurden. Zu diesen "getauften Gemeindegliedern" werden rund 20 Millionen "Zugehörige" gezählt, also Familienangehörige, die bei einer Kindertaufe wie in anderen christlichen Kirchen als Mitglieder gezählt würden. Auch hier findet das Wachstum weitgehend in den Ländern der "Dritten Welt" statt, während in den Industrienationen des Nordens die Mitgliederzahlen stagnieren oder rückläufig sind.

Was vertreten die Siebenten-Tags-Adventisten?

Die STA betonen, daß sich die biblischen Zeichen, die für das Ende der Welt vorhergesagt worden seien, sich gerade in der Gegenwart erfüllten und die Wiederkunft Christi "bald" vonstatten gehe. Auf eine Berechnung des Datums für diese Wiederkehr verzichten die STA seit den fehlgeschlagenen Prophezeiungen im Vorfeld ihrer Gemeinschaftsgründung. Die Taufe der einzelnen Menschen - durch Untertauchen praktiziert - hat für die STA nicht nur einen sakralen Charakter (der Begriff "Sakrament" wird in der Gemeinschaft vermieden), sondern stellt den Höhepunkt einer bewußten Bekehrung zu Christus dar. Insofern wird die Kindertaufe logischerweise abgelehnt und lediglich entscheidungsfähige Personen, frühestens ab dem 15. Lebensjahr, aufgenommen. Die Gemeinschaft der STA akzeptiert lediglich die Großtaufe mit Untertauchen, wie sie in der Bundesrepublik von zahlreichen Freikirchen praktiziert wird - alle anderen Personen, die nicht nach diesem Taufritus getauft wurden, werden von den STA wiedergetauft. Einen hohen Stellenwert besitzen für die STA die 10 Gebote, die in ihrer Neuinterpretation durch Jesus in Gestalt der Bergpredigt (Matth. 5-7) vorliegen. Offensichtlichster Unterschied der STA gegenüber den meisten christlichen Gemeinschaften ist ihre Heiligung des Samstags. Der jüdische Shabbat als siebenter Tag, als Ruhetag, wird von den STA entsprechend dem Zeugnis des Alten und Neuen Testamentes am Samstag eingehalten - vom Sonnenuntergang am Freitag bis zum Sonnenuntergang am Samstag. Die allgemeinen christlichen Feiertage, wie Weihnachten, Ostern und Pfingsten, werden von der Gemeinschaft der STA nur verhalten gefeiert, das Erntedankfest hingegen hat einen hohen festlichen Stellenwert. Die STA sehen sich selbst als "Erben der Reformation", da sie mit dem Anspruch der Refomatoren, allein die Heilige Schrift solle als Offenbarungsquelle gelten (sola scriptura), ernst machen würden, indem sie alle Lehren ausgeschieden hätten, die im Verlauf der Kirchengeschichte aus nicht-christlichen Quellen in die Gemeinde Christi eingedrungen seien. Das Verhältnis von Heiliger Schrift und außerbiblischen Offenbarungsquellen ist ein steter Auseinandersetzungspunkt mit den großen bzw. den etablierten christlichen Kirchen: Den STA wird vorgeworfen, daß sie wesentlich auf den Visionen von Ellen G. White basierten, deren Schriften und Visionen ja auch im Schrifttum der STA Verbreitung finden.

Ellen Gould White (1827-1915), die mit zahlreichen Visionen und Schriften die ersten Jahrzehnte der Siebenten-Tags-Adventisten entscheidend mitprägte.

Die STA haben inzwischen mehrfach erklärt, daß die Lehren der Gemeinschaft keineswegs aufgrund von Visionen entstanden seien. So hätte beispielsweise das Ehepaar White den Shabbat bereits 1846 geheiligt, während die Vision von Ellen G. White, die dieses Vorgehen bestätigte, sich erst 1847 ereignet habe. Ebenso habe Ellen G. White selbst immer die Bibel als letzte Instanz bei Lehrfragen betrachtet und sich entschieden dagegen gewehrt, daß ihre Visionen und Schriften mit der Bibel gleichgesetzt würden. Sie seien stattdessen dazu geeignet, die bereits offenbarten Wahrheiten des Wortes Gottes "lebendig in das Herz einzugraben". Das Schriftverständnis der STA ist ansonsten zwischen Verbalinspiration (das wörtliche Diktat Gottes) und historisch-kritischer Auslegung (kontinuierliches Wachstum der Bibel durch verschiedene Quellen und Redaktionen über Jahrhunderte) angesiedelt. Zentrum der Lehre der Gemeinschaft der STA bleibt jedoch die Erwartung der nahen Wiederkunft des Herren: Unter dieser Perspektive ist das Handeln in Gottesdienst und Mission zu verstehen.

Die Lebensführung der Siebenten-Tags-Adventisten

Die ethischen Vorgaben der STA sind sehr weitgehend und machen deutlich, daß der Körper eines bzw. einer Gläubigen als "Tempel Gottes" begriffen wird: Sämtliche Rausch- und Genußmittel, die dem Körper schaden, sind zu meiden. Neben dem Nichtrauchen und Alkoholverbot (beim Abendmahl wird statt Wein Traubensaft getrunken) wird auch der Genuß von Schweinefleisch - analog den jüdischen Vorschriften - gemieden. Den Mitgliedern wird empfohlen, sich vegetarisch zu ernähren. Die Gemeinschaft der STA versteht sich prinzipiell als weltzugewandt, da sie ja nicht die Weltzerstörung erwarte, sondern die Wiederkunft Jesu in diese Welt. Aus der Überzeugung der STA, daß die gewalttätigen Verhältnisse nicht mit Gewalt zu bekämpfen sind, wird ein Gläubiger der STA in der Regel den Kriegsdienst verweigern und stattdessen Ersatzdienst leisten. Die prinzipiell pazifistische Einstellung der STA wird denn auch durch ein weit verzweigtes Wohlfahrtswerk untermauert: Rund 14 Millionen Menschen werden nach eigenen Angaben jährlich durch rund 30.000 Wohlfahrtsgruppen, mobile Einheiten und Helferkreise bzw. in den 85 Kinder-, Waisen- und Altenwohnheimen der STA weltweit betreut. Das *Advent-Wohlfahrtswerk* (AWW) und die *Adventistische Entwicklungs- und Katastrophenhilfe* (ADRA - Adventist Development and Relief Agency) versuchen, die Verantwortung in der Welt umzusetzen. Auffallend und charakteristisch für die STA ist der hohe Stellenwert der Gesundheitserziehung: Im Sinne des Wahlspruches "Heilung und Heil sind eng verbunden" wird in Deutschland der *Deutsche Verein für Gesundheitspflege e. V.* unterhalten, der beispielsweise eine Ausbildung zum "Gesundheitsberater" vermittelt. Zahlreiche Kurse sollen hierbei das Bewußtsein für die Ganzheitlichkeit des Lebens wecken. Der Deutsche Verein für Gesundheitspflege unterhält eine enge Verbindung zu dem in Lüneburg ansäßigen "De-Vau-Ge Gesundkostwerk". Produkte sind beispielsweise die "granoVita"-Produkte der "neuform"-Marken, die in den bundesweiten Refomhäusern erhältlich sind. Weltweit haben die STA ein "Health- and Temperance-Network" aufgebaut, in dem die jeweiligen nationalen Hilfs- und Gesundheitswerke zusammengeschlossen sind.

Die Davidianer von Waco

Die ansonsten schon recht etablierte und ohne großes Aufsehen arbeitende Gemeinschaft der STA geriet im Frühjahr 1993 ungewollt in die weltweiten Schlagzeilen: Die Ereignisse in Waco/Texas, wo schwer bewaffnete Anhänger der "Davidianer" um Vernon Howell alias David Koresh zunächst wochenlang von noch schwerer bewaffneten Einheiten des US-amerikanischen FBI belagert und schließlich in den Tod getrieben wurden, warfen ihren Schatten auf die STA. 1934 hatte sich Victor Houteff, ein bulgarischer Einwanderer in den USA, von der Gemeinschaft der STA abgespalten und sich 1935 mit seinen Anhängern, den "Davidians" (benannt nach dem König David) in Waco/Texas niedergelassen, um dort die Wiederaufrichtung des Königreichs Israel zu erwarten, nach dessen Vollendung die Wiederkehr Jesu geschehen sollte. Vernon Howell, der sich für den wiedergekehrten Christus hielt, hatte 1987 nach einem bewaffneten Machtkampf die Führung der Gruppe aus 2.000 bis 3.000 Anhängern übernommen. Obwohl sich die Generalkonferenz der STA sofort öffentlich von den Davidians distanzierte und deren gewaltsames Vorgehen als unchristlich qualifizierte, identifizierte die Öffentlichkeit die "Sekte von Waco" mit den eher bürgerlichen STA. Gerade die Identifizierung der "Adventisten" mit den STA ist in Deutschland vielleicht häufiger der Fall, da hier - im Unterschied zu den USA - die STA als einzige adventistische Gruppe eine erwähnenswerte Verbreitung aufweisen.

Die STA in Deutschland

Ab 1874 missionierten die STA im deutschsprachigen Gebiet, ausgehend von der Schweiz. Bereits 1876 kam es zur ersten Gemeindegründung in Solingen, 1888 zur Gründung eines Missionshauses in Hamburg und 1889 einer Missionsschule. 1899 wurde in Friedensau bei Magdeburg das erste europäische Predigerseminar der STA eingerichtet, wo sich seitdem ein geistiges Zentrum der deutschen STA herausgebildet hat. 1914 gab es in Deutschland rund 15.000 STA, ehe die Frage der Kriegsdienstverweigerung (und des Militärdienstes am Shabbat) zur Spaltung und zur Gründung einer strenggläubigen, pazifistischen Gruppe mit dem Namen *Reformationsbewegung unter den Siebenten-Tags-Adventisten* führte. Während des Nationalsozialismus waren die STA zwar nicht verboten, ihre Arbeitsmöglichkeiten wurden jedoch eingeschränkt. 1992 wurden in Deutschland rund 34.400 getaufte Gemeindeglieder der STA gezählt, die sich in 620 Gemeinden organisiert hatten. Erstaunlich ist hingegen die geringe Zahl der hauptamtlichen Mitarbeiter: 470 Personen sind von den STA angestellt, darunter 440 Pastoren. Allein diese Zahlenverhältnisse machen ein Charakteristikum der STA deutlich: Die Freiwilligkeitskirche und das hohe ehrenamtliche Engagement der Gemeindeglieder. Insgesamt muß man jedoch für die STA in Deutschland - dem weltweiten Trend völlig entgegenlaufend - ein kontinuierliches Sinken der Mitgliederzahlen feststellen: Noch 1974 zählten die STA in den beiden deutschen Staaten rund 39.000 Mitglieder. Gleichwohl scheint sich in den vergangenen Jahren abzuzeichnen, daß der Abwärtstrend - vor allem in den südlichen Bundesländern - beendet ist und der Mitgliederstand konstant bleibt. Die einzelnen Gemeinden sind in regionalen Vereinigungen organisiert - Marburg gehört zur *Mittelrheinischen Vereinigung* (Hessen, Rheinland-Pfalz, Saarland) - und diese sind wiederum in den beiden deutschen Verbänden der STA für Nord- und Süddeutschland zusammengefaßt. Die beiden deutschen Verbände gehören wiederum zur *Euro-Afrika-Division* der STA; die zehn weltweiten Divisionen bilden ihrerseits die *Generalkonferenz*, die ihren Sitz in Washington hat und alle fünf Jahre zusammentritt. Die Generalkonferenz diskutierte in den letzten Zusammenkünften beispielsweise die Ordination von Frauen, die in Deutschland bereits praktiziert wird (allerdings an die jeweilige Gemeinde gebunden ist), jedoch vor allem von den Gemeinden der "Dritten Welt" der STA abgelehnt wird.

Die Beziehungen zu anderen christlichen Kirchen

Die ökumenischen Beziehungen in der Bundesrepublik sind momentan im Fluß: Während in der DDR die Gemeinschaft der STA in der *Arbeitsgemeinschaft christlicher Kirchen* (AcK) einen Gaststatus innehatte, wurde ihr in der BRD bisher nur ein Beobachterstatus zugestanden. Von den STA wurde nunmehr für das vereinigte Deutschland der Gaststatus angestrebt, was sich vor Ort z. T. bereits abzeichnet: So ist die Marburger Gemeinde der STA wohl künftig im *Marburger Ökumene-Arbeitskreis* (dem Lokal-Pendant zum AcK) bereits vertreten. Diese ökumenische Orientierung der STA - vor einer Mitgliedschaft im *Ökumenischen Rat der Kirchen* (ÖRK) schreckt man jedoch noch zurück - ist das Resultat einer abnehmenden Abgrenzung gegenüber anderen christlichen Kirchen, die die STA in ihren Anfangsjahrzehnten bestimmt hatte. Die STA gestehen immer mehr auch anderen Kirchengemeinschaften zu, daß sich in ihnen die "unsichtbare Kirche Christi" manifestieren könnte - mit einer Ausnahme: Die römisch-katholische Kirche und das Papsttum werden von der Gemeinschaft der STA nach wie vor als Verkörperung der "Hure Babylon" (Off. 17) angesehen. Ein wesentlicher Unterschied wird jedoch zwischen Kirchen als Institutionen und einzelnen Gläubigen gemacht: Die jeweilige Kirchenmitgliedschaft sei unerheblich für die Möglichkeit für einen Gläubigen, zur Gemeinschaft der von Gott Angenommenen zu gehören.

Die Marburger Gemeinde

Kurz nach Ende des Ersten Weltkrieges wurde in Marburg eine Gemeinde der STA gegründet, die heute rund 70 Mitglieder zählt. Dem bundesweiten Trend des leichten Sinkens bzw. Stagnierens der Mitgliederzahlen steht in Marburg ein Wachsen der Gemeinde gegenüber. Dieses Wachstum ist jedoch weniger auf Neubekehrungen zurückzuführen, als vielmehr auf den Zuzug von Mitgliedern der STA in die Universitätsstadt und durch die zunehmende Zahl von Aussiedlern aus Rußland, die hier die Gemeinde verstärken. Die Sozialstruktur der Marburger Gemeinde ist stark von der Mittelschicht geprägt: Freiberuflich Tätige, vor allem im ärztlichen und technischen Bereich, sind keine Seltenheit bei den STA, wobei die hohe Bedeutung der Gesundheitserziehung innerhalb der Gemeinschaft natürlich vor allem Beschäftigte der Pflegeberufe anzieht. Entsprechend liegen die Aktivitäten der Gemeinde und des Pastors stark im Bereich der Erwachsenenbildung durch Seminare über Themen der ganzheitlichen Gesundheit. Insgesamt kann man davon ausgehen, daß die Angehörigen der Gemeinschaft der STA nicht selten ein Universitätsstudium

Das Gemeindegebäude der Gemeinschaft der Siebenten-Tags-Adventisten in Marburg. "Klein - aber oho", so der humorvolle Titel im Schaufenster.

hinter sich haben. Frauen sind bei den STA in Marburg signifikant in der Überzahl, wobei auch häufig gemischte Ehen vorkommen, in denen der jeweilige Ehepartner nicht Mitglied der STA ist. Die Altersstruktur der Marburger Gemeinschaft entspricht in etwa dem Bevölkerungsdurchschnitt, was sich auch in den Gemeindegruppen niederschlägt: Rund 15 Kindern in der Pfadfindergruppe und etwa fünf Teilnehmer an der Jugendstunde stehen rund 10 Teilnehmern des Seniorenkreises gegenüber, der sich regelmäßig trifft. Zudem existiert ein Elternkreis, in dem sich etwa 10 Personen zusammenfinden. Die Beteiligung von rund 70 % der Mitglieder am samstäglichen Gottesdienst - also rund 50 Personen - entspricht in etwa dem zu erwartenden Durchschnitt einer Freikirche. Die Leitung der Gemeinde hat der Gemeindeleiter inne, der ebenso wie der Diakon und der siebenköpfige Gemeinderat im zweijährlichen Turnus von den Gemeindegliedern direkt gewählt wird.

Kontakt: Gemeinde der Siebenten-Tags-Adventisten, Schubertstr. 3, 35043 Marburg.
Pastor Dietmar Pfennighaus, In der Badestube 13, 35039 Marburg, 06421/41660.

Zentrale: Verband Norddeutschland, Fischerstr. 19, 30167 Hannover 1, 0511/971770.
Verband Süddeutschland, Senefelderstr. 15, 73760 Ostfildern 1, 0711/448190.

Publikationen: Saatkorn-Verlag GmbH, Grindelberg 13-17, 20144 Hamburg 13, 040/441871-0.
Periodika: *Adventecho. Gemeindeblatt der Siebenten-Tags-Adventisten* (über Saatkorn-Verlag); *Ministry. International Journal for Clergy* (55 West Oak Ridge Drive, Hagerstown, MD 21740)

Literatur:

Schmidt, Martin/Butscher, Josef: Art. "Adventisten/Siebenten-Tags-Adventisten", in: *Theologische Realenzyklopädie* I, Berlin/New York 1977, S. 454-462.
Obst, Helmut: *Apostel und Propheten der Neuzeit*, Berlin ^{3}1990, S. 218-261.
Tröger, Sigrid und Karl-Wolfgang: *Kirchenlexikon. Christliche Kirchen, Freikirchen und Gemeinschaften im Überblick*, Berlin 1990.

Universelles Leben

Die Marburger Gruppe des *Universellen Lebens* tritt durch die auffällig gestalteten Schaufenster ihrer Räume im Wehrdaer Weg und ihren Schaukasten am Rudolphsplatz an die Öffentlichkeit. Viele Marburger und Marburgerinnen dürften von daher bereits die für das Universelle Leben charakteristischen Farbkombination "blau-weiß" kennengelernt haben, in der unter anderem ihre Zeitung "Christusstaat" gehalten ist. In die negativen Schlagzeilen geriet die Marburger Gruppe 1993, als die Lokalzeitung "Oberhessische Presse" längere Ausführungen der Marburger Professorin für Rechtsmedizin und Vorsitzenden der "Gesellschaft zur Wissenschaftlichen Untersuchung von Parawissenschaften" (GWUP) Dr. Hildegard Oepen abdruckte, in der u. a. das Universelle Leben unwissenschaftlicher Heilpraktiken beschuldigt wurde.

Die Prophetin Gabriele Wittek

Die zentrale Rolle in der Gemeinschaft des Universellen Lebens spielt Frau Gabriele Wittek, innerhalb der Gemeinschaft "Schwester Gabriele" und als Autorin in letzter Zeit "Gabriele von Würzburg" genannt. Frau Wittek hatte am Epiphanias-Tag 1975 in ihrer Heimatstadt Würzburg ein Berufungserlebnis, in dem der "Geist Christi" durch sie gesprochen habe. Zahlreiche Visionen durch Christus und den Geistlehrer bzw. Erzengel Emmanuel wurden ihr und den ersten Gläubigen zuteil, die sich seit 1980 in der "Innere-Geist-Christus-Kirche" versammelten. Durch Frau Wittek kam es zu ständigen Neuoffenbarungen Christi, was zu einer raschen Ausweitung der Gruppe um Personen führte, die sich ebenfalls als Sprachrohr verstanden. Die Gruppe gab sich dann den Namen "Heimholungswerk Jesu Christi". 1984 fand dann die Gründung des "Universellen Lebens" statt, dem nach dem Beitritt des Unternehmers Jens von Bandemer Finanzmittel zur Verfügung standen, die es der Organisation - neben anderen Spendenqellen - ermöglichten, zahlreiche Projekte wie die Christusbetriebe, die Kliniken und den Erwerb zahlreiche Immobilien zu verwirklichen. 1988 trat der Millionär von Bandemer jedoch wieder aus der Gemeinschaft aus.

1989 bis 1990 wurde ein dreibändiges, über 1.000 Seiten starkes Werk unter dem Titel "Das ist mein Wort A - und Ω - Das Evangelium Jesu - Die Christus-Offenbarung, welche die Welt nicht kennt" herausgebracht. Das Vorwort stammt von "Bruder Emanuel, dem Cherub der göttlichen Weisheit", der wiederum erklärt, warum Christus außerhalb der christlichen Konfessionen seine Wahrheit offenbarte. Das Buch selbst gilt innerhalb des Universellen Lebens als "Christusoffenbarung ..., dessen Inhalt unmittelbar aus dem Urquell Gott kommt: Christus, der Erlöser aller Menschen und Seelen, offenbart sich über das Prophetische Wort des Menschen Gabriele." ("Die Gottesprophetie", in: *Das ist mein Wort*, Würzburg 1991, S. 1092-1097, S. 1092). Grundsätzlich wird im Universellen Leben zwischen "Künderpropheten" und "Lehrpropheten" unterschieden: Künderpropheten sind beispielsweise die meisten Propheten des Alten Testamentes, während Lehrpropheten zu großen Zeitenwenden auftreten, um den Inneren Weg "zurück in die ewige Heimat, von wo einst jede Seele ausgegangen ist", zu lehren. Eine solche Lehrprophetin ist nun Gabriele, die als Gottes unmittelbare Posaune agiert, die "über mehrere Erdenleben hinweg" vieles selbst erleben, erfahren, durchleiden und überwinden mußte, um die Menschen auf den rechten Weg zu führen. Die Lehrprophetin offenbart jedoch nicht nur den Gottesgeist, sondern auch "Liobani", ein "reines Wesen der Himmel", das in weiblicher Gestalt Kindern und Jugendlichen die Welt zu erklären sucht. Entsprechend werden als "Offenbarungs-Cassetten" Tonkassetten von Offenbarungen Gott-Vaters, Christi, des Bruders Emanuel und Liobani angeboten, die an bestimmten Tagen an Gabriele Wittek ergangen sind. Der grundsätzliche Unterschied zu den meisten christlichen Kirchen, Konfessionen und Gemeinschaften besteht also darin, daß das Universelle Leben außerhalb der Heiligen Schrift weitere Offenbarungsquellen kennt, die durch Propheten und Prophetinnen konkretisiert werden. Das Universelle Leben geht davon aus, daß Gott zu allen Zeiten durch prophetische Worte zu den Menschen gesprochen hat, so bei den mittelalterlichen Ketzergruppen der Katharer und Bogumilen oder durch die christlichen Mystiker wie Hildegard von Bingen, Theresa von Avila, Katharina von Siena oder Meister Ekkhard.

Welche Lehren vertritt das Universelle Leben?

Die momentane Zeit wird als "mächtige Zeitenwende" charakterisiert, in der das prophetische Wort als Offenbarung des "Gottesgeistes" durch den Prophetenmund der Gabriele von Würzburg ergeht. Ziel ist es, die "ursprüngliche Lehre Jesu Christi, vor allem die Bergpredigt, in allen Lebensbereichen umzusetzen". Die Organisation des Universellen Lebens vertritt die Reinkarnation, allerdings aus freiem Willen und aus freier Entscheidung. Im Unterschied zu hinduistischen und buddhistischen Vorstellungen muß eine Seele nicht alle negativen Prägungen abtragen, sondern nähert sich kontinuierlich der Heimat, Gott, an. Hier erinnert die Lehre des Universellen Lebens an die gnostischen Vorstellungen in den ersten Jahrhunderten des Christentums, nach denen die in die Niederungen der Welt gefallenen Lichtfunken im Menschen durch den herabgestiegenen Christus zurück zum Lichtzentrum geführt werden. Entsprechend kann "Gott" in den Veröffentlichungen des Universellen Lebens auch als "kosmisches Bewußtsein" bezeichnet werden, zu dem der "Innere Weg" beschritten werden muß. Christus hat in diesen Vorstellungen durch seinen Tod auf Golgatha jeder Seele der Menschheit den Erlöserfunken übertragen, der nunmehr dem kosmischen Bewußtsein entgegenstrebt. Gleichwohl wird betont, daß in der Lehre des Universellen Lebens neben diesem kosmischen Bewußtsein auch ein personal verstandenes Gottesbild vorhanden ist.

Die "Christusbetriebe" in Würzburg

"Urchristen im Universellen Leben" betreiben seit 1984 sog. *Christusbetriebe*, die eine umfassende Versorgung der Gemeinschaft hin zur Autarkie sicherstellen sollen. Hier arbeiten Anhänger des Universellen Lebens nach dem Prinzip "Bete und arbeite" innerhalb einer Betriebsverfassung, die die Harmonie des einzelnen zur Voraussetzung macht. Die Mitarbeiter werden hierbei in eine Mitverantwortung genommen - sie gelten nicht als Angestellte oder Arbeiter. Die Betriebsanleitungen der Christusbetriebe erinnert an die "Betriebsfamilie" japanischer Unternehmen: Harmoniegespräche am Morgen, Abschlußgespräche am Abend, harmonisches Betriebsklima und Mitverantwortung bei gleichzeitigem "rechten, gewissenhaften Arbeiten" sind solche übereinstimmenden Elemente. Die zentrale Rolle spielt sicherlich das Gemeinschaftszentrum Altfeld/Marktheidenfeld bei Würzburg. Dieses Gemeinschaftszentrum Altfeld unterhält Hofläden, in denen die angebauten landwirtschaftlichen Erträge und z. T. weiterverarbeitete Lebensmittel (Teigwaren, Brot), aber auch Pflegemittel verkauft werden. Produziert werden die landwirtschaftlichen Erzeugnisse von den "Gütern Neu-Jerusalem", dem Bauernhof in den Christusbetrieben. Im Gemeinschaftszentrum findet sich aber auch vom Friseursalon "Natürlich Schönes Haar" über ein Café und den Blumenladen "Blühendes Leben" bis hin zu "Helfende Hände - Soziale Dienste e.V." für häusliche Alten- und Krankenpflege nahezu alles, was man zum täglichen Leben braucht. Entsprechend lautet eine Anzeige: "Das Einkaufs-Paradies im Südspessart". Ein weiterer Christusbetrieb, ebenfalls angesiedelt im Gemeinschaftszentrum, ist die "Baugenossenschaft im Universellen Leben eG", die Häuser und Wohnungen im Raum Würzburg und Marktheidenfeld sowie die passende Finanzierung anbietet. Durch diese Baugenossenschaft wird die Ansiedlung von Mitgliedern des Universellen Lebens im Raum Würzburg unterstützt und die geographische Konzentration der Mitgliedschaft erhöht. Ein weiterer Christusbetrieb bietet als "ES Bau Altfeld GmbH" dann die geeignete Hilfestellung für die entsprechenden Bauangelegenheiten an. Als Dienstleistungsbetrieb offeriert der Altfelder Christusbetrieb "Wir sind für Sie da" Maurer- und Fliesenlegearbeiten, Malerar-

Links das Symbol des Universellen Lebens mit dem stilisierten "CH". Rechts das entsprechende Zeichen für die Christusbetriebe im Würzburger Raum.

beiten, Sanitär- und Heizungsinstallationen sowie einen Reinigungsdienst. Der Christusbetrieb "Gebrauchtwaren GmbH - Das Karussell" ist ebenfalls im Gemeinschaftszentrum angesiedelt, wo sich auch die Reinigung und Wäscherei "rein und fein - Textilpflege GmbH" befindet. Ob diese Christusbetriebe nun schon einen "Wirtschaftskonzern" darstellen, wie oftmals die Anklage gegen das Universelle Leben lautet, kann von außen kaum beurteilt werden. Die zuständigen Finanzämter und Gewerbeaufsichtsämter kontrollieren jedoch seit Jahren die Christusbetriebe sehr gewissenhaft, wobei festzuhalten ist, daß die Betriebe formal-juristisch nicht der Religionsgemeinschaft "Universelles Leben" bzw. dem gemeinnützigen Verein "Universelles Leben e.V." angehören, sondern eine juristisch eigenständige Einheit bilden.

Heilen durch Christus

Die hohe Bedeutung der Gesundheitspflege im Universellen Leben wird durch die beiden Kliniken der Gemeinschaft unterstrichen: Ebenfalls in der Gemeinde Marktheidenfeld, im Ort Michelrieth, befindet sich die HG Naturklinik GmbH & Co KG und in der Nachbargemeinde Kredenbach die Natur-Kurklinik "Spessart", die als private Rehabilitations-Naturkliniken Krebserkrankungen und chronische Krankheiten behandeln. Unterstützt wird deren Arbeit durch die "Apostel-Apotheke" in Esselbach-Kredenbach, die auch den Versand von homöopathischen, biologischen und allopathischen Mitteln betreibt. Die Heilbetriebe werden unterstützt durch "Christus-Heilstrahlungen", die in Form von Kassetten ihre Wirkung entfalten: "Christus, der Innere Arzt und Heiler, schenkt uns Sein Wort und strahlt Sein Licht verstärkt allen Menschen und Seelen zu. Empfangen wird vor allem jenes Herz, das sich für Ihn öffnet." In diesen Kassetten spricht Christus als "Innerer Arzt und Heiler", der der jeweiligen Person seine Gnadenstrahlung schenkt. In einem 80seitigen Buch von Gabriele Wittek "Gott heilt" wird die "Heilung durch den Geist Gottes ohne Medikamente und pflanzliche Stoffe" beschrieben, die als Voraussetzung hat, daß der Kranke "den Geist, das Leben, Gott" bejahe und in sich als die "Kraftquelle" anerkenne. Die Christusstrahlen scheinen in den letzten Jahren verstärkt die Offenbarungen abgelöst zu haben: So werden unter den 52 "Offenbarungs-Cassetten" (seit 1984) nur noch zwei Offenbarungen jüngeren Datums (vom 30.6.1989 und 1.1.1991) angeboten, während von 14 "Christus-Strahlungs"-Kassetten nur fünf vor 1989 ergingen. Seit Anfang 1993 wird von der Zentrale des Universellen Lebens auch eine "Prophetische Heilstrahlung" angeboten: Zweiwöchentlich werden über Radio Ansprachen Jesu Christi durch die Prophetin verkündet, in denen der Zusammenhang von körperlicher Krankheit und seelischem Leiden dargelegt wird. Hintergrund der Heilstrahlungen ist die Tatsache, daß Jesus Christus durch seine Prophetin verkünden ließ, daß er nach knapp 2.000 Jahren nunmehr wieder die Menschen heilen werde.

Die Kurse und Seminare

Das Universelle Leben entfaltet ganz erhebliche Aktivitäten in Schrift, Bild und Ton, was die Mission und die Betreuung der Anhänger angeht. Der Christusbetrieb "SANTEC Aufnahmestudios GmbH" in Würzburg produziert und vertreibt Videos, die Bildmeditationen bieten. Ein "Bildungszentrum im Universellen Leben" mit Sitz im Gemeinschaftszentrum Altfeld veranstaltet für den Pauschalpreis von 200,- DM zahlreiche dreitägige Seminare, deren Themenspektrum von "Stricken leicht gemacht" oder "Erfahren Sie sich in Ihrem selbstgemachten Kleid" bis zu "Erziehe Dich selbst, auf daß Du Dein Kind führen kannst" gehen. Mit zahlreichen Materialien werden die verschiedenen Stufen des "Weges nach Innen" begleitet, dessen Zweck folgendermaßen beschrieben wird: "So vermögen wir zunehmend mit den positiven Kräften der Natur zu kommunizieren; es entfalten sich die inneren Heilkräfte, so daß Gesundheit und Lebensfreude einziehen: Harmonie, Glück und Zufriedenheit in Ehe und Partnerschaft erwachsen; wir können konzentrierter und erfolgreicher arbeiten." Der erste von insgesamt zwei Einstiegs-Meditationskursen, der das Bewußtsein erweitern und stabilisieren soll, besteht dabei aus acht Kassetten und kostet rund 135,- DM. Nach diesen Kursen beginnt die Intensivschulung, die sich über die vier Stufen "Ordnung", "Wille", "Weisheit" und "Ernst" erstreckt. Entsprechend theoretischer sind dann auch die Seminarangebote für Teilnehmer der Ordnungsstufe, beispielsweise "Das Plasmagesetz I" oder "Aufstieg und Abstieg in Deinem Leben: Himmel oder Hölle?". Ziel ist es hierbei in der Stufe der Ordnung, die "Gedanken zu ordnen, die Rede zu zügeln und die Sinne zu verfeinern". In der Stufe des Willens soll das eigene Ichbezogene Wollen des menschlichen Eigenwillens abgebaut werden, um sich dann in der Stufe der Weisheit durch Verwirklichung der ewigen Gesetze das Innere Leben zu erschließen und selbstlose Taten für den Nächsten vollziehen zu können. "Der Mensch, der auf der Stufe des Ernstes steht, ist geistig souverän; er denkt und handelt klar und geradlinig, denn er ist ganz auf das Göttliche ausgerichtet. Er erfaßt in allem das Wesentliche, findet sofort das Positive, das Gesetzmäßige, und handelt entsprechend. So kann Gott mehr und mehr durch ihn wirken." (aus einer Eigendarstellung) Zusätzlich zu den Seminaren des Bildungszentrums in Altfeld werden auch im Christusbetrieb "Haus des Gemeinwohls im Universellen Leben" in Würzburg Seminare angeboten.

Die Anhänger des Universellen Lebens

Die zahlenmäßige statistische Erfassung des Universellen Lebens ist problematisch - die Gemeinschaft kennt keine Mitglieder. Der *Stern* hatte in seiner "Extra"-Ausgabe vom 25. 2. 93, ohne die Quellen anzugeben, rund 100.000 Anhänger geschätzt. Realistischerweise kann man jedoch nur von rund 1.000 Personen ausgehen, die den aktiven Kern des Universellen Lebens darstellen. Addiert man die Besucher und Besucherinnen der Veranstaltungen und die Absolventen der Kurse des Universellen Lebens hinzu, wird man auf kaum mehr als 10.000 - 15.000 Anhänger in der Bundesrepublik kommen. Lediglich wenn man den Verbreitungsgrad des Schriftenmaterials als Berechnungsgrundlage nimmt, entsteht auf eine höhere Zahl; ob man jedoch jeden, der eine Schrift von Gabriele Wittek gelesen hat, als "Anhänger" bezeichnen kann, ist doch zweifelhaft. Da es keine Mitgliedschaft gibt, können für das Universelle Leben auch keine Beitrittsbedingungen festgemacht werden, da die Veranstaltungen grundsätzlich öffentlich sind und bisher das Problem, daß jemandem der Zutritt verweigert worden wäre, m. W. noch nicht aufgetreten ist. Der Aufbau des Universellen Lebens selbst ist ungewöhnlich: Im Mittelpunkt steht die Prophetin Gabriele Wittek, um die sich als Zentrum die "Bundgemeinde Neues Jerusalem im Universellen Leben" in Würzburg gruppert - bis 1989 "Urgemeinde Neues Jerusalem" genannt. In einem weiteren Kreis befinden sich dann die "Christusfreunde" bzw. die "Urchristen im Universellen Leben", die wiederum "Innere Geist-Christus-Kirchen" vor Ort bilden. Obwohl das Universelle Leben einen weltweiten Anspruch erhebt, ist der deutschsprachige Raumes das Hauptverbreitungsgebiet der Gemeinschaft. Die Meditationskurse (als Einstieg zum "Inneren Weg 'Näher, mein Gott, zu Dir'") finden schwerpunktmäßig in den Städten statt: München, Karsruhe, Nürnberg, Hamburg, Würzburg, Essen, Frankfurt, Berlin, Salzburg und Zürich statt. Von Gruppen und regelmäßigen Veranstaltungen in den Neuen Bundesländern wurde bisher nichts berichtet. Im europäischen Ausland werden regelmäßige Kurse Frankreich, Spanien und Italien angeboten. Die Übertragungen des "Inneren Weges" und der "Prophetischen Volkslehrkirche", die jeweils wöchentlich stattfinden, werden allerdings nach eigenen Angaben über ca. 80 Radiostationen synchron übersetzt in alle Kontinente übertragen.

Das Universelle Leben in Marburg

In Marburg existiert die Gruppe des Universellen Lebens bzw. "Die Innere Geist-Christus-Kirche Marburg" seit 1984, zwischen 15 und 20 Personen zählen zu den Besuchern der Veranstaltungen - eine in den letzten zwei Jahren ständig steigende Zahl. Mittwochs trifft sich die Gruppe zur Veranstaltung "Der Innere Weg 'Näher mein Gott zu Dir'", sonntags zweiwöchentlich zur "Prophetischen Volkslehrkirche". Im Zentrum dieser Veranstaltungen stehen telephonische Sendungen aus der Würzburger Zentrale, die durch Lautsprecher in den Versammlungsraum übertragen werden. Bei diesen Übertragungen sind durchaus Rückfragen an Gabriele möglich, die dann beantwortet werden. Die Kosten für diese Übertragungsart werden durch Spenden der Besucher und Besucherinnen aufgebracht. Das Verhältnis von Männern zu Frauen im Anhängerkreis des Universellen Lebens ist ungefähr einz zu zwei, was wohl den bundesweiten Trend abbildet. Die Marburger Anhänger und Anhängerinnen entstammen mit Ausnahme des Arbeiterbereichs - auch hier schlägt sich die Situation der Universitätsstadt nieder - aus allen Schichten, wobei man jedoch einen gewissen Schwerpunkt in pädagogischen Berufen feststellen kann. Die Altersstruktur spannt sich zwar von 25 bis 75 Jahren, jedoch ist die Altersgruppe meisten zwischen 40 und 60 Jahren am häufigsten vertreten. Somit spricht das Universelle Leben in Marburg eine Altersgruppe an, die in anderen Religionsgemeinschaften oftmals kaum repräsentiert ist. Das sonntags zweiwöchentlich stattfindende "Göttliche Prophetische Heilen" wird von der Marburger Gruppe in den Direktübertragungen mitverfolgt. Die einzige Feier, die vor Ort abgehalten wird, ist die des Abendmahls. Alle anderen christlichen Feiertage, Riten und Dogmen werden vom Universellen Leben abgelehnt, da sie nicht von Jesus Christus selbst gestiftet wurden, sondern im Laufe der Kirchengeschichte zugewachsen sind.

Die Schaufenster der Räume des Universellen Lebens im Wehrdaer Weg sind mit zahlreichem Schrifttum ausgeschmückt und im charakteristischen Blau-Weiß gehalten.

Kontakt: Gerda Peter, Kasseler Str. 102a, 35091 Cölbe, 06421/81730.
Versammlungsraum: Wehrdaer Weg 8, 35037 Marburg, 06421/65152.

Zentrale: Universelles Leben e. V., Haugerring 7, 97070 Würzburg, 0931/39030.
Gemeinschaftszentrum, Max-Braun-Str. 4, 97828 Altfeld/Marktheidenfeld, 09391/504-0.

Publikationen: Verlag Universelles Leben GmbH & Co, WORT BILD UND TON im Universellen Leben KG, Postfach 5643, 97006 Würzburg, 0931/17183.

Periodika: *Christusstaat - weltweit - Das Wort der Bundgemeinde Neues Jerusalem im Universellen Leben* (zweiwöchentlich über: Marienstr. 1, 97070 Würzburg, 0931/17183).

Literatur:

Meier-Hüsing, Peter: *Religiöse Gemeinschaften in Bremen. Ein Handbuch*, Marburg 1990, S. 249-252.

Vajradhatu Shambhala Europe

Weitgehend unbemerkt von der breiten Öffentlichkeit hat sich seit fast 15 Jahren in Marburg das europaweite Zentrum einer buddhistischen Organisation etabliert: *Vajradhatu Europe*. Es handelt sich hierbei um eine überwiegend aus Laien bestehende buddhistische Organisation, dessen Gründer in Europa und Nordamerika Studien- und Meditationszentren aufbaute, die ganz bewußt eine Verbindung von westlichem und buddhistischem Denken gewährleisten sollten. Zahlreiche Seminare, Veranstaltungen und Kurse im Shambhala Meditationszentrum machen Marburg durch Vajradhatu Europe zu einer internationalen Anlaufstelle. Die geographische Lage Marburgs in der Mitte Deutschlands, die Struktur der Universitätsstadt und die Nähe zum Frankfurter Flughafen haben die Ansiedlung des europäischen Zentrums sicherlich begünstigt. Vajradhatu sieht sich in der Tradition der Kagyü- und der Nyingma-Linie.

Die Schulen des tibetischen Buddhismus

Allgemein kann man den Buddhismus in die zwei Hauptströmungen des Hinayana-Buddhismus und des Mahayana-Buddhismus einteilen. Das Hinayana (kleines Fahrzeug) bezieht sich ausschließlich auf die Lehren des historischen Buddha, wie sie im sog. Pali-Kanon (Pali war ein indischer Dialekt) überliefert sind. Die Gemeinschaften und Schulen des Hinayana-Buddhismus sind heute vor allem in Sri Lanka, Thailand, Laos, Burma und Kambodscha verbreitet. Das Mahayana (großes Fahrzeug) hingegen bezieht sich auf die Sutras als Lehrtexte, die ebenso wie die Textsammlung des Pali-Kanons vier bis sechs Jahrhunderte nach dem Tode Buddhas niedergeschrieben worden waren. Der Buddhismus in China (als Ch'an-Buddhismus), Japan (als Zen-Buddhismus), Nepal, Vietnam, Korea und im Tibet ist weitgehend dem Mahayana zugehörig. Aus dem Mahayana wiederum hatte sich in Nordindien das Vajrayana (Diamantfahrzeug) entwickelt, das sein Schwergewicht auf die geistige Vorstellungskraft legt, weshalb Rituale und Darstellungen von Buddhas, Dämonen und Schutzgottheiten reichlich Verwendung finden. Im 8. Jahrhundert gewann der Vajrayana-Buddhismus zahlreiche Anhänger im Tibet, wo er viele Elemente wie Totenzeremonien, Orakel und Mysterienspiele vom einheimischen Schamanismus und der Bön-Religion einbezog. Diese indo-tibetische Richtung des Buddhismus, Vajrayana, wird gelegentlich als eigenständige Haupttradition neben dem Hinayana- und dem Mahayana-Buddhismus geführt. Der tibetische Vajrayana wird oftmals als "Lamaismus" bezeichnet, da der Lama (Guru) für die Schüler eine große Bedeutung hat und zudem als geistliche Autorität die Lehre des Buddha verkörpert. Zwischen dem 11. und 13. Jahrhundert bildeten sich nun im Tibet verschiedene Schulrichtungen heraus. Die heute noch existierenden Schulrichtungen sind die Sakyapa, die Nyingmapa, die Gelugpa und die Kagyüpa, mit den jeweiligen Untergruppen. Die Sagyapas sind bekannt für ihre Gelehrsamkeit und erreichten 1249 den Höhepunkt ihres politischen Einflusses. Die Gelugpas (die Tugendhaften) verkörpern die Tradition, der der Dalai Lama angehört und stellen eine reformierte Schule dar, die ebenfalls für Gelehrsamkeit und die besondere Disziplin der Mönche bekannt ist. Die Gelugpas hatten in den letzten Jahrhunderten den größten politischen Einfluß im Tibet. 1642 übernahm der 5. Dalai Lama die weltliche Regierungsgewalt über den Tibet und bestimmte einen anderen bedeutenden Lama zum geistlichen Oberhaupt der Gelugpa, der den Titel Panchen Rinpoche erhielt. Die Dalai Lamas gelten als Inkarnation des Bodhisattvas Avalokiteshvara, der die Verkörperung des echten Mitgefühls ist, einer Emanation des Buddhas Amitabha, der Liebe verkörpert. Die Kagyüpas sind bekannt für ihre Ausdauer in der Meditations- und Yogapraxis. Die Nyingmapas hingegen werden durch tiefgründige Rituale und Weitblick charakterisiert. Der Begründer der Nyingma-Tradition ist der Guru Padmasambhava, der in allen tibetischen Schulen besonders anerkannt ist. Die Gelugpas hatten als Reformorden im übrigen das erneute Tragen der altbuddhistischen gelben Gewänder wieder eingeführt.

Der Buddhismus in Deutschland

"Wenn Eisenvögel durch die Luft fliegen, wird sich der Buddhismus nach Westen wenden." Dies war die Weissagung Padmasambhavas, der im 8. Jahrhundert den Buddhismus nach Tibet brachte. Reiseberichte und Jesuitenmissionare hatten buddhistisches Gedankengut in der Neuzeit nach Europa gebracht, wo sich zahlreiche europäische Philosophen mit dem Buddhismus beschäftigten. 1875 gründete sich in New York die Theosophische Gesellschaft, die durch Vorträge und Schriften viele Bildungsbürger für den Buddhismus (in ihrer Interpretation) begeisterte. Anfang des 20. Jahrhunderts ließen sich vereinzelt Europäer in Asien als buddhistische Mönche ordinieren, um so auch im praktischen Leben die Verbindlichkeit der buddhistischen Lehre umzusetzen. Der Buddhismus in Deutschland - es gibt hier rund 20.000 deutsche und rund 40.000 asiatische Buddhisten - hat eine über 100jährige Tradition und repräsentiert die buddhistische Vielfalt, die sich in den verschiedenen "Fahrzeugen", "Schulen" und "Traditionen" niederschlägt. Während der Zeit des Nationalsozialismus waren die Aktivitäten der deutschen Buddhisten weitgehend zum Erliegen gekommen, sie konnten nach dem dem Zweiten Weltkrieg jedoch einen neuen Aufschwung nehmen.

Eine gewisse Popularität gewann der Buddhismus in Deutschland bereits in der Hippie- und Alternativbewegung; die Verleihung des Friedensnobelpreises an den Dalai Lama 1989 rief den Buddhismus breiteren (bürgerlichen) Schichten ins Bewußtsein. Zahlreiche asiatische Buddhisten kamen zudem in den Westen, um entweder den Bedingungen in ihren Heimatländern zu entfliehen oder sich bewußt der Weitergaben buddhistischer Lehren im Westen zu widmen. Interessant ist dabei die Verschiebung der Buddhismus-Rezeption in Deutschland: Während zwischen 1888 und 1916 vorwiegend deutsche Akademiker den Theravada-Buddismus (eine Schule des Hinayana-Buddhismus) im Sinne einer "Vernunftreligion" dem Christentum entgegensetzen wollten, traten danach zunehmend die buddhistischen Lebens-, Andachts- und Kultelemente in den Vordergrund. Nach dem Zweiten Weltkrieg drangen buddhistische Ideen in das bürgerlich-liberale Milieu vor, es konstituierten sich zahlreiche Vereine konstituierten. Mitte der 60er Jahre bis etwa 1977 differenzierte sich das Bild: Zunehmend wurde der japanische Zen-Buddhismus aufgenommen, die buddhistische Meditation und Yoga schoben sich in den Vordergrund und die

Alternativ- und Hippie-Szene drängte zu Selbsterfahrungsprozessen. Die Zahl der Buddhisten in Deutschland war bis Mitte der 70er Jahre bereits auf etwa 10.000 angestiegen. Ab 1977 stieg die Anzahl der tibetisch-buddhistischen Zentren in Deutschland (wie in der ganzen westlichen Welt) sprunghaft an, buddhistische Anhänger kamen zunehmend aus den breiten Mittelschichten. Hinzu kamen zahlreiche asiatische Flüchtlinge, die den Mahayana-Buddhismus aus Ländern wie Tibet, Korea oder Vietnam mitbrachten.

Die Entstehung von Vajradhatu

Gegründet wurde Vajradhatu 1973 von Chögyam Trungpa Rinpoche, der 1940 in Kham (Ost-Tibet) geboren wurde. Nachdem man ihn als 11. Inkarnation des Trungpa Tulkus erkannt hatte, wurde er im Alter von 2 Jahren als oberster Abt der Surmang-Klöster inthronisiert. Nach seiner Ausbildung durch die Mönche der Klöster wurde er 1958 ordiniert, floh jedoch nach dem Einmarsch chinesischer Truppen in Tibet nach Indien, wo er auf Bitte des 14. Dalai Lama ein Ausbildungzentrum für Mönche leitete.

1963 ging er nach Großbritannien und studierte an der Oxford-Universität Vergleichende Religionswissenschaften, Philosophie und Kunst. Chögyam Trungpa Rinpoche erhielt in dieser Zeit auch den Meistergrad der Sogetsu-Schule des Zen-Buddhismus. Nach seinem Studium gründete er in Samye Ling, Schottland das erste tibetisch-buddhistische Kloster im Westen. 1970 beendete er sein Mönchsdasein, heiratete die Engländerin Diana Pybus und gründete zwei Meditations- und Studienzentren in Vermount und Boulder/Colorado. In Boulder gründete er 1974 das Naropa Institute, eine staatliche anerkannte Universität, die kontemplative Studien mit traditionellen Disziplinen wie Musik, Tanz, Malerei, Poesie sowie mit Psychologie verbindet. Bis zu seinem Tod 1987 rief Chögyam Trungpa Rinpoche über 100 Meditations- und Studienzentren ins Leben. Allein in den USA gab es 1988 bereits 70 Vajradhatu-Zentren (von insgesamt 432 buddhistischen Zentren und Institutionen), in Kanada 11 (von 55 insgesamt). Die größeren Stadtzentren heißen dabei "Shambhala Zentren", die kleineren "Shambhala Gruppen". Die Aktivitäten dieser Zentren wurden 1973 in Vajradhatu zusammengefaßt. "Vajra" ist Sanskrit, bezeichnet einen Ritualgegenstand und wird meist mit "Diamant" übersetzt. Im Vajradhatu-Logo - im kleinen Kreis über dem Kopf Garudas - ist ein Vajra abgebildet.

Das Symbol von Vajradhatu. Es stellt den mystischen Vogel Garuda dar, der als Himmelswesen gilt, das bereits ausgewachsen aus dem Ei schlüpfte. Garuda verkörpert die Furchtlosigkeit des Geistes, die ohne Ursprung plötzlich aufkommt, da von Anfang an vorhanden. Der Garuda im Vajradhatu-Logo trägt ein Banner mit der tibetischen Aufschrift "Die Verkündung der Wahrheit ist furchtlos".

Im tibetischen Buddhismus, dem "Diamantfahrzeug", wurde der Vajra als Symbol des Unzerstörbaren zu einem der Hauptkultgeräte bei Zeremonien und Initiationen. "Ebenso wie ein Diamant makellos rein und durchsichtig ist und alles zerschneidet, so ist der vajra Symbol der unzerstörbaren, alles durchdringenden 'Leerheit' und des Durchschneidens der 'Wolken menschlicher Unwissenheit'" (Baumann, Martin: *Der buddhistische Orden Arya Maitreya Mandala,* Marburg 1993, S. 20).

Die Gesamtheit der verschiedenen Erziehungs- und Studienorganisationen von Vajradhatu wurden in der gemeinnützigen *Nalanda Foundation* zusammengefaßt: Shambhala Training, der "Weg des Kriegers", Alaya-Preschool, Vidya Elementary-School, Dharma Art, Kalapa-Ikebana, Mudra Theatre Group, Maitri, Amara Health-care, Nalanda-Übersetzungsgruppe, Shambhala School of Dressage und Ryoko Kyudo. Als Linienhalter des Chögyam Trungpa Rinpoche fungiert sein ältester Sohn, Sawang Ösel Rangdröl Mukpo, der seit 1990 das Oberhaupt von Vajradhatu ist. Vorher wurde Vajradhatu von 1987 bis 1990 vom ersten westlichen Linienhalter vergleichbarer Organisationen, dem US-Amerikaner Ösel Tendzin, als "Vajra-Regenten" geleitet. Die Reinkarnation von Chögyam Trungpa Rinpoche wird inzwischen als Kind in den tibetischen Heimatklöstern erzogen. Offen ist, ob der reinkarnierte Trungpa Tulku ebenfalls den Weg zur Vermittlung des Buddhismus in Europa und Nordamerika einschlagen wird. In der Bundesrepublik hat Vajradhatu nach eigenen Angaben zwischen 600 und 700 Mitgliedern, weltweit rechnen sich der Organisation zwischen 5.000 und 6.000 Personen zu. Diese Mitglieder teilen sich auf in Personen, die sich Vajradhatu besonders stark verpflichten: Zur täglichen Meditation, zum täglichen Studium und zur aktiven Mitarbeit. Diesem engeren Kreis von rund 280 Personen in Deutschland sind jedoch nochmal mindestens 400 weitere zuzurechnen, die zwar regelmäßig studieren und meditieren, sich jedoch weniger intensiv engagieren. Vajradhatu unterhält zwar ein Kloster in Kanada, zählt jedoch eher zu den buddhistischen Laienorganisationen. Hier liegt denn auch ein wesentlicher Unterschied zu einigen anderen buddhistischen Organisationen in der Bundesrepublik vor, die sich als Orden verstehen und entsprechende Zugangsbeschränkungen aufweisen, während bei Vajradhatu jeder Mitglied werden kann.

Das Studien- und Meditationszentrum in Marburg

Zu den größeren Vajradhatu-Meditations- und Studienzentren, den Shambhala Zentren, in Europa zählt neben Amsterdam, Hamburg, London, München, Paris und Wien auch das Zentrum in Marburg. Daneben existieren in Großbritannien, Irland, den Niederlanden, Österreich, Dänemark, der Schweiz, Frankreich und Deutschland noch viele kleinere Shambhala-Gruppen. Das Marburger Shambhala Zentrum hat hierbei die Funktion eines organisatorischen Mittelpunktes von Vajradhatu in Europa. Die Bezeichnung *Karma Dzong* als Bezeichnung für den organisatorischen Mittelpunkt in einem Kontinent, unter der Vajradhatu seit langem in Marburg bekannt ist, tritt immer mehr zugunsten der Bezeichnung *Shambhala Zentrum* zurück. Der große "Schreinraum" in der Marburger Zentrale ist das Praxiszentrum des Marburger Sangha (Gemeinschaft der Praktizierenden). Die Shambhala-Zentren von Vajradhatu bieten drei Meditationswege als Eintrittspforten an: Zunächst Vajradhatu, der tibetisch-buddhistische Weg in den Kagyüapa- und Niyingma-Tradition. Der zweite

Weg ist Shambhala-Training, das keine spezielle buddhistische Tradition ist, obwohl im Mittelpunkt die Praxis der gegenstandsfreien Meditation steht. Shambhala Training ist viel mehr ein Weg, in den Elemente "der großen Kriegertraditionen, die es fast überall in der Welt gab", einfließen, weshalb man es auch als "den Weg des Kriegers" bezeichnet. "Shambhala" leitet sich hierbei von der Bezeichnung einer "erleuchteten Gesellschaft" ab, wie sie in einem in Zentralasien weit verbreiteten Mythos beschrieben wird. Das dritte Tor ist "Nalanda", eine Schirmorganisation für viele zum Teil sehr unterschiedliche Traditionen und Einrichtungen von Ikebana über Dharma Art bis zu Kindergärten und einer Universität. Sämtliche Aktivitäten von Vajradhatu sind stark von der japanischen Kultur und den Religionen dieses Landes inspiriert. Einige der Wege, die zu Nalanda gehören, sind sogar rein japanische Traditionen: Kyudo, der Weg des Bogenschießens, ist von einem japanischen Bogenmeister, Shibata Sensei, in den Westen gebracht worden.

Die Praxis der Sitzmeditation (Shamata-Vipashyana) gilt jedoch als grundlegende Praxis des Buddhismus aller Strömungen und Schulen. Der Gründer von Vajradhatu schilderte diese Praxis für die Interessierten im Westen: "Im Buddhismus drücken wir durch die Ausübung von Meditation unsere Bereitschaft aus, wirklichkeitsbezogen zu sein. Meditation ist nicht der Versuch, Ekstase, spirituelle Wonne oder Ruhe zu erlangen, noch ist es ein Versuch, ein besserer Mensch zu werden. Es geht dabei einfach darum, Raum zu schaffen, dem wir unsere neurotischen Spiele, Selbstzweifel, verborgenen Hoffnungen und Ängste offenlegen und auflösen können. Durch die einfache Disziplin von 'Nicht-Tun' schaffen wir Raum und unsere Praxis wird sich stufenweise entwickeln. Meditation ist also ein Weg, die Neurosen des Geistes hervortreten zu lassen und sie als Teil unserer Praxis zu benutzen. Wir werfen unsere Neurosen nicht fort, sondern benutzen sie als Dünger für unseren Garten; sie werden Teil unseres Reichtums" (aus einer Selbstdarstellung). Bekannt ist Vajradhatu im übrigen für die besonderen kubischen Sitzkissen, die für Sitzmeditationen ansonsten unüblich sind, aber eine aufrechte und gewöhnliche Sitzhaltung von den Meditierenden erfordern.

Chögyam Trungpa Rinpoche (rechts) 1981 mit Shibata Sensei, der Bogenmacher für den kaiserlichen Hof in Japan und Meister des Kyudo ist und seit Jahren in den USA lebt.

Im wesentlichen gibt es vier Feiertage, die bei Vajradhatu gefeiert werden und die sich am Wechsel der Jahreszeiten orientieren. Der bedeutendste unter ihnen ist der tibetisch-chinesische Neujahrstag, der meist im Februar liegt und von Vajradhatu als "Shambhala-Tag" mit gemeinsamem Frühstück und Abendessen und Tanzveranstaltungen gefeiert wird. Die Wintersonnenwende wird als Kindertag begangen, an dem die Kinder unter anderem das Abgeben von Besitz üben, indem sie beispielsweise von ihren Spielsachen an Waisenkinder spenden. Die Sommersonnenwende wird meistens im Freien mit Fahnenhissen, Spielen und Grillen gefeiert, wobei auch verschiedene traditionelle Reinigungszeremonien durchgeführt werden. Auch Frühjahrsanfang und Herbstbeginn sind als kleinere Feiertage mit geselligem Beieinandersein vor allem für die rund 30 Kinder von Vajradhatu-Mitgliedern gedacht. Bei all diesen Zusammenkünften versucht Vajradhatu, rituelle Gewohnheiten der Kriegertradition in den westlichen Kontext zu übertragen und zu begehen. An den Feiertagen treffen sich im Durchschnitt zwischen 100 und 150 Personen, um die jeweiligen Tage gemeinsam zu begehen. Vajradhatu zählt inzwischen in Marburg 65 Mitglieder - mit Freunden und regelmäßigen Besuchern bzw. Besucherinnen sind es rund 150 Personen im Umkreis der Organisation. Anfänglich, 1979/80, bestand Vajradhatu Europe in Marburg ausschließlich aus den zugezogenen Mitarbeitern der Organisation. Inzwischen ist zwar immer noch die überwiegende Zahl der Mitglieder nach Marburg zugezogen, jedoch besteht bereits rund ein Drittel der Mitglieder und des Umkreises aus Personen, die in Marburg zur Gemeinschaft von Vajradhatu gelangten. Verändert hat sich auch die Sozialstruktur der Organisation: Waren es in den 70er Jahren vor allem Studierende und Anhänger der Protest- und Alternativ-Bewegung, die sich für Meditation und Buddhismus interessierten, so sind es nunmehr Menschen aus dem künstlerischen Bereich, aus den medizinischen und sozialen Berufen, aber auch aus dem Handwerkssektor. Die Altersstruktur der Mitglieder ist eher jugendlich: Die Mitglieder zählen zwischen 20 und 45 Jahre.

Die Kontakte zu anderen buddhistischen Gemeinschaften

Vajradhatu ist Mitglied in der *Deutschen Buddhistischen Union - Buddhistische Religionsgemeinschaft* (DBU). Die DBU ist eine Dachorganisation buddhistischer Gemeinschaften, die es seit 1955 gibt - damals als *Deutsche Buddhistische Gesellschaft* (DBG) gegründet und 1958 in Deutsche Buddhistische Union (DBU) umbenannt. 1988 wurde die alte DBU mit der 1985 gegründeten *Buddhistischen Religionsgemeinschaft* (BRG) vereinigt. Sie ist in erster Linie eine Dachorganisation buddhistischer Gemeinschaften aller Traditionen, jedoch können auch Einzelpersonen Mitglied in der *Buddhistischen Gemeinschaft in der DBU* (BG) werden. Die Geschäftsstelle der DBU befindet sich in München (Dachauer Str. 109, 80335 München, 089/5231212), die auch die DBU-Schriftenreihe und die viermal im Jahr erscheinende Zeitschrift "Lotusblätter. Zeitschrift für Buddhismus" herausgibt. Die DBU hatte Ende 1990 27 Mitgliedsgemeinschaften, die alle zwei Jahre einen elfköpfigen Rat wählen, der das gesamte buddhistische Spektrum in Deutschland repräsentieren soll. Neben der Vernetzung der Mitgliedsgruppen ist es die Hauptaufgabe der DBU, den Buddhismus in Deutschland nach außen zu repräsentieren; daneben vermittelt die DBU auch ReferentInnen für Veranstaltungen und Vorträge und organisiert die jährlich stattfindenden öffentlichen Konvente.

Vajradhatu ist zudem Mitglied in der *Europäioschen Buddhistischen Union* (EBU), die 1991 26 Mitglieder hatte, darunter sechs nationale Dachverbände (Deutschland, Frankreich, Italien, Niederlande, Österreich, Schweiz) und 6 international arbeitende Vereinigungen (Friends of the Western Buddhist Order FWBO, Jodo Shinshu, RIGPA, Vajradhatu Europe, der Orden Arya Maitreya Mandala AMM, Foundation for the Preservation of the Mahayana Tradition FPMT).

Kontakt: *Vajradhatu Europe* (Shambhala Training Europe, Maitri Space Awareness, Ryoko Kyudo, Mudra Space Awareness), Zwetschenweg 23, 35037 Marburg, 06421/34244, Fax: 06421/36318.

Zentrale: *Vajradhatu International* (Shambhala Training International), 1984 Tower Road, Halifax, Nova Scotia, Canada B3H 2Y5, Tel: +1/902/425/4275.

Periodika: *Shambhala Sun* (über: 1345 Spruce Street, Boulder, Colorado 80302, USA).

Literatur:

Baumann, Martin: *Deutsche Buddhisten. Geschichte und Gemeinschaften*, Marburg 1993.

Baumann, Martin: *Der buddhistische Orden Arya Maitreya Mandala. Religionswissenschaftliche Darstellung einer westlich-buddhistischen Gemeinschaft* (REMID-Schriftenreihe "Religionen vor Ort - Religionswissenschaftliche Feldforschungen 3), Marburg 1993.

Schweer, Thomas: *Stichwort Buddhismus*, München 1992.

Methodische Anmerkungen zur Untersuchung

Die nachfolgenden Anmerkungen verfolgen zwei Ziele: Zum einen soll die notwendige Rechenschaft darüber abgelegt werden, wie die vorgestellten Informationen erhoben wurden und welche Schritte dabei unternommen wurden. Zum anderen sollen hier Erfahrungen vorgestellt werden, die für ähnliche Studien verwertet werden können.

Welche Gemeinschaften gibt es vor Ort?

Um den notwendigen Überblick über die in Marburg vertretenen Gemeinschaften, Religionen und Kirchen zu erhalten, wurde zunächst ein einheitliches Schreiben an über 100 Zentralen in Deutschland verschickt, in dem gebeten wurde, die Marburger Gemeinde bzw. Gemeinschaft oder zumindest die jeweilige Kontaktperson mitzuteilen. Um die Bearbeitungszeit bei den jeweiligen Religionsgemeinschaften möglichst gering zu halten und damit den potentiellen Rücklauf zu vergrößern, wurde dem Anschreiben zugleich ein Formblatt beigefügt, das nur noch mit den gewünschten Angaben versehen werden mußte. Grundlage des Adreßverteilers war die Adressenkartei von REMID. Parallel zum rund zwei- bis dreimonatigen Rücklauf wurde bereits, basierend auf Telefonbucheintragungen und Hinweisen aus den Lokalzeitungen, ein Marburg-Verteiler aufgebaut. Ein Besuch beim lokalen Vereinsregister im Amtsgericht war dagegen kaum ergiebig: Nur wenige lokale Gruppen haben sich vereinsrechtlich organisiert. Für die Erstellung ähnlicher Studien wird empfohlen, bereits zu diesem Zeitpunkt eine gewisse detektivische Freude auszuleben: Kein Kirchengebäude oder Versammlungsraum, dessen Schautafel nicht registriert, keine Anzeige oder Veranstaltungshinweis in Anzeigenblättern, die nicht daraufhin untersucht wird, ob nicht eine Religionsgemeinschaft oder ein New-Age-Zentrum ausfindig gemacht werden kann.

Erstaunliche Erfolge zeitigte die "Mundpropaganda": Zahlreiche Personen konnten dieser Untersuchung mit Tips weiterhelfen, die im Zweifelsfall zumindest ergaben, daß eine Religionsgemeinschaft in Marburg nicht vertreten ist. Der Rücklauf der angeschriebenen Religionsgemeinschaften wird nie vollständig erfolgen, auch im Fall dieser Untersuchung wurde höchstens ein Drittel der Rückantwort-Formulare zurückgesandt. Ein wesentlicher Grund ist sicherlich eine gewisse Kontaktscheu, vor allem bei den jüngeren Religionsgemeinschaften, die häufig unter dem Stichwort "Neue Religiöse Bewegungen" oder noch unspezifischer unter der abwertenden Bezeichnung "Jugendreligionen" gefaßt werden. Hier ist es dann unerläßlich, einige längere Telefonate zu führen, um die jeweiligen Zentralen direkt zu kontaktieren und die entsprechenden Informationen zu sammeln. Gleiches gilt für Gruppen, die aufgrund Ihrer Lehre die Öffentlichkeit meiden.

Hilfreich ist es, bereits frühzeitig mit den entsprechenden städtischen bzw. staatlichen Behörden in Kontakt zu treten, um sich einen allgemeinen Überblick über das religiöse "Profil" zu verschaffen: Wie ist das Zahlenverhältnis von landeskirchlich organisierten Protestanten und Mitgliedern der römisch-katholischen Kirche sowie Personen, die nicht den beiden Großkirchen angehören? Wieviele Ausländer und Ausländerinnen befinden sich in der Stadt und welche Staatsangehörigkeiten überwiegen dabei? Die Sammlung allerlei statistischen Materials kann vielleicht bereits Auskunft über Entwicklungen im religiösen Bereich einer Stadt geben.

Was will man von den Gemeinschaften wissen?

Unabdingbar ist eine Vorabklärung des Ziels der Untersuchung und der Kategorien, die man von den Religionsgemeinschaften beantwortet haben möchte. Sehr hilfreich sind hierbei die einheitlichen Gliederungen von Peter Meier-Hüsing in seinem Handbuch "Religiöse Gemeinschaften in Bremen" (Marburg 1990 - momentan vergriffen), der eine wesentlich umfangreichere Untersuchung als die hier vorliegende anstellte. Seine Artikel über die jeweiligen Gemeinschaften sind gegliedert in "Entstehung und Geschichte" und "Lehre und Organisation", bevor er anschließend acht Grunddaten angibt: 1. Name und Gemeinden, 2. Zentrale, 3. Bremer, (lokale) Gründung, 4. Mitgliederzahlen, 5. Beitrittvorschriften, 6. Rituelle Praxis und sonstige Aktivitäten, 7. Periodika, 8. Religiöse Tradition und Selbstverständnis. Es ist unschwer zu erkennen, daß diese Unterpunkte auch das Grundmuster der vorliegenden Studie darstellten. Folgende Fragen wurden daher zum Leitfaden für die Untersuchung:

1. Wie ist die korrekte Bezeichnung Ihrer Religionsgemeinschaft?
2. Seit wann gibt es Ihre Gemeinde/Gemeinschaft in Marburg?
3. Gibt es in der Geschichte Ihrer Gemeinde/Gemeinschaft besondere Begebenheiten?
4. Wieviele Mitglieder hat Ihre Gemeinde/Gemeinschaft? Wie ist die Entwicklung (steigend - sinkend - stagnierend)?
5. Welchen sozialen Schichten gehören Ihre Marburger Mitglieder vorwiegend an? Wie sieht die Altersstruktur aus? Wie die Geschlechterstruktur?
6. Welche Aktivitäten entfaltet Ihre Marburger Gemeinde/Gemeinschaft?
7. Werden Feiertage besonders gefeiert - und auf welchen liegt der Schwerpunkt?
8. Sind Sie Mitglied in einer bundesweiten Organisation?
9. Ordnen Sie sich einer weltweiten Organisation oder Strömung zu?
10. Haben Sie in Marburg noch weitere Organisationen, die mit Ihrer Gemeinde/Gemeinschaft zusammenhängen?
11. Welche Beitrittsbedingungen gibt es zu Ihrer Gemeinde/Gemeinschaft?
12. Geben Sie Zeitungen/Zeitschriften etc. heraus?
13. Welcher Tradition sind Sie verbunden? Ordnen Sie sich einer der sog. Großen Religionen zu (Judentum, Hinduismus, Buddhismus, Christentum, Islam)?
14. Welcher Strömung innerhalb dieser Tradition fühlen Sie sich zugehörig?
15. Wo befindet sich Ihre Zentrale bzw. wieviele bundesweite Mitglieder hat die Organisation und wie ist die Tendenz?

Die Fragen sind relativ offen gehalten, was mit einer weiteren Vorentscheidung zu tun hat: Die Fragen sollten im persönlichen Kontakt im Rahmen eines Interviews beantwortet werden - nicht schriftlich oder gar im Rahmen einer rein quantitativen Erhebung.

Die Kontaktaufnahme

Um mit den örtlichen Gemeinschaften in Kontakt zu treten, wurde erneut zum Telefon gegriffen. Vorrangiges Ziel bei der ersten Kontaktaufnahme war es, ein "Basisvertrauen" zu erreichen. Wer immer sich heute mit einzelnen Religionsgemeinschaften und Freikirchen beschäftigt muß sich bewußt machen, daß vor ihm bzw. ihr bereits zahlreiche Journalisten und Journalistinnen oder Sektenbeauftragte ihre Art der Kontaktaufnahme getätigt haben - und die verschiedenen Gemeinschaften vielleicht nicht nur mit Freude daran zurückdenken.

Bei etwas zurückhaltenderen Gemeinschaften, die in der Vergangenheit oftmals das Ziel übereifriger Apologeten waren, war es für die vorliegende Studie notwendig, dem ersten Telefonat mit der lokalen Gruppe zum Nachweis der Redlichkeit die Zusendung eines REMID-Geschäftsberichtes oder einzelner Exemplare der Veröffentlichungen des Vereins folgen zu lassen.

Bei Gemeinschaften, die telefonisch vor Ort nicht erreichbar sind - wie beispielsweise das Lectorium Rosicrucianum -, wurden öffentliche Veranstaltungen besucht und so der Kontakt hergestellt.

In der Regel wurde bei der telefonischen Kontaktaufnahme bereits ein Interviewtermin vereinbart, das sich meist - soweit vorhanden - in den Räumen der Gemeinschaft abspielten. Anzumerken ist dabei, daß fast alle Gemeinschaften sofort Bereitschaft zeigten, sich durch ein Gespräch am Zustandekommen der vorliegenden Studie zu beteiligen, und nur selten darauf hingewiesen werden mußten, daß man ansonsten rein auf Sekundärquellen angewiesen sei und dies dann von ihnen nicht gegengelesen werden könne. Die Interviews wurden im Zeitraum von vier Monaten mit Mitgliedern und Vertretern folgender Gemeinschaften geführt: Der Ahmadiyya Muslim Jamaat von Wetter, mit Mitgliedern der Bahá'í in Marburg, der damaligen Pfarrerin und dem Pfarrer der Christengemeinschaft in Marburg, der Kontaktperson der Deutschen Unitarier Religionsgemeinschaft, dem Pastor der baptistischen Gemeinde, dem Praktikanten der methodistischen Gemeinde aus Kirchhain-Niederwald, dem Pastor der Evangelischen Stadtmission, dem Pastor der Freien evangelischen Gemeinde, dem Vorsitzenden der Moslem-Studenten-Vereinigung für die Islamische Gemeinschaft, den Versammlungsältesten der Zeugen Jehovas, dem Geschäftsführer der Jüdischen Gemeinde, dem Verwalter der Katholisch-apostolischen Gemeinde, dem Dechanten der katholischen Pfarrgemeinden, einem Ältesten der Mormonen-Gemeinde in Wetzlar, dem Bezirksvorsteher der Neuapostolischen Kirche, dem Marburger Pfarrer der Selbständigen Evangelisch-Lutherischen Kirche, dem Pastor der Siebenten-Tags-Adventisten, Mitgliedern der Inneren Geist-Christi-Kirche des Universellen Lebens und einer Mitarbeiterin von Vajradhatu Europe. Mit Herrn Karlheinz Küthe vom Bund Deutscher Unitarier - Religionsgemeinschaft Europäischen Geistes in Gießen wurde der Fragebogen telefonisch durchgesprochen. Die Deutsche Verwaltung Süd des Lectorium Rosicrucianum in Calw sandte nach einer telefonischen Rückfrage bei REMID den ausgefüllten Fragebogen zurück, der den Mitgliedern der Gießener Gruppe bei einem Vortrag übergeben worden war.

Eine Sonderrolle nahm die Evangelische Kirche von Kurhessen-Waldeck ein. Nach einem Telefongespräch mit der Dekanin Bundesmann-Lotz (Marburg-Stadt) wurde der Autor gebeten, eine Reihe konkreter Terminvorschläge noch zusätzlich mit Dekan Slenczka (Marburg-Land) abzusprechen, um das Interview zu dritt abhalten zu können. Dekan Slenczka erklärte dem Verfasser nunmehr, daß er mit einer Teilnahme an einem Interview, das in die vorliegende Veröffentlichung münden würde, automatisch "Sekten" unterstützen würde und deshalb zu keinem Treffen bereit sei. Selbst eine schriftliche Projektbeschreibung und diverse Materialen von REMID waren nicht geeignet, ihn für das Projekt zu gewinnen, woraufhin auch die Dekanin Bundesmann-Lotz das Interview absagte. Negativ für die Studie war dieses Verhalten allemal: Genauere Informationen über die beiden Dekanate selbst und volkskirchliche Einschätzungen der Repräsentanten der größten Kirche vor Ort wären sicherlich dienlich gewesen.

Andererseits schuf dies reichlich Platz für die Darstellung der aktivsten Strömung innerhalb der Marburger Gemeinden der Evangelischen Kirche von Kurhessen-Waldeck: der evangelikalen Bewegung. Aufgrund der Vielzahl der vorhandenen Gruppen und Kreise wurde auf Einzelninterviews verzichtet und der Informationsaustausch über Telefon vorgenommen. Zusätzlich stand schriftliches Material zur Verfügung. Mit diesem Verfahren konnten die Teile des Artikels zu den "Freien Werken" verfaßt werden: Deutscher Gemeinschafts-Diakonieverband (Brüderhaus Tabor, Diakonissen-Mutterhaus Hebron), Landeskirchliche Gemeinschaften, Jugendverband Entschieden für Christus, Bodelschwingh-Studienhaus, Christus-Treff und Evangelische Notgemeinschaft in Deutschland. Mit einem Vertreter der Landeskirchlichen Gemeinschaften wurde jedoch - wegen der zentralen Rolle dieser Gruppen für die Evangelikale Bewegung in Marburg - ein eigenständiges Interview vereinbart, das sich jedoch nicht an dem vorhandenen Fragebogen orientierte, sondern sich vornehmlich mit der Rolle der Gruppen in der Landeskirche beschäftigte.

Über die Einzeldartellungen hinaus erschien es sinnvoll, in einem eigenständigen Beitrag einen Überblick über das religiöse Profil der Stadt zu geben, um die Einzelgruppen besser einordnen zu können. Außerdem bot sich dadurch die Möglichkeit, die Gruppen und Gemeinschaften aufzunehmen, die nicht als eigenständige Marburger Gruppe bzw. als "organisierte Religion" faßbar sind.

So hatte der Verfasser von einem Sikh, den er zufällig in einem Marburger Kaufhaus sah, erfahren, daß sich die Marburger Sikhs normalerweise im Frankfurter Tempel der Gemeinschaft treffen. Theoretisch wäre es möglich gewesen, den Sikhs einen eigenständigen Artikel zu widmen, zumal sie mit 10 bis 15 Gläubigen in Marburg eine signifikante Anzahl darstellen. Also wurde dem Vorsteher des Frankfurter Tempels das Anliegen mitgeteilt. Trotz Übersendung von REMID-Materialien und einer Projektbeschreibung kam jedoch kein weiterer Kontakt zustande. Gleichwohl schien es angemessen, den Sikhs in Marburg zumindest einen Absatz im Überblicksartikel zu reservieren. Ähnlich verhält es sich mit dem "Agapi-Institut für holistische Seminare, Gesundheitserziehung und Fortbildung", das zwar nicht zu einer Kontaktaufnahme bereit war, jedoch durch regelmäßige Inserate für "Reiki-Revitalisierungen" in lokalen Anzeigenzeitungen durchaus der religiösen Szene Marburgs zuzurechnen ist. Ein Interview - ohne standardisierten Fragebogen - wurde mit einem der Inhaber des "Sirius-Buchladens" durchgeführt, um die New-Age-Szene von einem langjährigen Beobachterstandpunkt beschreiben zu lassen. Auch mit einer

Sannyasin der Osho-Bewegung, einem Yogi von Ananda Marga und drei Mitgliedern der Wicca-/Hexen-Bewegung wurden gesonderte Termine vereinbart, um sie in die Studie aufnehmen zu können. Der telefonische Kontakt mit der Marburger Freimaurerloge ergab zwar, daß man sich als nicht-religiös versteht, jedoch gilt es in einer solchen Studie, auch diese Argumentation darzulegen.

Das Interview

Die weniger aufwendige Art, Daten und Informationen über lokale Religionsgemeinschaften zu erheben, ist sicherlich, einen Fragebogen zu verschicken und dann die Beantwortung abzuwarten. Der Nachteil ist dabei, daß der persönliche Kontakt fehlt und ein Nachfragen oder das Vertiefen besonders interessanter Punkte nur schwer möglich sind. Das Mittel des Interviews mit einem relativ offenen Fragenkatalog wird zudem der Erkenntnis gerecht, daß es schwierig ist, unterschiedliche Gruppen und Gemeinschaften mit standardisierten Schemata erfassen zu wollen, besonders, wenn es auch um regionale Besonderheiten geht. Darüber hinaus ist es dem Verständnis der verschiedenen Glaubensinhalte und -formen förderlich, sich auch in die Räumlichkeiten der jeweiligen Gemeinschaften zu begeben und den Glauben der jeweiligen Gesprächspartner und -partnerinnen im Gegenüber zu erfahren. In der Gesprächssituation erwies es sich für beide Seiten als hilfreich, daß von vorneherein klar war, daß vor einer Veröffentlichung der Darstellungen diese von den Gemeinschaften gegengelesen werden konnten. Für die Mitglieder der Religionsgemeinschaften deshalb, weil sie sicher sein konnten, daß keine unwiderruflichen Aussagen getätigt wurden. Für den Interviewer, weil die Formulierung der Gesprächsnotizen, die in die Darstellung einflossen, ein "Vorletztes" darstellten und nachträglich berichtigt werden konnten.

Das Interview selbst fand meist mit den jeweiligen Vorsitzenden, Pfarrern, Pastoren etc. der Gemeinschaften in Marburg statt, was Konsequenzen für die Ergebnisse hat: Die Antworten spiegeln im wesentlichen die Auffassungen der lokalen Funktionsträger und Vorsitzenden wieder, die nicht identisch sein müssen mit den offiziell von den Zentralen vertretenen Vorgaben oder den Auffassungen und Einschätzungen "einfacher" Mitglieder.

Im Hinblick auf das Ziel einer Veröffentlichung, die auch die in der Öffentlichkeit diskutierten Eigenheiten der jeweiligen Gemeinschaften aufgreifen will, ist es hilfreich, das eigene Wissen (bzw. das, was man zu wissen glaubt) durchaus offensiv in das Gespräch einzubringen. Oftmals wurden Positionen, die dem Interviewer als selbstverständlich erschienen, in der Diskussion korrigiert. Die Form des "themenzentrierten Interviews", bei dem der Interviewer einen bestimmten Sachverhalt anspricht und dieser im wechselseitigen Gespräch vertieft wird, bietet sich bei Gemeinschaften an, die dem Interviewer bereits bekannt sind und bei denen sich ein gewisser "Knackpunkt" bereits öffentlich herausgeschält hat. Bei einer stark adventistisch orientierten Gruppe beispielsweise wird natürlich die Frage der Parusieverzögerung, also der zeitlichen Verzögerung der Wiederkunft des Erlösers, von zentralem Interesse sein. In einem solchen Fall kann man bereits entsprechend orientiert in das Gespräch gehen. Anders verhält es sich bei Gemeinschaften, die dem Interviewer relativ unbekannt sind oder deren "Normalität" keinen Anlaß für eine gesonderte Thematisierung zu bieten scheint. Hier liegt es nahe, mit offenen Fragen einzusteigen, die Vertreter der Gemeinschaft zum freien Erzählen zu animieren und dann bei einem unerwartet interessanten Aspekt vertiefend einzugreifen. Diese Form des "narrativen Interviews" wurde also je nach Situation eingesetzt, wenn sich eine Grundlage für ein themenzentriertes Interview noch nicht abgezeichnet hatte.

Die Interviews auf Tonband oder Diktiergerät aufzunehmen, empfiehlt sich m. E. wenig, da diese technischen Hilfsmittel die laufende Gesprächssituation negativ beeinflussen. Darüber hinaus ist es, besonders für das Verfassen kurzer Artikel, äußerst zeitintensiv, Mitschnitte von einer bis vier Stunden Interview abzuhören. Für die vorliegende Untersuchung hat es sich empfohlen, während des Gesprächs kurze Notizen aufzuschreiben, die man anschließend als Vorlagen für die Artikel verwenden kann.

Die Darstellung

Das Verfassen der Artikel orientierte sich an den deskriptiven Methoden der Religionswissenschaft. Im wesentlichen geht es dabei um die beschreibende Darstellung einer Gemeinschaft, die beim jeweiligen Leser bzw. der jeweiligen Leserin ein Verstehen für das Grundanliegen der Gemeinschaft wecken möchte. Das Grundproblem der deskriptiven Darstellung ist sicherlich, den geeigneten Mittelweg zwischen Primär- und Sekundärquellen zu finden: Den Sekundärquellen ist die Außenansicht einer Gemeinschaft in gesamtgesellschaftlicher Entwicklung zu entnehmen - den Primärquellen die Selbstdarstellung des Anliegens. Hierbei ist ein Vergleich der beiden Sichtweisen förderlich, um die kritischen Elemente einer Religionsgemeinschaft herauszuarbeiten und zu gewichten: Die Beobachtung beispielsweise, daß gewisse historische Ereignisse im Werdegang einer Gemeinschaft in der Eigendarstellung fehlen, kann zweierlei bedeuten. Zum einen, daß die Gemeinschaft Ereignisse verdrängen will, da sie das Gesamtansehen der Gruppe (oder eventuell des Gemeinschaftsgründers) schädigen. Oder zum anderen, daß in der Außenansicht völlig nebensächliche Aspekte hervorgehoben wurden, um eine Gemeinschaft in der Öffentlichkeit zu diskreditieren. Schon die Entscheidung, in die eigene Darstellung einzelne historische Begebenheiten aufzunehmen oder zu ignorieren, hat zugegebenermaßen auch mit Vorentscheidungen des Autors zu tun.

Der vorliegenden Studie wäre es dienlich gewesen, an den Versammlungen und Gottesdienstes beobachtend teilzunehmen. Darauf mußte verzichtet werden, da es den Zeitrahmen der Studie gesprengt hätte. Lediglich der Shabatgottesdienst der Jüdischen Gemeinde wurde mitgefeiert, da dessen zentrale Rolle für die Gemeinschaft bereits im Interview deutlich wurde. Aus der Tatsache, daß an Andachten, Feiern oder sonstigen Zusammenkünften nur in Ausnahmefällen teilgenommen wurde, folgt, daß sich die wiedergegebenen Teilnehmerzahlen an den Angaben der jeweiligen Interviewpartner orientieren. Da aus den oben genannten Gründen kein Zahlenmaterial für die Gemeinden der Evangelischen Kirche von Kurhessen-Waldeck zu bekommen war, wurde hier jedoch an vier Sonntagen naehzu jeder Gottesdienstort besucht, um eine Einschätzung möglich zu machen.

Die Einsichtnahme durch die Religionsgemeinschaften

Wie bereits erwähnt, hat es durchaus Vorteile für alle Beteiligten, die Beiträge zu den jeweiligen Gemeinschaften von diesen kritisch einsehen zu lassen, wobei niemals das Versprechen gegeben wurde, eventuelle Änderungswünsche in jedem Falle einzuarbeiten. Die Gemeinschaften nutzten die Gelegenheit trotzdem gerne und bewahrten den Verfasser vor dem einen oder anderen Fehler. Zum Teil lasen nicht nur die jeweiligen lokalen Gemeinschaften, sondern auch die Zentralen die Artikel.

Die Frage ist nunmehr, welche Anmerkungen übernommen werden sollen und welche nicht. Religiöse Bekenntnisse sind entsprechend zu filtern. Andererseits können die Hinweise der Gemeinschaften, gerade bei einer breit angelegten Studie, die sich mit verschiedenen religiösen Traditionen beschäftigt, vor manchen Fehleinschätzungen oder unklaren Formulierungen bewahren. Wichtig ist deshalb eine klare Rollenverteilung: auf der einen Seite der Verfasser der Studie, der sich um Fairneß bemüht und der das Interesse hat, Informationen an die Öffentlichkeit zu geben, die dem Gegenstand (also der Gruppe), gerecht werden. Auf der anderen Seite die Religionsgemeinschaft, die darauf verzichten muß, missionarisch wirken zu wollen.

Alles in allem boten die Anmerkungen zu den Manuskripten Gelegenheiten, unklare Fragen erneut zu besprechen. Ab und zu wurden Teile des Manuskripts gestrichen, die einen zu persönlichen Bezug hatten. Fakten und Meinungen, die im Rahmen von Interviews dem Verfasser zur Erläuterung bestimmter Sachverhalte dargelegt wurden, wurden also im Publikationsverfahren wieder zurückgenommen - unter Berücksichtigung der Reaktionen in der Öffentlichkeit. Diesem Wunsch von Gemeinschaften wurde meist entsprochen, wenn die dargestellten Abschnitte tatsächlich in die Intimsphäre einer Gemeinschaft oder von Angehörigen eingedrungen wären. Dieses Zugeständnis an die jeweiligen Gemeinschaften hat natürlich auch damit zu tun, daß das Verhältnis zwischen dem Verfasser und den untersuchten Gemeinschaften (in Form der Kontaktpersonen) oftmals nicht nur ein rein "geschäftliches" war, sondern durchaus ein Element des "Partnerschaftlichen" hatte. Im Gespräch waren beide Seiten jeweils "Experten" auf ihrem Gebiet, der Religionswissenschaftler jedoch zudem ein "Lernender" (vgl. Greschat, Hans-Jürgen: *Was ist Religionswissenschaft?*, Stuttgart 1988). Dem Anspruch, in den Gemeinschaften nicht nur die "Datenlieferanten" zu sehen, sondern ihrem jeweiligen Anliegen in der Darstellung gerecht zu werden, entsprach dem Verhalten der Kontaktpersonen, die in der Regel zum Besuch ihrer Veranstaltungen einluden, aber niemals ihren missionarischen Einsatz am Verfasser erprobten.

Literatur:

Baumann, Martin: *Qualitative Methoden in der Religionswissenschaft* (REMID-Schriftenreihe "Religionen vor Ort - Religionswissenschaftliche Feldforschungen 1), Marburg 1992.

Greschat, Hans-Jürgen: *Was ist Religionswissenschaft?*, Stuttgart 1988.

Statistisches zu Marburg

Die Bevölkerungszahlen und ihre Verteilung auf die Stadtteile

Die genaue Bevölkerungszahl Marburgs anzugeben, ist mit einigen Schwierigkeiten verbunden, da die Einwohnermeldergister nicht alle Daten erfassen. Somit werden in der Regel die Grunddaten der jeweiligen Volkszählungen durch die jährlichen Zuzüge, Fortzüge, Geburten und Todesfälle korrigiert. Daß dies nur unzureichende Zahlen ergibt, zeigt folgendes Beispiel: Die Bevölkerungszahl von 76.827, die aus der Fortschreibung der Volkszählungsdaten von 1970 für das Jahr 1986 in Marburg angegeben wurde, mußte nach der Volkszählung von 1987 auf 69.442 (für das Gesamtjahr 1987) korrigiert werden. Die Volkszählungsergebnisse sind jedoch für Marburg nur bedingt aussagefähig: Die Anti-Volkszählungsbewegung hatte hier sehr große Resonanz, wenngleich vom Amt für Stadtentwicklung und Statistik geschätzt wird, daß letztendlich nur rund 1 % der Bevölkerung den Volkszählungsboykott bis zum Ende durchhielten.

Tabelle: *Bevölkerung Marburgs in ihrer Entwicklung*

nach der Volkszählung	am 17.05.1939	27.920
nach der Volkszählung	am 13.09.1950	39.350
nach der Volkszählung	am 06.06.1961	44.853
nach der Volkszählung	am 27.05.1970	46.968
nach der Volkszählung	am 25.05.1987	68.624
nach der Fortschreibung	am 31.07.1992	74.585
nach der Fortschreibung	am 30.06.1993	75.533

Quelle: Der Magistrat der Universitätsstadt Marburg (Hg.): *Haushaltsplan der Stadt Marburg für das Haushaltsjahr 1993*, S. 2; telefonische Auskunft vom Amt für Stadtentwicklung und Statistik

Tabelle: *Bevölkerung Marburgs nach Stadtteilen in ihrer Entwicklung*

Stadtteil	31.12.1987	31.12.1990	30.06.1993
Altstadt	5.640	6.155	6.245
Kliniksviertel	2.442	2.625	2.597
Grassenberg	2.938	3.110	3.135
Südviertel	6.065	6.358	6.367
Ockershausen	4.905	5.114	5.102
Nordviertel	5.411	5.819	5.955
Ortenberg	2.812	2.977	3.175
Hansenhaus	4.932	5.275	5.514
Südbahnhof	1.249	1.345	1.347
Richtsberg	8.044	8.267	8.405
Lahnberge	32	26	25
Kernstadt	**44.470**	**47.071**	**47.867**

Stadtteil	31.12.1987	31.12.1990	30.06.1993
Ginseldorf	616	656	712
Bauerbach	1.288	1.422	1.498
Schröck	1.464	1.579	1.726
Moischt	1.046	1.082	1.111
Bortshausen	228	236	240
Ronhausen	248	277	266
Cappel	6.051	6.527	6.532
Gisselberg	570	629	627
Cyriaxweimar	475	514	536
Haddamshausen	449	476	499
Hermershausen	308	329	368
Wehrshausen	683	827	862
Marbach	3.002	3.145	3.226
Wehrda	5.833	6.102	6.286
Michelbach	1.277	1.442	1.550
Dagobertshausen	360	365	433
Elnhausen	927	968	1.029
Dilschhausen	147	152	165
Außenstadtteile	**24.972**	**26.728**	**27.666**
Marburg insgesamt	**69.442**	**73799**	**75.533**

Quelle: Der Magistrat der Universitätsstadt Marburg. Amt für Stadtentwicklung und Statistik (Hg.): *Marburger Zahlen 1985-1990* (Schriften zur Marburger Stadtentwicklung 30), Marburg 1992; telefonische Auskunft vom Amt für Stadtentwicklung und Statistik; eigene Berechnungen.

Die Verteilung nach Stadtteilen und Kirchenzugehörigkeit

Tabelle: *Bevölkerung Marburgs nach Stadtteilen und Kirchenzugehörigkeit*

Stadtteil	Mitglieder der Evangelischen Kirche von Kurhessen-Waldeck			Mitglieder der Römisch-Katholischen Kirche			Mitglied in keiner von beiden
	% 1987	Anzahl 1987	Anzahl 1993	% 1987	Anzahl 1987	Anzahl 1993	% 1987
Altstadt	43,0	2.331	2.685	17,3	936	1.080	39,7
Kliniksviertel	40,5	974	1.052	18,3	440	475	41,2
Grassenberg	49,6	1.431	1.555	18,5	533	580	31,9
Südviertel	48,2	2.917	3.069	16,4	991	1.044	35,4
Ockershausen	62,6	3.015	3.194	16,9	814	862	20,5
Nordviertel	52,9	2.786	3.150	19,9	1.046	1.185	27,2
Ortenberg	57,1	1.569	1.813	16,9	464	537	26,0
Hansenhaus	55,3	2.697	3.049	19,3	942	1.064	25,4
Südbahnhof	55,2	683	744	19,2	237	259	25,6
Richtsberg	57,5	4.616	4.833	19,3	1.552	1.622	23,2
Lahnberge	36,7	11	9	46,7	14	12	16,6
Kernstadt	**52,6**	**23.030**	**25.153 (52,5%)**	**18,2**	**7.969**	**8.720**	**29,2 (29,3%)**

Stadtteil	Mitglieder der Evangelischen Kirche von Kurhessen-Waldeck			Mitglieder der Römisch-Katholischen Kirche			Mitglied in keiner von beiden
	% 1987	Anzahl 1987	Anzahl 1993	% 1987	Anzahl 1987	Anzahl 1993	% 1987
Ginseldorf	22,9	140	163	63,2	386	450	13,9
Bauerbach	26,0	330	390	56,7	721	849	17,3
Schröck	15,8	232	273	77,3	1.138	1.334	6,9
Moischt	78,2	796	869	10,2	104	113	11,6
Bortshausen	84,4	195	203	4,3	10	10	11,3
Ronhausen	81,1	202	216	12,9	32	34	6,0
Cappel	68,2	4.075	4.455	15,1	901	986	16,7
Gisselberg	67,8	394	425	15,0	87	94	17,2
Cyriaxweimar	73,9	349	396	14,0	66	75	12,1
Haddamshausen	78,0	348	389	9,0	40	45	13,0
Hermershausen	80,6	254	297	10,8	34	40	8,6
Wehrshausen	65,8	439	567	15,0	100	129	19,2
Marbach	60,2	1.839	1.942	17,1	523	552	22,7
Wehrda	63,3	3.688	3.979	16,5	963	1.037	20,2
Michelbach	70,7	886	1.096	16,5	207	256	12,8
Dagobertshausen	51,9	187	225	23,6	85	102	24,5
Elnhausen	76,6	704	788	12,2	112	126	11,2
Dilschhausen	85,1	131	140	9,7	15	16	5,2
Außenstadtteile	**61,1**	**15.189**	**16.813**	**22,2**	**5.524**	**6.248**	**16,7**
Marburg insgesamt	**55,7**	**38.219**	**41.96 (55,6%)**	**19,7**	**13.493**	**14.968 (19,8%)***	

* Die Differenz der prozentualen Anteile von 1993 zu denen der prozentualen Anteile der Volkszählung von 0,1 % ergibt sich daraus, daß das Wachstum der Stadtteile mit höherem katholischen Bevölkerungsanteil in den letzten 6 Jahren schneller vonstatten ging, als das der Stadtteile mit einem höheren Anteil von Mitgliedern der EKKW.

Quelle: Der Magistrat der Universitätsstadt Marburg. Amt für Stadtentwicklung und Statistik (Hg.): *Marburger Zahlen 1985-1990* (Schriften zur Marburger Stadtentwicklung 30), Marburg 1992; telefonische Auskunft vom Amt für Stadtentwicklung und Statistik; eigene Berechnungen

Die Altersstruktur der Marburger Bevölkerung ist stark von den Studierenden bestimmt: 29,3 % der Bevölkerung bzw. über 20.000 der Einwohner waren 1987 zum Zeitpunkt der Volkszählung zwischen 20 und 30 Jahre alt. Da in Marburg inzwischen über 3.500 Studierend mehr als 1987 immatrikuliert sind, dürfte sich wohl inzwischen knapp ein Drittel aller Einwohner Marburgs im Alter zwischen 20 und 30 befinden. Nimmt man die 8,4 % derjenigen Personen im Alter zwischen 30 und 35 Jahren hinzu, kann man sicher festhalten, daß 4 von 10 Marburgern/Marburgerinnen zwischen 20 und 35 Jahre alt sind. Addiert man hier noch die rund 18,5 % unter 20 Jahren hinzu, ergibt sich, daß knapp 60 % der Marburger Bevölkerung jünger als 35 Jahre alt sein dürfte.

Tabelle: *Altersstruktur der Marburger Bevölkerung*

Alter	absolute Zahl	in Prozent
0 bis unter 5	2.937	4,3
5 bis unter 10	2.809	4,1
10 bis unter 15	2.646	3,9
15 bis unter 20	4.256	6,2
20 bis unter 25	10.683	15,6
25 bis unter 30	9.409	13,7
30 bis unter 35	5.797	8,4
35 bis unter 40	4.358	6,4
40 bis unter 45	3.310	4,8
45 bis unter 50	4.071	5,9
50 bis unter 55	3.148	4,6
55 bis unter 60	2.845	4,1
60 bis unter 65	2.836	4,1
65 bis unter 70	2.539	3,7
70 bis unter 75	2.295	3,3
75 und älter	4.685	6,8
Gesamt	68.624	99,9

Quelle: Der Magistrat der Universitätsstadt Marburg. Amt für Stadtentwicklung und Statistik (Hg.): *Marburger Zahlen 1985-1990* (Schriften zur Marburger Stadtentwicklung 30), Marburg 1992.

Tabelle: *Studierende an der Philipps-Universität*

	Eingeschriebene Studierende	davon Ausländer/ Ausländerinnen
Wintersemester 1985/86	15.908	900
Wintersemester 1986/87	15.633	908
Wintersemester 1987/88	15.599	909
Wintersemester 1988/89	15.852	976
Wintersemester 1989/90	16.235	1.036
Wintersemester 1990/91	17.082	1.199
Sommersemester 1991	16.832	1.219
Wintersemester 1991/92	17.891	1.273
Sommersemester 1992	17.651	1.297
Wintersemester 1992/93	19.095	1.422
Sommersemester 1993	18.190	1.297

Quelle: Der Magistrat der Universitätsstadt Marburg. Amt für Stadtentwicklung und Statistik (Hg.): *Marburger Zahlen 1985-1990* (Schriften zur Marburger Stadtentwicklung 30), Marburg 1992; telefonische Auskunft vom Amt für Studienangelegenheiten der Philipps-Universität.

Ein Sonderproblem: Wieviele Moslems leben in Marburg?

In der Regel wird die Anzahl der in der Bundesrepublik lebenden Moslems unterschätzt. Auch für Marburg kursierte bisher eine Zahl von "rund 1.000".

Die Geschichte und die Anzahl der Moslems in Marburg ist eng verknüpft mit der ausländischen Bevölkerung in Marburg. Da Marburg kaum über ein industrielles Profil verfügt, ist die Zusammensetzung der ausländischen Bevölkerung stark von der Philipps-Universität mit ihren über 18.000 Studierenden geprägt. Hinzu kamen in den letzten Jahren verstärkt Flüchtlinge, die in Marburg auf ihr Verfahren über die Asylberechtigung warten oder bereits ihre Anerkennung erhalten und sich in Marburg niedergelassen haben. Am 31.12.1992 zählte das Ausländerzentralregister in Köln 4.852 Personen ausländischer Herkunft in Marburg. Die 2.308 Männer, 1.820 Frauen und 724 Kinder vertraten insgesamt 125 Nationalitäten aus allen Kontinenten. Da jedoch die Religionszugehörigkeit nirgends gesondert aufgeführt wird, ist zur Ermittlung der annähernden Anzahl der Moslems ein Rechenspiel vonnöten: Zunächst wurde in der nachfolgenden Tabelle der ungefähre Prozentanteil der Moslems im jeweiligen Staat angeführt und dann auf die Marburger Einwohner und Einwohnerinnen umgerechnet, die die jeweilige Staatsangehörigkeit haben. Auf den ersten Blick mag dieses Verfahren verblüffen, statistisch betrachtet spricht jedoch nichts dagegen, solange man eine Fehlerquote von plus/minus 10 % einplant. Im Ergebnis deckt sich die Hochrechnung mit dem Befund einer Befragung ausländischer Studierender durch ein Seminar europäischer Ethnologen und Ethnologinnen, die 1992 durchgeführt wurde und die ergab, daß ein Drittel aller ausländischen Studierenden Moslems sind (vgl. *Marburger Universitätszeitung* 233 - 27. 5. 1993, S. 3). Von daher kann man davon ausgehen, daß maximal 1.600 Moslems in Marburg leben.

Staat	Prozentanteil Moslems (im Jahre 1991 nach Fischer Weltalmanach 1993)	Absolute Anzahl ausl. Staatsangehörigen in Marburg (31.12.92): Insg. 4.852	Absolute Anzahl von Moslems in Marburg (errechnet aus Spalte 3 durch Spalte 2)
Türkei	97 %	418	406
Iran	99 % (91,2 % Schiiten, 7,8 % Sunniten)	409	405 (373 Schiiten, 32 Sunniten)
Jugoslawien*	12,3 %	338	42
Italien	ohne Zahlen	290	nicht errechenbar
Afghanistan	84 % (70 % Sunniten, 14 % Schiiten)	276	232 (193 Sunniten, 39 Schiiten)
USA	ohne Zahlen	265	nicht errechenbar
Griechenland	ohne Zahlen	225	nicht errechenbar
Südkorea	ohne Zahlen	222	nicht errechenbar
Sowjetunion*	15,2 % (12,2 % Sunniten, 3 % Schiiten)	171	26 (21 Sunniten, 5 Schiiten)
Österreich	Minderheit (120.000)	138	nicht errechenbar
Großbritannien	1,4 %	127	2
Frankreich	4,5 %	123	6
Japan	ohne Zahlen	102	nicht errechenbar

Staat	Prozentanteil Moslems (im Jahre 1991 nach Fischer Weltalmanach 1993)	Absolute Anzahl ausl. Staatsangehörigen in Marburg (31.12.92): Insg. 4.852	Absolute Anzahl von Moslems in Marburg (errechnet aus Spalte 3 durch Spalte 2)
Israel	14,2 %	100	14
Polen	Minderheit (4.000)	100	nicht errechenbar
VR China	2,5 %	81	2
Niederlande	2,2 %	75	1
Vietnam	ohne Zahlen	74	nicht errechenbar
Ungarn	Minderheit (3.000)	65	nicht errechenbar
Palästinenser	90 %**	62	56
Irak	92 % (58,9 % Sunniten, 33,1 % Schiiten)	61	56 (36 Sunniten, 20 Schiiten)
Äthiopien	31 %	61	19
Spanien	Minderheit (300.000)	60	nicht errechenbar
Bulgarien	8,9 %	51	4
Taiwan	Minderheit (59.000)	49	nicht errechenbar
Libanon	60 % Muslime und Drusen (32 % Schiiten, 21 % Sunniten / 7 % Drusen)	48	29 (15 Schiiten, 10 Sunniten, 4 Drusen)
Schweiz	ohne Zahlen	47	nicht errechenbar
Rumänien	ohne Zahlen	45	nicht errechenbar
Jordanien	69,3 %	36	25
Indien	11 % (8,25 % Sunniten, 2,75 % Schiiten)	35	4 (3 Sunniten, 1 Schiit)
Schweden	ohne Zahlen	31	nicht errechenbar
CSFR	ohne Zahlen	30	nicht errechenbar
Brasilien	ohne Zahlen	27	nicht errechenbar
Belgien	2,5 %	25	1
Kanada	ohne Zahlen	25	nicht errechenbar
Marokko	98,7 %	25	25
Ägypten	91,8 %	25	23
Finnland	Minderheit (930)	23	nicht errechenbar
Portugal	Minderheit (15.000)	23	nicht errechenbar
Syrien	90 %	23	20
Indonesien	85,9 %	20	17
Thailand	4 %	20	nicht errechenbar
Indonesien	85,9 %	20	17
Dänemark	ohne Zahlen	19	nicht errechenbar
Pakistan	97,2 % (92,3 % Sunniten, 4,9 % Schiiten)	19	19 (18 Sunniten, 1 Schiit)
Luxemburg	ohne Zahlen	18	nicht errechenbar
Norwegen	ohne Zahlen	17	nicht errechenbar
Sudan	80 %	17	14
Staatenlos		17	nicht errechenbar
Philippinen	5 %	15	nicht errechenbar
Südafrika	1,2 %	15	nicht errechenbar

Staat	Prozentanteil Moslems (im Jahre 1991 nach Fischer Weltalmanach 1993)	Absolute Anzahl ausl. Staatsangehörigen in Marburg (31.12.92): Insg. 4.852	Absolute Anzahl von Moslems in Marburg (errechnet aus Spalte 3 durch Spalte 2)
Algerien	99 %	13	13
Irland	ohne Zahlen	13	nicht errechenbar
Nigeria	48 %	13	6
Zypern	18 %	13	2
Chile	ohne Zahlen	11	nicht errechenbar
Kamerun	22 %	11	2
Albanien	30,3 %	10	3
Britische Kolonien in Asien		10	nicht errechenbar
Peru	ohne Zahlen	10	nicht errechenbar
Mexiko	ohne Zahlen	9	nicht errechenbar
Ghana	15,7 %	8	1
Argentinien	ohne Zahlen	7	nicht errechenbar
Malaysia	54,4 %	7	4
Saudi Arabien	93 % (79 % Sunniten, 14 % Schiiten)	7	7 (6 Sunniten, 1 Schiit)
Paraguay	ohne Zahlen	6	nicht errechenbar
Tunesien	99 %	6	6
Uganda	6 %	6	nicht errechenbar
Guatemala	ohne Zahlen	5	nicht errechenbar
Guinea	85 %	5	4
Island	ohne Zahlen	5	nicht errechenbar
Nordkorea	ohne Zahlen	5	nicht errechenbar
Australien	Minderheit (76.000)	4	nicht errechenbar
Kenia	6 %	4	nicht errechenbar
Simbabwe	ohne Zahlen	4	nicht errechenbar
Afrika (o. A.)		4	nicht errechenbar
Bangladesch	86,7 %	3	3
El Salvador	ohne Zahlen	3	nicht errechenbar
Kolumbien	ohne Zahlen	3	nicht errechenbar
Nepal	2,7 %	3	nicht errechenbar
Senegal	94 %	3	3
Sierra Leone	38 %	3	1
Tansania	31,7 %	3	1
Togo	13 %	3	nicht errechenbar
Benin	15,3 %	2	nicht errechenbar
Burkina Faso	42,8 %	2	1
Costa Rica	ohne Zahlen	2	nicht errechenbar
Dominik. Rep.	ohne Zahlen	2	nicht errechenbar
Kuba	ohne Zahlen	2	nicht errechenbar
Mali	90 %	2	2
Namibia	ohne Zahlen	2	nicht errechenbar
Neuseeland	ohne Zahlen	2	nicht errechenbar
Singapur	16 %	2	nicht errechenbar
Uruguay	ohne Zahlen	2	nicht errechenbar

Staat	Prozentanteil Moslems (im Jahre 1991 nach Fischer Weltalmanach 1993)	Absolute Anzahl ausl. Staatsangehörigen in Marburg (31.12.92): Insg. 4.852	Absolute Anzahl von Moslems in Marburg (errechnet aus Spalte 3 durch Spalte 2)
Venezuela	ohne Zahlen	2	nicht errechenbar
Zaire	ohne Zahlen	2	nicht errechenbar
Barbados	ohne Zahlen	1	nicht errechenbar
Bolivien	ohne Zahlen	1	nicht errechenbar
Burundi	ohne Zahlen	1	nicht errechenbar
Côte d'Ivoire	19,8 %	1	nicht errechenbar
Ecuador	ohne Zahlen	1	nicht errechenbar
Guyana	10 %	1	nicht errechenbar
Honduras	ohne Zahlen	1	nicht errechenbar
Jemen	90 % (45 % Sunniten, 45 % Schiiten)	1	1 (Sunnit oder Schiit)
Laos	ohne Zahlen	1	nicht errechenbar
Litauen	ohne Zahlen	1	nicht errechenbar
Liberia	60 %	1	nicht errechenbar
Mauritius	20 %	1	nicht errechenbar
Nicaragua	ohne Zahlen	1	nicht errechenbar
Sambia	Minderheit (10.000)	1	nicht errechenbar
Somalia	99,8 %	1	1
Sri Lanka	7,6 %	1	nicht errechenbar
St. Lucia	ohne Zahlen	1	nicht errechenbar
Surinam	20 %	1	nicht errechenbar
Swasiland	ohne Zahlen	1	nicht errechenbar
Ohne Angabe		1	nicht errechenbar
Summe		4.875 ***	1.526 = 31,3 % (davon 456 Schiiten = 29,9 %)

* Bei Jugoslawien und der Sowjetunion - in der Statistik nicht nach den jetzt neu entstandenen Staaten aufgegliedert - wurde auf die Zahlen des Fischer Weltalmanachs 1990 vom Jahre 1988 zurückgegriffen. Inzwischen vorgenommene Neueingruppierungen (in Slowenien, Kroatien, Weißrußland etc.) wurden wieder unter "Jugoslawien" und "Sowjetunion" gezählt, da sonst die Religionsdaten für die Mehrheit der Staatsbürger, die sich immer noch unter "Jugoslawien" registrieren ließen (318) oder unter "Sowjetunion" (117) nicht mehr angemessen wären.

** Für die Religionszugehörigkeit der Palästinenser, die in der Statistik als "Ungeklärte" Staatsangehörige geführt werden, liegen keine Zahlen vor. Die Schätzung von 90 % Moslems gilt jedoch als realistisch.

*** Die Differenz zur oben angeführten Zahl von 4.852 ist vermutlich auf Doppelzählungen der "neuen" Staaten zurückzuführen und konnte nicht aufgelöst werden.

REMID

Religionswissenschaftlicher Medien- und Informationsdienst e. V.

REMID, gegründet 1989, ist eine Reaktion auf den immer unübersichtlicher werdenden "Markt der Religionen" einerseits und die vorhandenen Defizite in der Kenntnis fremder Religionen andererseits. In den Diskussionen um alternative religiöse Lebensentwürfe, um fremde religiöse Praxis von gläubigen Menschen werden von vielen Meinungsführern noch allzuoft eigene weltanschauliche oder religiöse Überzeugungen vertreten oder selektive Sichtweisen transportiert, die das Bild des "Fremden" verzerren und nicht zu einer sachlichen Beurteilung beitragen.

Dem setzt REMID die Arbeitsweise der Religionswissenschaft entgegen und versucht, dies über den akademischen Rahmen hinaus zu vermitteln. Die Mitarbeiterinnen und Mitarbeiter von REMID fühlen sich in ihrer Herangehensweise an den "Gegenstand Religion" den Grundsätzen religionswissenschaftlichen Arbeitens verpflichtet: ein größtmögliches Bemühen um Objektivität, um Distanz und Sachlichkeit. Das bedeutet keineswegs die kritiklose Übernahme religiöser Selbstzeugnisse oder die bedingungslose Anerkennung der jeweiligen Glaubensgrundsätze. REMID ist jedoch der Auffassung, daß der Dialog über Religion und die Beschäftigung mit fremden Glaubensüberzeugungen, wo immer er auch stattfindet, im Interesse des friedlichen, toleranten Zusammenlebens mit fundierten Kenntnissen beginnen sollte.

REMID ist Ansprechpartner und Anlaufstelle. Er unterstützt, Presse, Rundfunk und Fernsehen, öffentliche und private Einrichtungen bei der Aufarbeitung des Themenkreises Religion. REMID erstellt Analysen, Studien und Gutachten - in eigener Regie oder als Auftragsarbeit - und vermittelt Fachreferenten und Spezialisten. Dabei stehen REMID die eigene Dokumentationsstelle mit Archiv, die Hilfe ähnlich arbeitender Einrichtungen im In- und Ausland sowie Mitarbeiterinnen und Mitarbeiter zur Verfügung, die sich durch Arbeiten zu bestimmten Themengebieten ausgewiesen haben.

Wie kann man REMID unterstützen? Spenden sind steuerlich absetzbar. Als Mitglied unterstützt man die Ziele des Vereins durch seinen Beitrag (60 DM, ermäßigt 30 DM im Jahr). Überlassung von Archivmaterialien (Videofilme, Bücher, Schriften von Religionsgemeinschaften) helfen für die inhaltliche Arbeit.

Fragen zu REMID, zu seiner Arbeit wie zu seinen Angeboten, beantwortet gerne:

REMID e. V.
Alte Kasseler Str. 43
D-35039 Marburg
Tel.: (06421) 64270 - FAX: (06421) 681944

REMID-Schriftenreihen

Religion in der Gegenwart

Diese Reihe gibt allgemeine Einführungen zu verschiedenen Religionen und Themen aus dem Bereich Religion/Religiosität.

Erschienen ist:
Stefan Koppelmann: *Das Judentum. Eine Einführung in Geschichte und Religion.* 56 Seiten, 10 DM (Juli 1993).

In Vorbereitung (Stand: August 1993) sind:
Alewiten (November 1993)
Bahá'í
Hinduismus
Yezidi

Religionen vor Ort

Hier wird über einzelne Gemeinschaften, Themen aus dem Bereich religionswissenschaftlicher Feldforschung und über Grundstrukturen von Religion in der heutigen Gesellschaft informiert.

Erschienen ist:
Martin Baumann: *Qualitative Methoden in der Religionswissenschaft.* 32 Seiten, 7 DM (April 1993).
Stefan Koppelmann: *Bedingungen jüdischen Lebens in der Bundesrepublik Deutschland.* 52 Seiten, 10 DM (September 1993).

In Vorbereitung (Stand: August 1993) sind:
Der buddhistische Orden Arya Maitreya Mandala (Oktober 1993)
Quantitative Methoden in der Religionswissenschaft.
Muslime in der Bundesrepublik
Baghwan/Osho-Bewegung

Die einzelnen Bände erscheinen in loser Folge und kosten zwischen 7 und 15 DM. Die Reihen können auch abonniert werden. REMID-Mitglieder erhalten die Hefte zu einem vergünstigten Bezugspreis. Bestellungen bitte an die Geschäftsstelle.

Neuerscheinungen im diagonal-Verlag

Martin Baumann: Deutsche Buddhisten.

Geschichte und Gemeinschaften.

ISBN 3-927165-14-X. 440 Seiten, 39,80 DM.

Der Buddhismus in Deutschland hat eine über 100jährige Tradition. Die vorliegende Studie zeichnet die Entwicklung des Buddhismus in Deutschland nach, die von mehreren Rezeptionsphasen gekennzeichnet ist. Nicht nur die unterschiedlichen asiatischen Schulrichtungen prägen den Buddhismus, als "Religion in der Fremde" unterlag er zusätzlichen Interpretationen. Diese stellt der Autor anhand bedeutender Einzelpersönlichkeiten sowie verschiedener Gemeinschaften und Zusammenschlüsse dar.

"Eine sehr gründliche und umfassende Darstellung, eine Fundgrube für solche Historiker wie mich." Dr. Hellmuth Hecker
"Es ist gelungen, Hauptströmungen der gegenwärtigen Aneignung und Adaption des Buddhismus [...] anschaulich zu machen." Prof. Detlef Kantowsky

Donate Pahnke (Hg.): Blickwechsel.

Frauen in Religion und Wissenschaft.

ISBN 3-927165-20-4. 328 Seiten, 32,00 DM.

Zum Thema "Frauen in den Religionen" hat sich die deutschsprachige akademische Religionswissenschaft bislang wenig geäußert. Feministische Ansätze in der Erforschung von Religionen und Religiosität blieben weitgehend eine Domäne anderer Fächer (z. B. der Theologie) und anderer Forschungszusammenhänge (z. B. den Women Religious Studies im angelsächsichen Raum).

Der Band *Blickwechsel* bietet erstmals eine fundierte Grundlage, um einen umfassenden Überblick über Themen, Inhalte und Methoden feministischer Religionswissenschaft im interdisziplinären Rahmen zu gewinnen. Konkrete Beispiele aus dem Bereich "Geschlechterverhältnis und Religion" werden von theoretisch-systematischen Beiträgen ergänzt.

Religionswissenschaft: diagonal-Verlag Marburg

Der Verfasser

Hermann Ruttmann, geboren 1964, studierte von 1983 bis 1991 Evangelische Theologie, zunächst in Heidelberg, ab 1985 in Marburg. 1991 legte er die Erste Theologische Aufnahmeprüfung der Evangelisch-Lutherischen Kirche in Bayern ab. 1993 schloß er sein 1987 aufgenommenes Studium der Soziologie mit dem Magister Artium ab. 1992/1993 war er wissenschaftlicher Mitarbeiter in der REMID-Geschäftsstelle.

Abbildungsnachweis

S. 23: Osho UTA Institut, Programm Juli-Dezember '93, S. 13 - S. 30: REMID - S. 38: Weißes Minarett, Sonderausgabe zum 100jährigen Bestehen der Ahmadiyya Muslim Jamaat, 1989, S. 7 - S. 49: © Bahá'í-Verlag, Hofheim - S. 58: Schroeder, Hans-Werner: Die Christengemeinschaft. Entstehung, Entwicklung, Zielsetzung, Stuttgart 1990, S. 13. Mit bestem Dank an den Verlag Urachhaus, Stuttgart - S. 62, 74, 81, 83, 87: REMID - S. 90: Schulen und Ausbildungsstätten des Deutschen Gemeinschafts-Diakonieverbandes, Marburg 1989, S. 29 - S. 94: Hebron-Blätter 128, Marburg 1992, S. 2 - S. 100: Schmid, Edgar (Hg.): Wenn Gottes Liebe Kreise zieht. 150 Jahre Pilgermission St. Chrischona (1840-1990), Gießen/Basel 1990, S. 30 - S. 103, 110, 113, 117, 123: REMID - 126: Dettmering, Erhart: Zur Geschichte der Synagoge und der jüdischen Gemeinde in Marburg (Marburger Stadtschriften zur Geschichte und Kultur 39), Marburg 1992, S. 18 - S. 128, 135: REMID - S. 140: Postkarte - S. 142: REMID - S. 147,151: © Kirche Jesu Christi der Heiligen der Letzen Tage, Friedrichsdorf - S. 156: © Lectorium Rosicrucianum, S. 163: Richard Fehr - S. 164, 170: REMID - S. 173, 174: Gemeinschaft der Siebenten-Tags-Adventisten (Hg.): Auf einen Blick. 77 Fragen an die Gemeinschaft der Siebenten-Tags-Adventisten, Berlin 1988, S. 144, © STA - S. 178, 185: REMID - S. 190: Winfried Kopps.